机械自动化原理及设计

张德海　李艳芹　赵峰　编著

湘潭大学出版社
XIANGTAN UNIVERSITY PRESS

图书在版编目（CIP）数据

机械自动化原理及设计 / 张德海，李艳芹，赵峰编著. -- 湘潭 : 湘潭大学出版社，2022.3
ISBN 978-7-5687-0792-3

Ⅰ. ①机… Ⅱ. ①张… ②李… ③赵… Ⅲ. ①机械制造—自动化技术 Ⅳ. ① TH164

中国版本图书馆 CIP 数据核字（2022）第 100183 号

机械自动化原理及设计

JIXIE ZIDONGHUA YUANLI JI SHEJI

张德海 李艳芹 赵峰 编著

责任编辑：丁立松
封面设计：文海宏远
出版发行：湘潭大学出版社
社　　址：湖南省湘潭大学工程训练大楼
电　　话：0731-58298960 0731-58298966（传真）
邮　　编：411105
网　　址：http://press.xtu.edu.cn/
印　　刷：长沙创峰印务有限公司
经　　销：湖南省新华书店
开　　本：787 mm×1092 mm 1/16
印　　张：14.25
字　　数：313 千字
版　　次：2022 年 3 月第 1 版
印　　次：2022 年 3 月第 1 次印刷
书　　号：ISBN 978-7-5687-0792-3
定　　价：42.00 元

Foreword
前言

近年来，随着人工智能和先进制造业的飞速发展，自动机械与自动化生产线的设计及制造技术愈发先进，新技术、新行业、新产品、新工业不断涌现，传统机械的机械设计方法和制造技术需要和“四新”技术和谐进步、共同发展。为适应高等院校机械工程及其相关专业的教学需求，特编写本书。

本书结合目前国内自动机械行业的现状，根据专业课程教学大纲的要求，既深入浅出阐述了自动机械设计中带有普遍性的理论问题，又重点分析了自动机械中应用广泛的机构、装置的设计原理和方法。增加了总体设计、自动生产线以及自动机械设计实例等方面的内容，力求做到设计理论与工程实践相结合。主要内容包括：自动机械的分类、结构及特点，自动生产线的主要特点及结构组成，自动机械与自动机械生产线的基本工作原理，自动机械的常用机构、供料机构，皮带输送线结构原理与设计应用，链条输送线设计原理与应用，自动机的循环图设计，自动生产线的设计，自动机械设计实例。

本书由郑州轻工业大学张德海教授、李艳芹高级实验师、赵峰博士担任主编。参加编写工作的有：张德海（第 1 章、第 4 章、第 7 章）、李艳芹（第 2 章、第 3 章、第 6 章、第 9 章）、赵峰（第 5 章、第 8 章）。

本书在内容编排上遵循循序渐进、模块化的思路，各章内容既相对独立，又相互衔接，并配以大量的工程图片、工程案例、设计图纸、例题及复习思考题。编写过程中，力求做到观点正确、重点突出、理论联系实际，反映现代科学技术发展水平。

由于水平有限，书中难免存在不足和错误之处，敬请读者批评指正。

编者

2022 年 2 月

Contents
目录

第1章 绪论

1.1 自动机械

1.1.1 自动机械的特点

一台机器经调整以后，无须工人参与就能自动地、连续地完成产品的加工循环，这样的机器称为自动机械。

自动机械的自动化程度高，因而操作人员的劳动强度低、生产效率高。自动机械往往由多个工艺执行机构组成、因而结构比较复杂。

自动机械应用于各行各业，总的说来，自动机械有以下特点：

（1）品种繁多，加工对象多样化

因行业、加工对象、机器的功能与作用不同，自动机械在原理上、结构上存在着很大差异。即使是完成同一功能，也有不同的工作原理和结构。

（2）生产率高，自动化程度高

为了满足各行各业的需求，需要各种各样的自动机械，它们往往是半自动化、自动化机械。

（3）动作复杂，结构多样化

自动机械要完成的功能较多，工艺原理和工艺过程比较复杂，因而其动作比较复杂，结构多样化。

1.1.2 自动机械的结构

自动机械在结构上可分为四大部分：驱动系统、传动系统、执行机构和控制系统。下面以图 1.1 所示的自动冲压机为例来说明自动机械的结构组成。

（1）驱动系统。即机器的动力源。常用的驱动方式有电力驱动、液压驱动、气压驱动等。

（2）传动系统。传动系统的任务是把运动和动力传递给各种执行机构，以便完成自动机械的工艺操作，同时也将运动传给辅助机构，完成辅助工作。

（3）执行机构。执行机构是实现自动化操作与辅助操作的部分，其动作顺序与运动规律依工艺原理和要求而定。

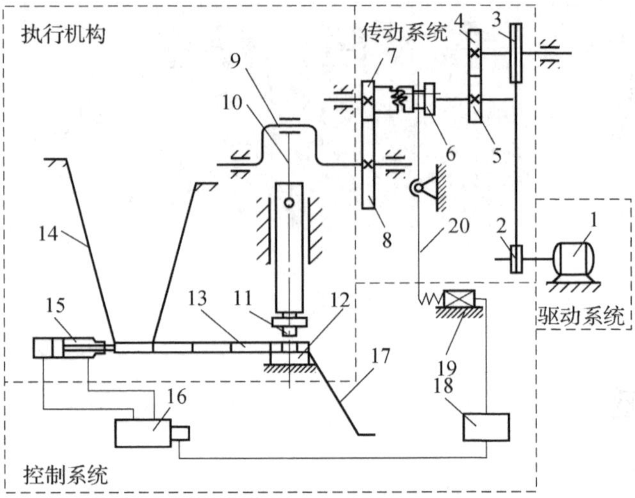

1—电动机；2、3—带轮；4、5、7、8—齿轮；6—离合器；9—曲轴；10—冲杆；11—冲头；12—下模；13—毛坯；14—料斗；15—推料装置，16—控制阀；17—落料板；18—控制装置：19—电磁铁；20—杠杆

图 1.1　自动冲压机结构示意图

（4）控制系统。控制系统的功能是控制机器的驱动系统、传动系统、执行机构，将运动分配给各执行机构，使它们按时间、顺序进行协调动作，由此实现自动机的工艺职能，完成自动化操作。

尽管各种各样的自动机械在结构上不完全相同，但基本上都是由上述四大部分组成的。

为了实现自动机械的功能，有时还需增设一些辅助机构，如剔除机构、计数机构等。自动机械的组成可概括为图 1.2 所示。

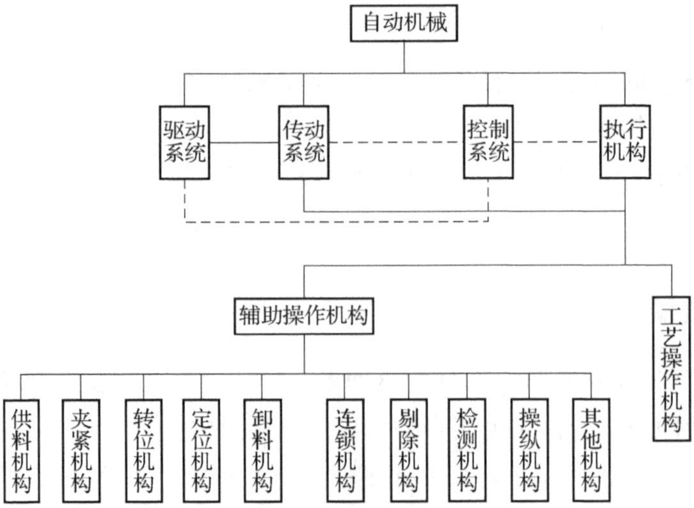

图 1.2　自动机械组成部分及机构

1.1.3　自动机械的分类

自动机械按其结构和功能可分为四种类型：

（1）成形机械。这类机械以施加力为主，通过模具或其他工具使得在制品成形。更换模具及工艺参数，即可生产不同规格的产品，主要工艺方法有热塑、注塑以及冲压等。

（2）切削机械。这类机械通过刀具完成对制品的切削加工。机器的工艺动作有供料、上下料、夹紧、切削等。

（3）装配机械。这类机械以执行工艺动作为主，通过各种配用工具或机械手，按照规定的程序进行操作，将零件装配成部件或产品，装配过程中可能伴有一些简单的成形或加工动作。

（4）包装机械。这类机械用来将工件封入袋子或包装材料内，其主要动作为输送与供料、称量、包封、贴标、计数、产品输送等。这类机械从功能和原理上都类似于装配机器。

1.2　自动生产线

1.2.1　自动生产线的特点

自动生产线是按照产品加工工艺过程，用工件储存、传送装置把专用自动机，以及辅助机械设备连接起来而形成的、具有独立控制装置的生产系统。在自动生产线上，工件（原料毛坯或半成品）上线后便以一定的节拍，按照一定的加工顺序，自动地经过各个加工工位，完成预定的加工，最后成为符合设计要求的成品。在自动生产线整个生产过程中，工人一般不参与直接的工艺操作，只是全面观察、分析生产系统的运转情况，定期加料，对产品质量进行抽样检查，及时排除设备故障、调整维修、更换刀具或易损零件，保证自动生产线得以连续工作。

自动生产线的自动化程度取决于人参与生产的程度。若工件只是由储送装置送到各个加工工位，在工位上主要是由工人操作机器或工具来完成规定的加工，这样的自动生产线一般称为生产流水线，其自动化程度较低，主要是传送工件，例如服装生产线、汽车装配生产线等。CIMS（计算机集成制造系统）、FMS（柔性制造系统）、FA（工厂自动化）是高度自动化的生产系统，是自动生产线的最高形式。

采用自动生产线组织生产，有利于应用先进的科学技术和现代企业管理技术，可以简化生产布局、减少生产成本、改善劳动条件、促进企业生产现代化。

1.2.2 自动生产线的结构组成

自动生产线一般由以下四大类设备组成：

（1）主要工艺设备，即专用的自动机，如自动机床、自动冲压机、自动装配机、包装机等。

（2）辅助工艺装置，如转位、翻转装置，夹紧装置，分选装置，排屑、排渣装置等。

（3）物料储存、传送装置，包括传送（如输送带、链板、输送辊）、储存（料斗、料仓）和上下料装置（各种供料器、机械手）。

（4）检测控制装置，包括检测装置（产品质量、故障寻检、环境监视检测器）、信号处理装置（数据处理、报警、反馈仪器）和控制系统。

自动生产线的组成形式可概括成图 1.3 所示。

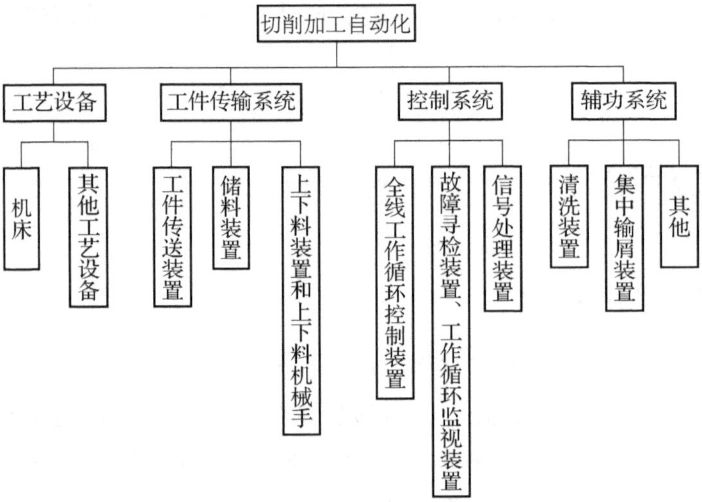

图 1.3 自动生产线的组成形式

1.2.3 自动生产线的形式

自动生产线的形式随产品的性质和形态、工艺过程、连线设备的性能及布局、生产节拍、生产条件（如厂房大小）、控制方式、人员技术水平、生产习惯等的不同而有所不同，最基本的自动生产线形式有四种。

1.2.3.1 直线形

传送装置成一条直线，各种加工设备及装置布置于传送线两旁，工件由生产线的一端上线，由另一端下线。根据自动机、传送装置、储存装置布置的关系，直线形又可分成刚性自动生产线、柔性自动生产线、分段柔性自动生产线。

（1）刚性自动生产线。图 1.4（a）所示为刚性自动生产线。这种自动生产线中各自动机通过运输系统和检测系统等联系起来，以一定的生产节拍进行工作。这种自动生产线的缺点是，当某一台自动机或个别机构发生故障时，将会引起整条线停止工作，生产过程中灵活性小。

（2）柔性自动生产线。图 1.4（b）所示为柔性自动生产线。这种自动生产线中各自动机之间增设了储料器。当后一道工序的自动机出现故障停机时，前一道工序的自动机可照样工作，半产品送到储料器中储存；如前一道工序的自动机因故障停机，则由储料器供给所需半产品，使后面的自动机能继续工作下去。但是，储料器的增加不但使投资加大，多占用场地，同时也增加了储料器本身出现故障的机会，因此，应全面考虑各方面因素，合理选用和设置自动生产线种类。

（3）分段柔性自动生产线。图 1.4（c）所示为分段柔性自动生产线。这种自动生产线中一部分自动机采用刚性联系，另一部分则采用柔性联系，即把不容易出故障的相邻自动机按刚性联系，而在故障率较高的自动机前后设置储料器。

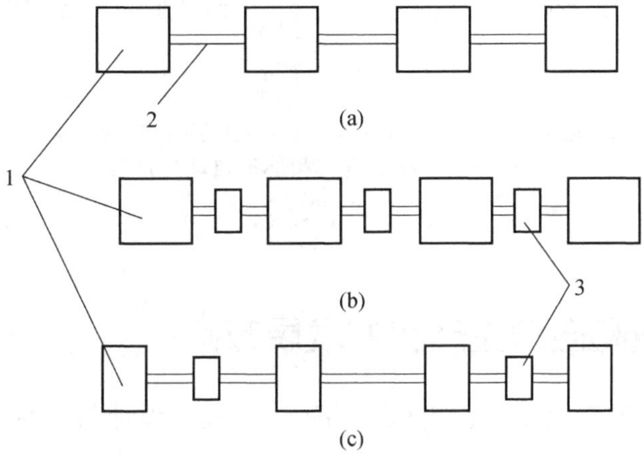

1—自动机；2—传送装置；3—储料器

图 1.4 直线型生产线

1.2.3.2 顺序 - 平行组合生产线

当某工位的加工时间较长，造成该工位的生产时间数倍于其他工位的生产时间时，为了平衡自动生产线的生产节拍，可在该工位布置数台自动机同时加工，这就构成了如图 1.5 所示的顺序 - 平行组合生产线。

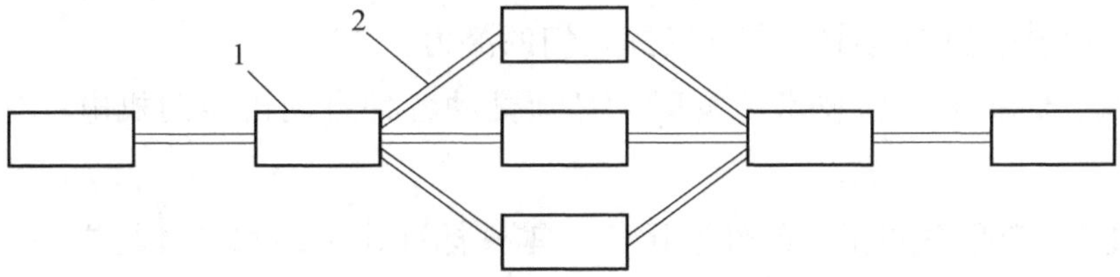

1—自动机；2—传送装置

图 1.5 顺序 - 平行组合生产线

1.2.3.3 曲线形

工件沿曲折线（如蛇形、之字形、直线与弧线组合等）传送，其他与直线形相同。

1.2.3.4　封闭（或半封闭）环（或矩框）形

工件沿环形或矩形线传送，如图 1.6 所示，图 1.6（a）为矩框形，图 1.6（b）为环形。在图 1.6（a）中，工件夹紧在随行夹具 5 上，由输送装置 1 沿矩形线输送，在直线处由转向装置 2 转向。转向装置 4 用于转换工件的加工面。

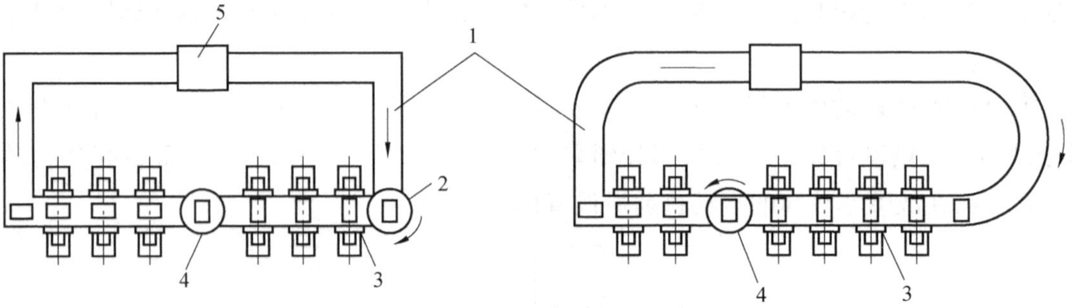

（a）矩框形　　（b）环形

1—输送装置；2、4—转向装置；3—自动机；5—随行夹具

图 1.6　封闭矩框形和环形自动生产线

1.3　自动机械和自动生产线的发展方向

随着我国国民经济的飞速发展，机械在品种、规模、设计与制造技术等方面也得到了迅速发展和提高。大多数机械制造厂已逐步走向专业化生产，已能独立地进行从单机到成套设备乃至自动生产线的设计与制造。此外，还建立了一批机械科研设计单位，并在高校中设有相关机械专业，形成了一套完整的具有人才培养、技术开发、产品生产制造的机械学科体系。但是，与国外一些先进机械相比还存在一定差距。在技术规范、品种系列、效益与功能等方面都亟须迅速改进与提高，才能适应当前国民经济发展的要求。

针对我国目前的具体情况，发展机械工业主要应从以下几方面着手：

首先要提高产品质量，改善劳动条件，降低劳动强度，不断提高机械化水平。当前对现有的机械设备应以改造更新为主，充分发挥它们的潜力。

随着新材料、新工艺、新技术的发展，必须推动各种自动机械向机电一体和智能化的方向发展。

提高“三化”（产品系列化、部件通用化、零件标准化）的水平，是提高机械技术经济效益的重要方面。提高“三化”水平可以大大缩短机械的设计与制造周期，降低制造成本，便于组织专业化生产，提高机械的制造质量和可靠性，方便维修，从而改变机械分散设计和零星制造的现状，提高机械工业的技术经济效益。

实现高速化是提高机械工业生产率的有效途径。高速化不仅要提高执行机构的运动速度，还要提高供料输送和相应辅助机构运动的速度。为此必须首先解决好一系列基础技术问题，主要是：

（1）改善执行机构的动态特性，使之在高速工作时运动平稳降低振动与噪声。

（2）提高工作可靠性，降低故障率，提高机械设备的利用率。

（3）提高机械效率，减少摩擦与磨损，降低动力消耗，提高精度保持性。

（4）尽可能采用最新科学技术。

1.4 智能制造

当前随着理论研究的深入、实践应用的开展、技术的进步以及产业的发展，智能制造的概念在不断地发展延伸，各界对智能制造的认识也逐步升级和完善。目前国内外对智能制造概念的解读可归纳为以下四个方面：第一，智能制造实现了信息技术、智能技术、网络技术与制造技术的深入融合；第二，智能制造覆盖产品全生命周期，贯穿于设计、生产、管理、服务等各个环节；第三，智能制造是以实现高效、优质、柔性、清洁、安全、敏捷生产，提高企业对市场快速响应能力和竞争力为目标；第四，智能制造是一种智能系统，在制造过程中通过对大数据的分析、决策及响应，代替了人类的部分劳动。目前，我国智能制造业分为高档数控机床和机器人、电子信息、航空航天、节能与新能源汽车制造、先进轨道交通装备、电力装备、生物医药及高性能医疗器械、新材料、环保装备等领域。

1.4.1 智能制造的内涵

在研究智能制造的概念之前，首先要明确智能制造能力的内涵，而对智能制造能力的定义又依赖于对智能制造内涵的准确定义。智能制造概念的提出源于人们对于人工智能所进行的研究，智能可以认为是将知识和智力融合在一起的结果。由此可以想到，智能制造的系统构建和技术使用是智能制造中的两个重要部分。其中，构建的智能制造系统需要在日常使用中通过自学习功能不断更新自己的知识库，而且能够收集和理解周围的环境信息和自身信息，并通过收集的大量信息对自身能力进行判断和规划。

1.4.2 智能制造的实现原则

为了经济性地实现智能制造，可以从下面的一些途径去考虑问题。

1.4.2.1 产品设计方面

在产品设计过程中考虑通用化、系列化、标准化和模块化问题，通过采用“四化”措施，可以快速调整产品结构以敏捷地响应市场，又能增加产品品种，减少零部件品种的变化，提高零部件的相似性，可以有效增加加工批量，这是发展制造自动化的重要措施之一。据分析，采用“四化”原则设计产品，产量可望增加 30% ~50%。零部件的品种减少可以减少自动化制造设备或系统的改变频率，产量增加有利于采用更加高效的制造设备。使被加工零件达到一定的批量，是采用自动化制造系统的首要条件。

在产品设计时采用“面向制造的设计”和“面向装配的设计”技术，可以使产品和零部件的结构合理化，使产品便于加工和便于装配，是提高自动化制造生产率的有效途径之一。

毛坯精度高低是自动化制造系统能够经济且高质量地实现加工制造的关键因素，因此应尽可能采用多种先进的毛坯制备方法，如精密铸造、精密锻造、冷挤压、精密轧制等工艺过程。这样，既可以减少材料消耗，又可以缩短加工时间。

1.4.2.2 工艺技术方面

采用成组技术是实现自动化制造的基础。目前的产品正日益向着多品种、小批量方向发展。批量的减少造成生产设备必须频繁地改变，以满足不同品种的要求。采用成组技术后，可以有效地增加相似零件的加工批量，以接近大批量生产的效率和效益实现中、小批量生产。

采用柔性可重组的、高可靠性的和高质量的生产设备和工艺方法是自动化制造系统得以实现的保证。

对于刚性自动化制造系统，采用流水线作业方式是必要的，因为它面对的是品种较少，但生产批量又特别大的情况。

刚柔结合的自动化制造系统往往特别适合于生产实际。

1.4.2.3 制造系统本身

通过对产品和零件的分析，选择适当的自动化制造方式。通过人机分析适当分配人和机器的功能，从而充分发挥人、机各自的优势。考虑多采用自动检测装置，在系统中增设反馈控制功能，可以有效提高系统的自动化程度。信息流处理和物料流动的自动化是自动化制造系统的两个主要内容，在系统分析和设计时应予以高度重视。以人为中心的小组化工作方式也是实现自动化制造系统的途径之一。

第 2 章　自动机械与自动生产线的基本原理

2.1　自动机械与自动生产线的生产率分析

2.1.1　自动机械的生产率分析

自动机械的生产率是衡量自动机械性能优劣的主要指标之一。

自动机械在单位时间内生产或完成加工的产品的数量，称为自动机械的生产率或生产能力。依据所选用的时间单位及产品数量单位，生产率的单位可表示为件 / 分钟，kg/min，m/h，m^2/h 等。

生产率分为三种：理论生产率 Q_T、实际生产率 Q_p 和工艺生产率 K。

理论生产率是自动机械的基本参数。对于某种机器结构，是完全确定的值，它指的是自动机械调整到正常的工作状态加工产品时，单位时间内生产或完成加工的产品的数量。若采用单件加工方式，即每个工作循环结束时生产或完成一个产品，则自动机械的理论生产率可表示为：

$$Q_T = \frac{\sum Z}{T_R} = \frac{\sum Z}{T_p \sum Z} = \frac{1}{T_p} = Z \qquad (2.1)$$

式中：T_R 为自动机械的有效工作时间；

$\sum Z$ 为自动机械在单位时间内的循环次数之和；

Z 为自动机械在单位时间内的循环次数；

T_p 为自动机械的工作循环周期时间，简称工作循环时间。

如果在一个工作循环结束时同时生产或完成加工 w 个产品，则自动机械的理论生产率可表示为：

$$Q_T = \frac{w}{T_P} = wZ \tag{2.2}$$

自动机械在较长运行期间，在考虑到故障、维修、出现废品或其他原因引起的停机情况下，单位时间内平均生产或完成加工的合格产品的数量，是自动机械真正的实效生产能力，称为自动机械的实际生产率 Q_p。若对于单件产品并采用单件加工方式，以 T_Z 表示实际运行时间与停顿时间之和．则实际生产率 Q_p 可简单表示为：

$$Q_P = \frac{\sum Z}{T_Z} \tag{2.3}$$

Q_p 是所要求的自动机械的额定生产能力，即自动机械的预期生产能力，因此也称为设计能力。

假设加工对象在自动机械上的全部时间内连续接受加工，而没有空行程的损失，这时自动机械的生产率就是工艺生产率 K。因此，K 是在某种工艺条件下，自动机械在单位时间内可能生产或完成加工产品的最大数量。

按生产过程的连续性，自动机械可以分为间歇作用型和连续作用型两大类。

间歇作用型自动机械的特点是，产品在自动机械上的加工、传送和处理等是间歇周期地进行的，如颗粒糖果包装机。该类自动机械的理论生产率可表示为：

$$Q_T = \frac{1}{T_p} = \frac{1}{T_k + T_t} \tag{2.4}$$

式中：T_p 为自动机的工作循环时间（即加工一个产品所需的时间）；

T_k 为工作循环内的工艺操作时间（简称基本工艺时间）；

T_t 为工作循环内的辅助操作时间（简称辅助操作时间）。

连续作用型自动机械的特点是，产品在自动机上的加工、传送和处理等，是连续不断地进行的，其工艺时间与辅助操作时间重合，如方便面包装机，塑料制袋、封口、切断、连续作业包装机都属于连续作用型自动机。这类自动机的理论生产率完全取决于工艺时间，而工艺时间与产品在自动机上的传送速度成反比，传送速度越快，工艺时间越短，生产率越高。该类自动机械的理论生产率可表示为：

$$Q_T = \frac{1}{T_r} = \frac{1}{\frac{1}{n_p N}} = n_p N \tag{2.5}$$

式中：n_p 为转盘的转速，r/min；

N 为转盘上产品工位数。

2.1.2 自动生产线的生产率分析

自动生产线是由各台自动机按生产工艺流程组成的，自动生产线的组成方式不同。其生产率的计算公式也不一样。

2.1.2.1　**刚性自动生产线的生产率**

这种自动生产线中各自动机通过运输系统和检测系统等联系起来，以一定的生产节拍进行工作。中间没有储料器。当一台自动机因故障停机时，整条线也会停机。若组成该自动生产线的单机台数为 q，则其生产率可表示为：

$$Q_{\mathrm{p}}=\frac{1}{T_{\mathrm{k}}+T_{\mathrm{f}}+qt_{\mathrm{n}}} \tag{2.6}$$

由式（2.6）可知，当每台单机循环外的时间损失 t_{n} 一定时，自动生产线的单机台数越多，即 q 越大，整条自动生产线的生产率就越低。所以，在实际生产中，组成自动生产线的单机台数不宜太多。

2.1.2.2　**柔性自动生产线**

这种自动生产线中各自动机之间增设了储料器。因此，自动生产线中任何一台单机因故障停机不会使整条线停机，故柔性自动生产线的生产率和单台自动机的实际生产率相同，可表示为：

$$Q_{\mathrm{p}}=\frac{1}{T_{\mathrm{k}}+T_{\mathrm{f}}+T_{\mathrm{n}}} \tag{2.7}$$

如果将 p 条这样的自动生产线平行组合起来，则这种平行顺序组合的自动生产线的生产率将提高到 p 倍，可表示为：

$$Q_{\mathrm{P}}=\frac{p}{T_{\mathrm{k}}+T_{\mathrm{r}}+T_{\mathrm{n}}} \tag{2.8}$$

2.1.2.3　**分段柔性自动生产线**

这种自动生产线中一部分自动机采用刚性联系，另一部分则采用柔性联系。其生产率的计算公式与上述公式不同。由 q 台具有 N 头的转盘式自动机组成的自动生产线，生产率公式可表示为：

$$Q_{\mathrm{p}}=\frac{1}{\dfrac{1}{n_{\mathrm{p}}N}+qt_{\mathrm{p}}} \tag{2.9}$$

式中各参数定义同前。

2.1.3　提高自动机械与自动生产线生产率的途径

为了提高自动机械与自动生产线生产率，必须全面分析各种工艺因素和设备因素。设计先进合理的工艺方案、机器的结构方案和机构运动方案，选择先进可靠的设备、机构和元件等，都可以使自动机械与自动生产线的生产率得到提高。而这些措施的实质，就是减少各类时间损失。这是提高自动机械与自动生产线生产率的基本条件。

2.1.3.1 减少循环内的空程及辅助操作时间

自动机械的自动化程度虽然比较高，但各工作机构的辅助操作时间都占有一定比重，空程时间也较多。为了减少空程及辅助操作时间，在设计时必须注意下列问题。

（1）设计工艺方案时，在拟定的运动循环方案中，尽可能使空程及辅助操作时间与基本工艺时间重合或部分重合，使各种空程及辅助操作时间彼此重合或部分重合。

（2）设计和选择各种机构的合理工作速度。在保证工艺方案的实现、机构工作的精度和可靠性的前提下，从提高生产率的角度，尽可能提高机构的工作速度或采用慢进快退的运动机构。

（3）采用连续作用型自动机械可以使空程及辅助操作时间与基本工艺时间完全重合，从根本上消除循环内的时间损失。

2.1.3.2 减少循环外的时间损失

自动机械中有大量的机构和电气、液压、气动等设备，它们在工作过程中都不可避免地引起循环外的时间损失，以致降低自动机械的时间利用系数和生产率。为了减少循环外的时间损失，可从以下几方面入手。

（1）提高刀具或模具的尺寸耐用度，正确选择其材料、表面处理方法、结构和几何参数，制定合理的加工参数，等，同时采用快换装夹装置，改进调整机构和调整方法，减少更换和调整工具的时间。

（2）减少机械设备的调整时间。如降低机构的复杂程度，减少调整机构的数量，尽量采用低副机构，保证工作表面具有良好润滑状态等。

（3）尽量采用能满足自动操纵和连锁保护的电气设备控制系统，同时还必须设置必要的检测系统，实现故障自动诊断、自动剔除、自动报警和自动保护等功能。减少停机时间和次数。此外选择灵敏度高而且经久耐用的电气元件，对改善电气设备的使用性能有重要的作用。

（4）尽量采用方便维修的液压、气动系统。在液压、气动系统中，将控制阀等元件集中布置和采用易换组合式阀件是十分必要的。

（5）加强对自动机和自动生产线中各种设备的计划检修和维护保养。必须使生产组织和管理工作适应自动化生产的要求，消除组织管理工作中的不良影响，以避免额外延长自动机或自动生产线的停机时间。

2.1.3.3 减少基本工艺时间

自动机械的工艺速度是影响自动机械理论生产率的最直接因素。要减少基本工艺时间，首先要从提高工艺速度着手。采用先进的新工艺，可以使工艺速度成倍地提高。其次，采用“工艺分散原则”。把工艺时间较长的工序分散到自动机械的几个工位上或自动生产线的几台自动机上，也是一种常见的减少基本工艺时间的方法。

另外，对于小型简单形状的加工对象实行多件平行加工可以使生产率成倍增加。

2.2　自动机械与自动生产线的性能指标

2.2.1　精度

自动机械的精度指的是自动机械在未受外载荷条件下的原始精度。精度通常用误差来表达，误差越小，精度越高。

自动机械的精度有如下几种，不同类型的自动机械对这几种精度有不同的要求。

（1）几何精度。几何精度指的是自动机械在非运动（主轴不转、各执行机构不运动）或运动速度较低时的精度。它决定加工、成形、包装精度，是设计组成机器的各主要零部件间以及这些零部件运动轨迹之间的相对位置允差的主要依据。

（2）运动精度。运动精度指的是自动机械的主要零部件在以工作状态的速度运动时的精度。相应地，这方面的误差称为运动误差。例如动压轴承的轴高速旋转时，轴会因惯性力而变形，同时，轴与轴瓦之间由于动压效应，轴在油膜的压力下浮起，这时轴回转中心的位置不断地变化从而造成运动误差，这就是所谓的“轴心飘移”现象。

（3）传动精度。传动精度指的是某内联传动链（传递功率，保证严格速比和运动之间协调配合的传动链）始末之间的相对运动精度。这方面的误差就称为该传动链的传动误差。如自动机械分配轴每转一转，各执行件应移动规定的距离或转一定的角度，但实际上由于分配轴与执行件之间的传动误差，使执行件的位移与要求的位移之间有了误差，结果会降低加工产品的质量。

（4）定位精度。定位精度指的是自动机械主要部件在运动终了时所达到实际位置的精度。实际位置与要求位置之间的误差就称为定位误差。自动定位时，惯性对定位精度有相当大的影响，定位瞬间，被定位的构件将由运动转为静止，在定位机构上将作用一个相当大的惯性力或惯性力矩。它们将引起定位机构的变形，从而会影响定位精度。

2.2.2　刚度

自动机械的各种机构，如槽轮机构、凸轮机构及往复运动机构都是使自动机构产生振动的振源。因此。自动机械除了要保证具有一定的精度外，还应该在受力的条件下，也能保证自动机械的工作性能，即保证在定额载荷下，变形不超过一定的限度。因此，对自动机械整机及其主要零、部件必须提出一定的刚度要求。

刚度分为两种：静刚度和动刚度。静刚度是指整机或机构抵抗恒定载荷的能力，动刚度则是指整机或机构抵抗交变载荷的能力。

静刚度用下式表示：

$$K = \frac{F}{\delta} \tag{2.10}$$

式中：F 为载荷，N；

δ 为在载荷方向的变形，μm。

2.2.3 振动与噪声

2.2.3.1 振动

自动机械的抗震性包括两个方面：抵抗受迫振动的能力和抵抗自激振动的能力。对于金属加工自动机械而言，主要是提高其抵抗自激振动的能力。而对于一般的自动机械，主要是提高其抵抗受迫振动的能力。

机件受迫振动主要发生在某些高速运动件上。这些零、部件若质量不均（不平衡），高速转动时产生的惯性力就成为振源。受迫振动的振源也可能来自机外。若振源频率与自动机某主要部件的固有频率重合，将发生共振。振幅增大，使加工精度下降，甚至使工作无法进行。

提高抗震性的措施主要有：

（1）提高静刚度。提高静刚度可提高构件或系统的固有频率，从而避免发生共振；在低频激振力的作用下，提高静刚度还可以降低振动幅值。

（2）增加阻尼。增加阻尼对提高刚度和提高自激振动稳定性有很大的作用。因此在自动机械的一些主要构件设计中应适当采取一些增加阻尼的措施。

（3）减轻重量。在不降低静刚度的前提下，减轻重量可以提高构件的固有频率，因此也是提高抗震性的措施之一。

（4）减少激振力。激振力主要来自高速旋转的不平衡件和高速往复运动件。此外，液压系统、气动系统也是激振源。对于高速旋转件应进行平衡（避免遭受破坏）。

2.2.3.2 噪声

机械噪声主要是因机器的工作机件振动、碰撞、摩擦等而产生的。自动机械噪声主要来自以下四个方面：

（1）机械噪声。如齿轮、滚动轴承、各种间歇机构、摇振机构以及其他传动件等。

（2）液压噪声。如液压乘、溢流阀等的噪声。

（3）空气动力噪声。如电动机风扇、转子等高速旋转件对空气的搅动而引起的噪声。

（4）电磁噪声。

各个噪声源又是相互影响的。一个元件的振动往往又会成为另外一些元件的激振源，它们之间的互相影响会使噪声加大，特别是在发生共振的时候。

机械噪声是机械设备最主要的噪声源。降低机械噪声的最根本途径是提高机器的精度。

（1）降低齿轮噪声。齿轮噪声是齿轮啮合时的冲击振动，要降低齿轮噪声，应尽量简化传动系统。适当地降低齿轮的线速度，适当选择齿轮的精度。

（2）降低轴承噪声。单列向心球轴承的噪声低于同级精度的圆锥滚子轴承，滚动轴承中滚子和内外环之间存在间隙会加大噪声，应消除间隙并加少量预载。

（3）降低槽轮机构噪声。自动机械的槽轮机构噪声主要是由主动件滚子与轮槽的间隙造成的，由此间隙产生冲击和振动发生较大噪声。故在设计槽轮机构时一定要恰当选择间隙，同时在可能条件下尽量增加槽轮的槽数或用其他机构替代。

（4）降低传动带噪声。传动带是弹性环节，对振动能起吸收作用，但若传动带质量不均，可能成为振源。因此，平传动带尽量选用无接头的。必须有接头时，不能用传动带扣。要选用不会使接头硬化的胶合剂胶接，另外，多条 V 带长度要一致。

（5）防止构件共振和噪声。屏蔽构件共振，会产生严重噪声。易发生共振的多为一些罩、盖等薄壁构件，这方面事前很难预料。常用的办法是试制出样机后进行试验。找出共振构件，改变其刚度或质量以改变其固有频率。

2.3　自动机械与自动生产线的可靠性

可靠性可理解为自动机械或自动生产线能正常生产出质量好、数量多的产品的能力。可靠性可用下述几种方法考核：设备精度指数、设备工作能力指数和工程能力指数、设备故障率与使用寿命等。

2.3.1　设备精度指数

设备精度指数表明了设备当前的精度状况：是否可以正常生产，是否需要调整、维修。其计算公式为：

$$T=\sqrt{\frac{\sum_{i=1}^{n}\left(\frac{T_{\mathrm{pi}}}{T_{\mathrm{ai}}}\right)^2}{n}} \tag{2.11}$$

式中：T_{pi} 为现时各项精度实测值；

T_{ai} 为设计规定各项精度允差；

n 为精度实测项数。

表 2.1 所示为设备精度指数与设备状况对应的情况。

表 2.1　设备精度指数与设备状况对应表

设备精度指数 T	$T \leqslant 0.5$	$T \leqslant 1.0$	$T \leqslant 2$	$2 \leqslant T \leqslant 2.5$	$T \geqslant 3.0$
设备状况	验收新设备应达到的值	维护修理后应达到的值	可用条件注意调整	需进行直点修理或大修	需进行大修或更新

2.3.2　失效率与有效寿命

失效率用 λ 表示：

$$\lambda = \frac{\text{失效零件数}}{\text{所有零件的总使用时间}/h} \tag{2.12}$$

失效率的单位常以每千小时的百分比或每百万小时的失效数来表示。

失效分三种类型：

（1）早期故障。通常是由于设计、制造或检验差错引起的。新产品的研究和试制阶段出现失效通常都是早期失效。一般早期失效可通过强化试验加以消除。

（2）偶然故障。由偶然的原因引起，这种失效是不能消除和避免的，但可以通过分析确定设备在规定时间内产生随机失效的概率。

（3）耗损故障。发生在设备使用寿命的后期，因为设备使用时间长，出现老化磨耗。磨耗失效之前，更换或维修耗损件，就可以防止磨耗失效的出现。

根据工作时间和失效率，可绘制如图 2.1 所示寿命曲线。在早期故障期，失效率随时间而减小。之后，失效率就大体稳定下来，设备进入偶然故障期。在此期间，设备的失效率最低而且稳定，是设备最佳状态时期。把这个时期的长度称为有效寿命；最后，设备进入耗损故障期，失效率再度上升。

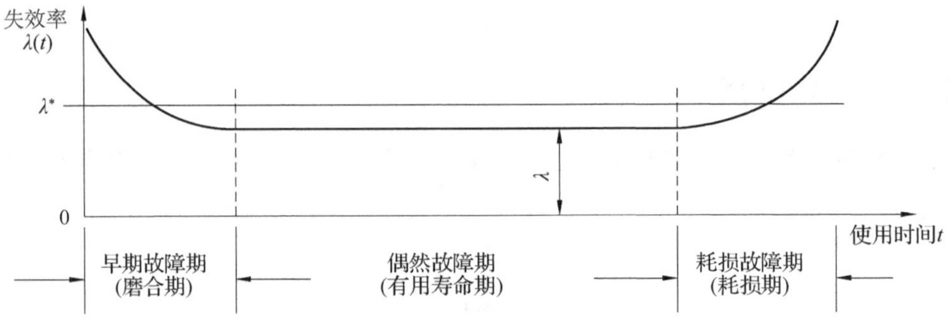

图 2.1　寿命曲线

有效寿命的表示方法：

（1）用年限表示。可一目了然知道其大概期限。缺点是不知道工作情况、生产产品、修复情况等。

（2）用循环次数表示。不同产品该值相差很大。如机械加工生产线一般为一百万次，而陶瓷生产线可达上亿次。

（3）用故障频率表示。故障频率 = 故障次数 / 循环次数，当故障频率达到一定水平时，则认为自动生产线已失效。

2.3.4　可靠性理论及其计算与分配

2.3.4.1　可靠性概念

可靠度 $R(t)$ 为系统在规定条件下、规定时间内完成规定功能的概率（$0 \leqslant R(t) \leqslant 1$）。

不可靠度 $F(t)$ 为系统在规定条件下、规定时间内不能完成规定功能的概率（$0 \leqslant F(t) \leqslant 1$）。

它们之间的关系为

$$R(t)+F(t)=1 \tag{2.13}$$

不可靠度以 10^{-6} 次 / 小时或次 /10^{6} 小时表示，另一个常用来表示不可靠度的单位是菲特（fit，failureunit 的缩写），1 fit=10^{-9} 次 / 小时。

各类元器件的不可靠度约为：电阻、电容 10 fit，固体组件 100 fit，硅晶体管 10~50 fit。

故障密度函数 $f(t)$ 为系统在规定条件下工作到规定时间 t，在单位时间内发生故障的概率。

$$f(t)=\frac{\mathrm{d}F(t)}{\mathrm{d}t}=-\frac{\mathrm{d}R(t)}{\mathrm{d}t} \tag{2.14}$$

故障率 $\lambda(t)$ 为系统在时间 t 时尚未发生故障，在随后的 dt 时间内发生故障的条件概率密度函数

$$\lambda(t)=\frac{f(t)}{R(t)}=\frac{1}{R(t)}\frac{\mathrm{d}F(t)}{\mathrm{d}t}=-\frac{1}{R(t)}\frac{\mathrm{d}R(t)}{\mathrm{d}t} \tag{2.15}$$

以离散系统为例，样本总数为 N，这时 $R(0)=\frac{N}{N}=1$，在时刻 t 前已失效 n 件，则 $F(t)=\frac{n}{N}$，$R(t)=\frac{N-n}{N}=1-\frac{n}{N}$，在时刻 t 后单位时间 Δt 内失效 $\Delta(n)t$，则 $f(t)=\frac{\Delta n(t)/\Delta t}{N}$。

故
$$\lambda(t)=\frac{f(t)}{R(t)}=\frac{\Delta n(t)/\Delta t\ N}{(N-n)/N}=\frac{\Delta n(t)/\Delta t}{N-n}$$

由前式得
$$\lambda(t)\mathrm{d}t=-\frac{\mathrm{d}R(t)}{R(t)}$$

两边积分得
$$\int\lambda(t)\mathrm{d}t=-\ln R(t)$$

即
$$R(t)=\mathrm{e}^{-\int\pi(t)\mathrm{d}t}R(t)=\mathrm{e}^{-\mu t} \tag{2.16}$$

若 $\lambda(t)$ 为常数 λ，则

$$R(t)=\mathrm{e}^{-\lambda t} \tag{2.17}$$

即服从指数分布，一般系统均近似服从指数分布。这时，平均无故障工作时间（可理解为平均每两次故障之间的工作时间）为：

$$\theta=\int_0^{\infty}R(t)\mathrm{d}t=\int_0^{\infty}\mathrm{e}^{-\lambda t}\mathrm{d}t=-\frac{1}{\lambda}\int_0^{\infty}\mathrm{e}^{-\lambda t}\mathrm{d}(\lambda t)=\frac{1}{\lambda} \tag{2.18}$$

2.3.4.2 系统可靠性模型

（1）串联系统

凡组成系统的任一个子系统发生故障，则整个系统发生故障的系统均属于串联系统（如图 2.2 所示），属逻辑关系，不一定是摆放位置关系。例如刚性连接的自动生产线上各顺序分机、机床上任一主要零部件等，均属于串联系统。

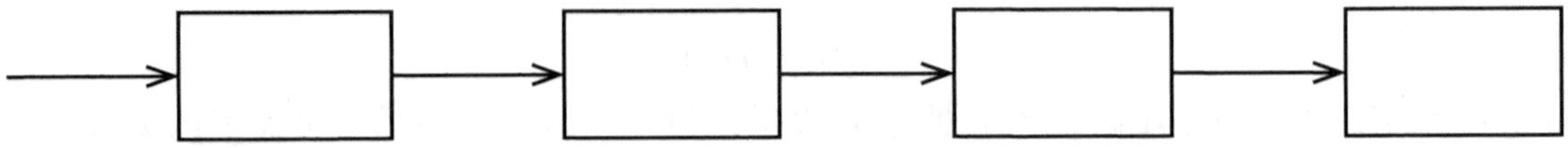

图 2.2 串联系统

串联系统的可靠度为各子系统可靠度的乘积，即

$$R(t)=R_1(t)R_2(t)R_3(t)\cdots R_n(t)=\prod_{i=1}^{n}R_i(t) \tag{2.19}$$

若各子系统均服从指数分布，则

$$R(t)=\prod_{i=1}^{n}R_i(t)=\prod_{i=1}^{n}\mathrm{e}^{-\lambda_i t}=\mathrm{e}^{-\lambda t} \tag{2.20}$$

则

$$\lambda=\lambda_1+\lambda_2+\lambda_3+\cdots+\lambda_n=\sum_{i=1}^{n}\lambda_i \tag{2.21}$$

即如各子系统可靠度均服从指数分布，则串联系统的故障率为各子系统故障率之和。

表 2.2 为几个串联系统的可靠度数据。

表 2.2 串联系统的可靠度数据表

$R_i(t)$	n	$R(t)$
0.99	20	0.818 00
0.95	10	0.599 00
0.95	100	0.006 00
0.5	5	0.031 25

可见串联系统数目增加对可靠性是极为不利的。

（2）并联系统

只要组成系统的任一个子系统正常工作，系统就能正常工作，只有组成系统的所有子系统都发生故障，系统才发生故障的系统称为并联系统，如图 2.3 所示。

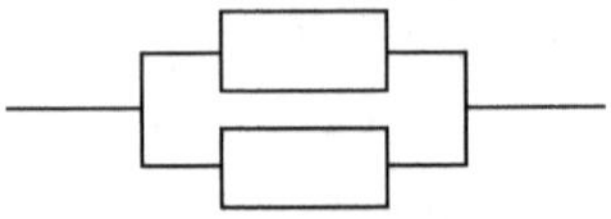

图 2.3 并联系统

设并联系统由 n 个元件组成，第 i 个元件的可靠度为 $R_i(t)=\mathrm{e}^{-\lambda_i t}$，则其不可靠度为：

$$F_i(t)=1-R_i(t)=1-\mathrm{e}^{-\lambda_i t} \tag{2.22}$$

系统的不可靠度等于各元件不可靠度的乘积，即

$$F(t)=\prod_{i=1}^{n}F_i(t)=\prod_{i=1}^{n}[1-R_i(t)]=\prod_{i=1}^{n}\left(1-\mathrm{e}^{-\lambda_i t}\right) \tag{2.23}$$

系统的可靠度为：

$$R(t)=1-F(t)=1-\prod_{i=1}[1-R_i(t)]=1-\prod_{i=1}\left(1-\mathrm{e}^{\lambda_i t}\right) \tag{2.24}$$

当 n=2，则

$$\begin{aligned}R(t)&=1-\left(1-\mathrm{e}^{-\lambda_1 t}\right)\left(1-\mathrm{e}^{-\lambda_2 t}\right)\\&=1-\left[1-\mathrm{e}^{-\lambda_1 t}-\mathrm{e}^{-\lambda_2 t}+\mathrm{e}^{-(\lambda_1+\lambda_2)t}\right]=\mathrm{e}^{-\lambda_1 t}+\mathrm{e}^{-\lambda_2 t}-\mathrm{e}^{-(\lambda_1+\lambda_2)t}\end{aligned} \tag{2.25}$$

平均无故障工作时间：

$$\theta=\int_0^{\infty}R(t)\mathrm{d}t=\frac{1}{\lambda_1}+\frac{1}{\lambda_2}-\frac{1}{\lambda_1+\lambda_2} \tag{2.26}$$

当 $\lambda_1=\lambda_2=\lambda$ 时，则

$$R(t)=2\mathrm{e}^{-\lambda\mathrm{t}}-\mathrm{e}^{-2\lambda t} \tag{2.27}$$

$$\theta=\frac{3}{2\lambda} \tag{2.28}$$

即两个并联子系统组成的系统比单个子系统的无故障工作时间提高 50%，而可靠度提高不到 50%。例如每个子系统可靠度为 0.9，则两个并联而成的系统的可靠度为：

$$R(t)=1-1(1-0.9)^2=0.99$$

若为 n 个子系统并联而成，且 $\lambda_1=\lambda_2=\cdots=\lambda_n=\lambda$

则

$$R(t)=1-\left(1-\mathrm{e}^{-\lambda t}\right)^n$$

$$\theta=\frac{1}{\lambda}+\frac{1}{2\lambda}+\cdots+\frac{1}{n\lambda} \tag{2.29}$$

由此可见，采用并联子系统可提高系统的可靠性，因为这种提高是以增加子系统套数为代价的，因而称为冗余技术。又因为其在一定程度允许系统的某些部分出故障而不影响系统的工作，故其又属于容错技术。

（3）串并联复合系统

对于串并联复合系统，其可靠度分析方法为：先将系统分成串并联的基本系统，在此基础上扩大为较大的系统，如此逐步扩大，直至将整个系统分析出来。

2.3.4.3 提高系统可靠性的方法

（1）并联热储备系统

将几个同样功能的元件并联起来同时工作，执行同一功能，只要不是所有元件均发生故障，系统就不会发生故障。这就是前面讨论的并联系统，即两个同样系统并联，则平均无故障工作时间可提高 50%。

（2）表决式储备系统

多个相同元件执行同一功能，在汇合点实行多点表决，并认为多数是正确的，与之不同的元件则认为是错误的，必须检修，例如 3 个元件或子系统组成的表决式并联系统，允许一个子系统发生故障。

图 2.4 所示的三重表决系统，其可靠度为：

$$R(t)=3\left(\mathrm{e}^{-\lambda t}\right)^2-2\left(\mathrm{e}^{-\lambda t}\right)^3 \tag{2.30}$$

平均无故障工作时间为：

$$\theta=\frac{3}{2\lambda}-\frac{2}{3\lambda}=\frac{5}{6\lambda} \tag{2.31}$$

（3）（r，n）储备系统

以 n 个相同元件并联，只要其中 r 个元件工作，即可正常工作，称为（r，n）储备系统。它与表决式储备系统的主要区别在于 r 不必是 n 的多数，（r，n）储备系统的可靠度为：

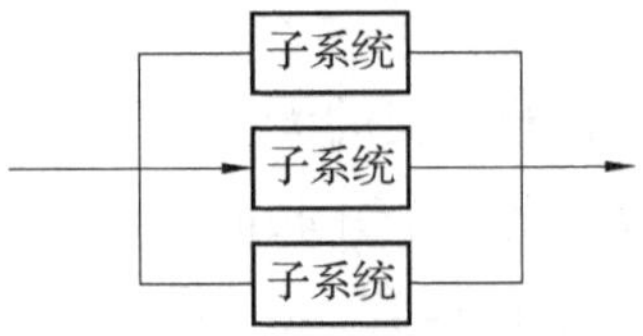

图 2.4　三重并联系统

$$\begin{aligned}R(t)=R_1^n(t)+nR_i^{n-1}(t)\left[1-R_i(t)\right]+\cdots+\\ \frac{n!}{r!(n-r)!}R_i^r(t)\left[1-R_i(t)\right]^{n-r}\end{aligned} \tag{2.32}$$

式中，R_i（t）为元件可靠度，若 R_i（t）$=\mathrm{e}^{-\lambda t}$，则平均无故障工作时间为：

$$\theta=\int_0^\infty R_i(t)\mathrm{d}t=\frac{1}{n\lambda}+\frac{1}{(n-1)\lambda}+\frac{1}{(n-2)\lambda}+\cdots+\frac{1}{r\lambda} \tag{2.33}$$

当 n=3，r=2，则为上述的表决式储备系统。

（4）冷储备系统

两个或更多相同子系统并联，但不同时工作。当工作元件发生故障时，系统通过失效检测装置及转换装置立即切换到备份子系统。备份子系统开始工作。这种储备方式称为冷储备，即非工作储备。若传感器和开关的可靠度为 1，则两个子系统的冷储备系统的可靠度为：

$$R(t)=e^{-\lambda t}(1+\lambda t) \tag{2.34}$$

平均无故障工作时间为：

$$\theta=\frac{2}{\lambda} \tag{2.35}$$

n 个子系统组成的系统，其可靠度为：

$$R(t)=e^{-\lambda}\left[1+\lambda t+\frac{(\lambda t)^2}{2!}+\cdots+\frac{(\lambda t)^{n-1}}{(n-1)!}\right] \tag{2.36}$$

平均无故障工作时间为：

$$\theta=\frac{n}{\lambda} \tag{2.37}$$

2.3.4.4　系统可靠度分配

系统可靠度分配就是将设计任务书规定的系统可靠度或容许的故障率合理分配给子系统和元件，建立子系统和元件的可靠性指标，以便于有关设计人员付诸实施。

约束条件通常有成本、重量、形状、体积等，优先考虑哪种约束条件是首先要确定的问题，然后按该约束条件进行分配：

（1）代数分配法

①简单系统的分配

若 n 个子系统串联组成系统。给每个子系统分配以相同的可靠度。则：

$$R_i(t)=\sqrt[n]{R(t)} \tag{2.38}$$

若 n 个子系统并联组成系统，给每个子系统分配以相同的可靠度，则：

$$R_i(t)=1-\sqrt[n]{1-R(t)} \tag{2.39}$$

②串联系统的按比例分配法

若组成串联系统的各子系统的可靠度不同，则按各子系统现有的不可靠度的比例进行不可靠度的分配，这是一种近似方法。

对于串联系统，有：

$$R=R_1R_2\cdots R_n \tag{2.40}$$

即

$$1-F=(1-F_1)(1-F_2)\cdots(1-F_n)\approx 1-F_1-F_2-\cdots-F_n$$

亦即

$$F\approx F_1+F_2+\cdots+F_n \tag{2.41}$$

按比例分配法以上述公式为依据，故其是近似的，且是在 $F_i \ll 1$ 的情况下才更接近实际。一般所研究的系统均满足这一条件。

【例 2.1】设串联系统由 3 个子系统组成，要求可靠度为 R=0.9，各子系统现有可靠度分别为 0.94、0.90、0.96，求子系统可靠度的合理分配值。

解题结果列于表 2.3。

表 2.3　串联系统可靠度的合理分配计算表

子系统	现有 R_i 值	现有 F_i 值	允许 F_1 值	要求 R_i 值
1	0.94	0.06	0.03	0.97
2	0.90	0.10	0.05	0.95
3	0.96	0.04	0.02	0.98
		现有 $F_1=\sum F_i=0.20$	要求 $F_2=1-R=\sum F_i=0.10$	

解题说明：

A. 列出各子系统现有可靠度 R_i（表中第 2 列）；

B. 由 F_1=1–R 求出各子系统现有 F_i 值；

C. 由 F_2=1–R 求出全系统允许的不可靠度（表中第 4 列第 5 行）；

D. 由 $F_1=\sum F_i$ 求系统现有不可靠度（表中第 3 列第 5 行）；

E. 由 $F_1=F_{i1}\times\dfrac{F_2}{F_1}$ 求各子系统不可靠度，填到第 4 列第 1、2、3 行中；

F. 由 R_i=1–F_i 求各子系统分配的可靠度，填到第 5 列各行；

G. 检验：$\prod\limits_{i=1}^{n}R_i>R$ 则符合要求。

（2）加权分配法

加权分配法是考虑到各子系统对整个系统的重要程度。即子系统发生故障引起整个系统发生故障的概率为依据，来分配系统的可靠度。这是由美国国防部开发局所属的美国电子设备可靠性顾问组在 1957 年提出的。

几个概念：

θ_i：第 i 个子系统的平均无故障工作时间；

t_i：系统需要第 i 个子系统工作的时间；

w_i：第 i 个子系统故障引起系统发生故障的概率；

n_i：第 i 个子系统的组件数；

$n=\sum\limits_{i=1}^{k}n_i$：由 k 个子系统组成的系统的总组件数。

设系统由 k 个子系统组成。每个子系统均由独立的标准组件组成，不考虑权重。则第 i 个子系统的可靠度为 $R_i'=1-F_i$，考虑权重 w_i 后，可靠度为 $R_i'=1-w_i(1-R_i)$。而 $R_i=\mathrm{e}^{-\lambda_i t_i},\lambda_i=\dfrac{1}{\theta_i}$,

故可靠度为 $R_i = \mathrm{e}^{-\frac{t_i}{\theta_i}}$

因此，加权重后的可靠度为

$$R_t' = 1 - w_i \left(1 - \mathrm{e}^{-\frac{t_i}{\theta_i}}\right) \tag{2.42}$$

整个系统的可靠度为：

$$R = \prod_{t=1}^{k} R_i' = \prod_{i=1}^{k}\left[1 - w_i\left(1 - \mathrm{e}^{-\frac{t_i}{\theta_i}}\right)\right] \tag{2.43}$$

当 x 很小时，$\mathrm{e}^{-x}=1-x$，故 $\mathrm{e}^{-\frac{t_i}{\theta_i}} \approx 1 - \frac{t_1}{\theta_i}$

代入式（2.42），有：

$$R \approx \prod_{i=1}^{k}\left(1 - w_i \frac{t_i}{\theta_i}\right) \approx \prod_{i=1}^{k} \mathrm{e}^{-w_i \frac{t_i}{\theta_i}} \tag{2.44}$$

若该系统由 n 个组件组成。如果不考虑权重。则分配到各组件的可靠度为 $\sqrt[n]{R}$ 。即 $R^{1/n}$。而第 i 个子系统是由 n_i 个组件组成，故其所分配到的可靠度为 $\sqrt[n]{R^{n_i}}$ 。即 $R^{n_i/n}$ ，考虑权重，则为：

$$R^{n_i/n} = \mathrm{e}^{-w_i \frac{\theta_i}{i_i}}$$

即

$$R = \mathrm{e}^{-w_i \frac{t_i}{\theta_i} \frac{n}{n_i}} \tag{2.45}$$

或

$$\theta_i = \frac{n}{n_i} \frac{w_i t_i}{(-\ln R)} \tag{2.46}$$

其中，n_i/n 称为复杂系数。

【**例** 2.2】机载电子设备要求工作 12 h 的可靠度为 $R(12)=0.923$，该设备各子系统的有关数据如表 2.4 所列，试做可靠度分配。

表 2.4　某设备各子系统的有关数据

子系统	组件 / 个	工作时间 /h	权因子
发射机	102	12	1.0
接收机	91	12	1.0
控制设备	242	12	1.0
起飞用自动装置	95	3	0.3
电源	40	12	1.0

解：将上述数据代入公式 $\theta_i = \frac{n}{n_i} \frac{w_i t_t}{(-\ln R)}$ ，求无故障工作时间。

$$\theta_1 = \frac{570}{102} \times \frac{1.0 \times 12}{(-\ln 0.923)} = 836.9\,\text{h}$$

$$\theta_2 = \frac{570}{91} \times \frac{1.0 \times 12}{(-\ln 0.923)} = 938.0\,\text{h}$$

$$\theta_3 = \frac{570}{242} \times \frac{1.0 \times 12}{(-\ln 0.923)} = 352.8\,\text{h}$$

$$\theta_4 = \frac{570}{95} \times \frac{0.3 \times 3}{(-\ln 0.923)} = 67.4\,\text{h}$$

$$\theta_5 = \frac{570}{40} \times \frac{1.0 \times 12}{(-\ln 0.923)} = 2134.1\,\text{h}$$

由 $R_i = \mathrm{e}^{-\frac{t_i}{\theta_i}}$ 求各子系统可靠度。

$$R_1 = \mathrm{e}^{-\frac{12}{836.9}} = 0.985\ 0$$

$$R_2 = \mathrm{e}^{-\frac{12}{938.0}} = 0.987\ 3$$

$$R_3 = \mathrm{e}^{-\frac{12}{352.1}} = 0.966\ 6$$

$$R_4 = \mathrm{e}^{-\frac{3}{67.4}} = 0.956\ 8$$

$$R_5 = \mathrm{e}^{-\frac{12}{2134.1}} = 0.994\ 4$$

由公式 $R = \prod_{i=1}^{5} R_i' = \prod_{i=1}^{5}\left[1 - w_i\left(1 - R_i\right)\right]$ 检验系统的可靠性。

对于第 1、2、3、5 子系统，w_i=1 故 $R_i' = 1 - w_i\left(1 - R_i\right) = R_i$ 。

对于第 4 个子系统，R_4' =1–0.3(1–0.956 8)=0.987 0。

系统可靠度为：

$$R=0.985\ 8 \times 0.987\ 3 \times 0.966\ 6 \times 0.987\ 0 \times 0.994\ 4=0.923\ 3$$

略大于所要求的 0.923 0，符合要求。

第 3 章　自动机械的常用机构

3.1　常用机构选用概述

在设计新机器时，首先要根据设计要求，认真分析工艺动作，确定所用机构的形式（直动、转动、连续、间歇、步进等）、运动规律（即运转过程中速度和加速度变化）等。机器的设计要求中，有些是生产工艺过程本身决定的，有些是从动力学观点提出的。结合各种机构的基本运动规律，认真地分析各种机构的工作过程，合理地选取符合工艺要求的机构类型和参数，对保证工艺质量、减小机器的尺寸和重量、降低功率消耗都有重要意义。总之，必须在搞清楚工艺动作具体要求的基础上，合理地选取机构类型和进一步确定尺寸参数。

在自动机械中大量采用凸轮机构、连杆机构、间歇机构等来实现各种复杂的运动要求。另一方面，这些复杂的运动要求也可以采用电控系统（由继电器、开关等部件组成）、电子控制系统（由电子器件和步进电机等部件组成）、液压及气动结合电控组成的复合系统来实现，生产实践中称这些复合系统为广义机构。究竟选择哪一种机构类型，要从多方面综合比较决定。这里提出几个基本的原则，供设计时参考。

（1）凸轮机构与连杆机构

凸轮机构的优点有通过设计相应的凸轮轮廓曲线，来达到不同的从动件运动规律；变换凸轮就可改变从动件的运动规律；设计出的机构尺寸较小；在自动机械中使各机构间运动易于协调等。缺点是凸轮在制造和调整方面精度要求较高，其轮廓线磨损之后会影响运动规律的准确性；通过点或线接触传递运动，承载能力比较低。与此相比，连杆机构的承载能力较强、制造容易、运转精度高、平稳可靠，在无停留运动规律等限制的情况下，应尽量采用。但是用连杆机构来实现预期的运动规律，在设计上比较困难。

（2）执行机构的工作行程

在很多情况下，执行机构一个方向的运动是工作行程，而相反方向的运动为空回行程。

从动件空回行程与工作行程的平均速度之比称为行程速比系数。一般曲柄滑块机构及铰链四连杆机构的从动件行程速比系数在 0.8~1.2 的范围内，而曲柄导杆机构则可达 0.6~1.7，为获得无停顿双向的运动规律，并要求从动件的行程速比系数小于 0.6 或大于 1.7 时，一般使用凸轮机构。

具有一次停顿、双向运动的工作机构可采用凸轮机构或者连杆机构。采用连杆机构的优点是设计简便、机构承载能力强；缺点是难以保证从动件的运动规律要求以及限制其最大速度、加速度等附加条件。

带有两次或更多次停顿的双向运动规律，当其运动与静止时期任意重复以及在不同时期从动件具有不同的位移值时，一般都采用凸轮机构。

（3）机构的组合

单一的基本机构常常有其固有的局限性，无法满足生产提出的多方面要求。如单一的凸轮机构难以实现从动件具有一定运动规律的整周转动，连杆机构无法实现从动件精确的长时间停顿以及产生任意形状的轨迹；齿轮机构（圆形齿轮和非圆齿轮）只能实现一定规律的连续转动或移动；步进运动机构只能实现单向步进运动等。因此，为了满足生产上提出的某些特殊要求和提高自动化程度，经常采用由几种基本机构组合而成的组合机构。

（4）机构尽量简单化

对于同样的运动要求，应该采用构件数目和运动副数目最少的机构。减少构件和运动副的数目，可以简化机器的构造、降低制造费用、减轻机器重量、提高传动系统的刚度，还可以减少零件制造误差造成的运动链累积误差，从而增强机器的工作可靠性。

改变原动件的驱动方式，有可能使机构简化。复杂机器通常有许多动作，有时将单级统一驱动改成多级分别驱动，虽然会增加原动机的数目和相应的电控装置，但有可能大大简化传动链，同时减小功耗。

对于只要求实现简单的工作位置变换的机构，利用气缸作为原动件很方便。如图 3.1（a）所示，要实现Ⅰ、Ⅱ两个工作位置的变换，如果采用曲柄摇杆机构，一般要用电动机经过减速装置后驱动曲柄，再使用制动装置使曲柄停在要求的位置。如果改用气缸驱动，则结构将大为简化，如图 3.1（b）所示。

在某些情况下，应用高副机构可能比低副机构的运动链简短。例如图 3.2（a）所示的曲柄滑块机构和图 3.2（b）所示的凸轮机构，其从动件的运动规律都是一样的，但凸轮机构的活动件数比前者减少了一个。

但是，也不能说传动线路越简短就越好，例如图 3.2（b）所示的高副机构，其尺寸就比低副机构大，加工精度要求较高。高副机构的从动件回程运动规律有时取决于动力学因素，不是简单地由几何约束决定的。在许多机器中，为了使操纵机构较集中，采用中间分配轴传动，这虽然使传动环节增加了，但从机器的整体工作考虑却有好处。因此机构简化时要全面权衡利弊，在若干可行机构设计方案中选择最合理的方案。

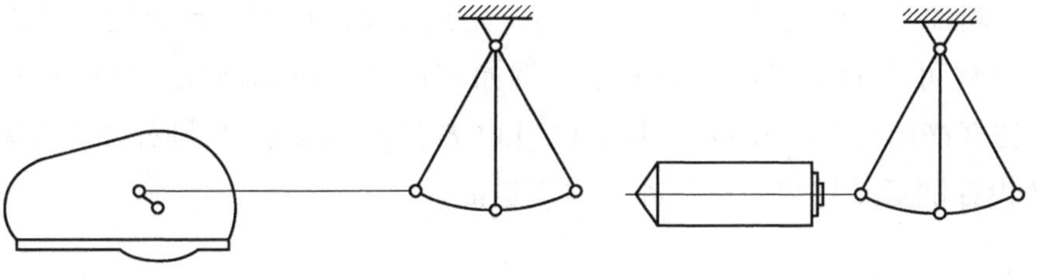

（a）　　　　　　　　　　（b）

图 3.1　摇杆机构方案比较

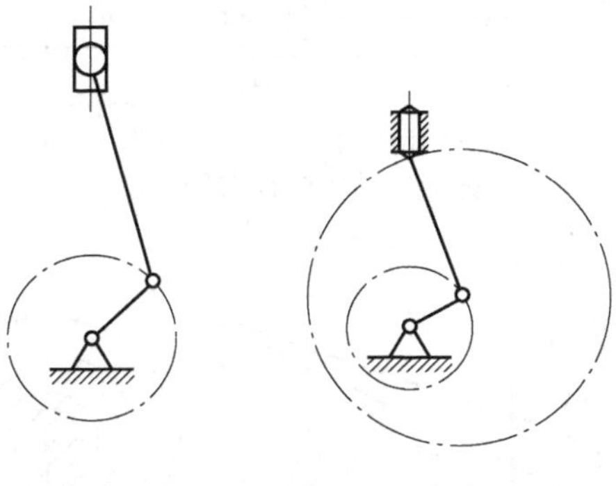

（a）　　　　（b）

图 3.2　低副机构与高副机构方案比较

（5）尽量减小机构的尺寸

机器的尺寸和重量因所选用的机构类型而大有差别，例如在相同的运动参数下，谐波齿轮减速器和行星齿轮减速器的尺寸和重量明显小于普通定轴齿轮减速器。

下面简单地讨论连杆机构和凸轮机构设计时缩小尺寸的问题。

假如驱动机器中某一构件做往复移动，通常可用曲柄滑块机构实现，例如要求行程长度为 S，采用对心曲柄滑块机构，则曲柄长度应为 $S/2$，如图 3.3（a）所示。利用杠杆原理，可采用图 3.3（b）的方法，使 $DC=CE$，则 E 点的行程约为 S，C 点水平移动距离接近 $S/2$，而曲柄长度约为 $S/4$。连杆尺寸也可以相应减小。

图 3.3（c）是另一种设计方案。将滑块换成一个活动齿轮，使它同时与一个固定齿条和一个活动齿条相啮合，曲柄长度也减少到 $S/4$。这种利用活动齿轮倍增行程的原理，在自动生产线的运输装置中已广泛应用（如图 3.4 所示）。

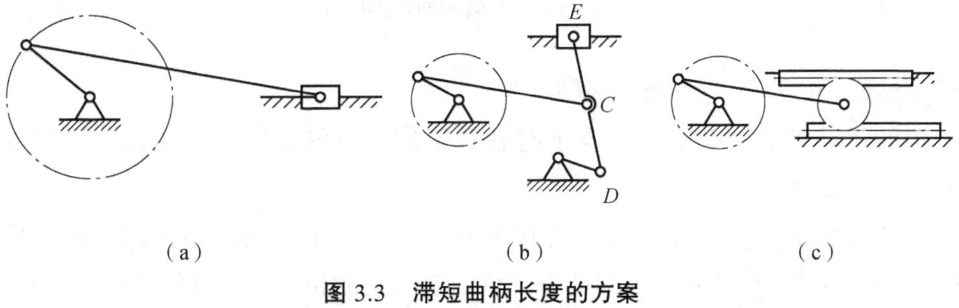

（a）　　　　（b）　　　　（c）

图 3.3　滞短曲柄长度的方案

一般说来，圆柱凸轮比盘形凸轮尺寸紧凑，尤其是从动杆移动行程较大的情况下。

凸轮的尺寸也可借助于杠杆相应缩小。例如家用缝纫机的凸轮式挑线机构（见图 3.5），圆柱凸轮推动往复摆动的挑线杆 *OJ*。由于 *OJ* 和 *OK* 杠杆的关系，使圆柱凸轮在较小的尺寸时，挑线孔 *K* 按照设计的运动规律向机针和摆梭递送面线。

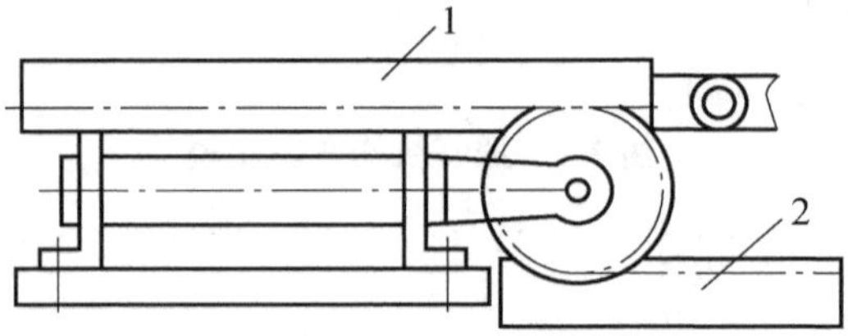

1—运动齿条；2—固定齿条

图 3.4　倍增行程的机构

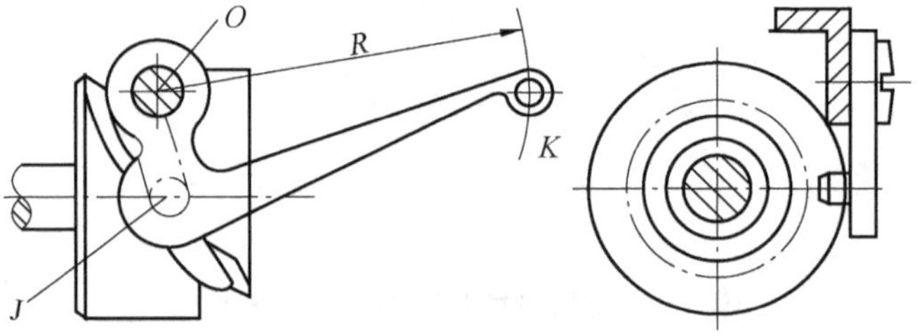

图 3.5　凸轮式挑线机构

图 3.6 所示为一个回转导杆机构，曲柄 1 为输入件，凸轮 3 装在导杆 2 的轴上。当曲柄顺时针转过 90° 时，导杆转过 180°，这就相当于把凸轮的升程角扩大了一倍。凸轮转 180° 过程中从动件移动 *S* 距离，在同样压力角的许用值下，凸轮的尺寸可以减小一半左右。

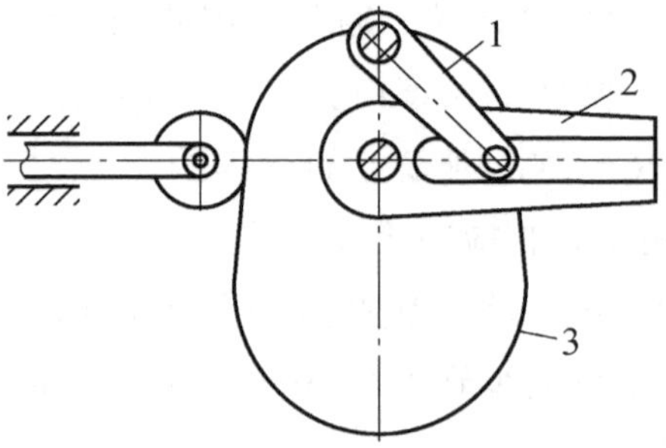

1—曲柄；2—导杆；3—凸轮

图 3.6　回转导杆机构

（6）运动参数（如行程）的调节问题

调节机构的运动参数，在不同情况下有各种不同的方法，但一般地说，可以设计具有两个自由度的机构来实现。

两个自由度的机构有两个原动件，使其中的一个输入主运动，即驱动机构完成工艺动作的运动，称为主原动件；使另一个为调节原动件，调节它的位置，就可使从动件运动参数改变。

当调节到需要的位置后，它固定不动，则机器就成为一个自由度的系统，在主原动件的驱动下正常运转。

图 3.7 所示的机构，a 是主原动件，b 为调节原动件，改变构件 b 的位置，摇杆的极限位置和摆角都会相应变化。调节适当之后，使 b 杆固定，整个机构就成为一个自由度的机构，这种调节可以在主原动件运转过程中进行。缝纫机中调节针距大小就采用类似的办法。

图 3.8 所示是板材轧机上的飞剪机构简图。飞剪把长带状板材在运动过程中连续地按规定尺寸剪断。图中 a 为主原动件，b 为调节原动件，改变 b 的位置，可以调节剪刀的运动轨迹和剪切位置。

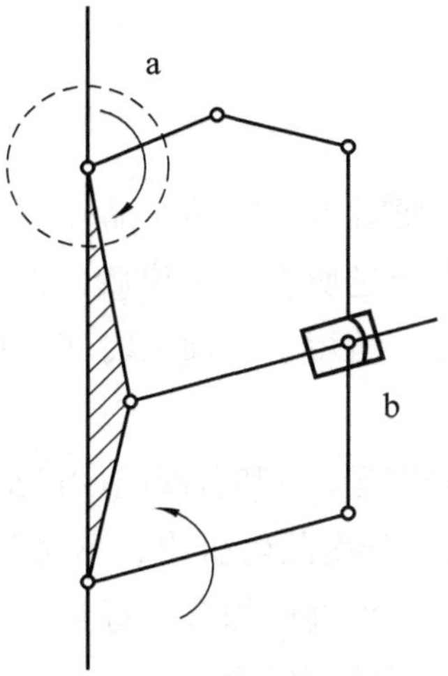

图 3.7　行程可调机构

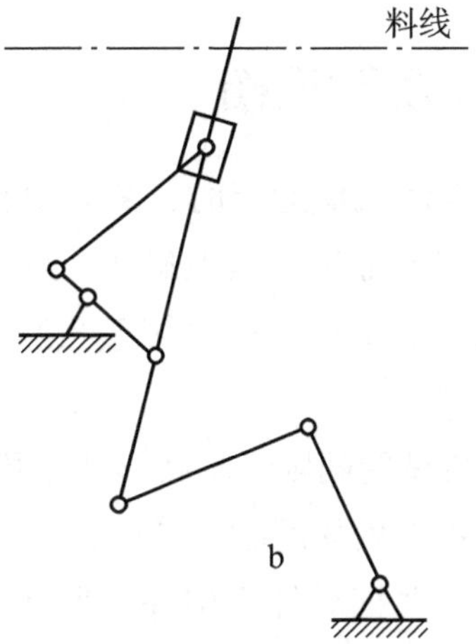

图 3.8　板材轧机飞剪机构

（7）消除运动副之间的间隙

实践证明，除了各构件有关的尺寸精度之外，运动副中的间隙是影响机构运动精度和传动刚度的另一个重要因素，当机构运动精度和传动刚度要求很高时，在运动副的结构设计中就必须考虑消除间隙的问题。

转动副经常采用滚动轴承实现。通过预选滚球和轴承装配时带有预紧的方法，可以消除径向游隙、提高运动精度。用于移动副的典型组件为滚珠盒和直动型滚珠套，可以采用类似的方法解决。对于螺旋副，采用滚珠丝杠也可以精细地调整运动副间隙，进而提高运动精度。

（8）各构件要有合理的传递力量

有些机构要在克服各种阻力下工作，各个构件都要传递力量。在外载荷相同的条件下，完成同样的动作要求，不同形式、尺寸参数的机构的各个构件和运动副受力却不一定相同，原动机消耗功率的大小也可能不一样。

要达到有利的传动条件，主要方法是尽可能增大机构的传动角，对行程不大但克服工艺阻力很大的机构（如冲压机构）应用“增力”的方法，使其在近于回程死点位置工作。

机构中存在虚约束时（如多支点的轴，周转轮系中的中心轮和系杆等），常常要求提高制造加工的精度，否则会造成过大的附加载荷。在这种情况下，应该合理设计运动副的结构来消除虚约束，例如适当地选用球面自位轴承，在行星轮系中应用各种均载办法等。

对于高速机构，如果做往复运动或平面复杂运动的构件惯性质量较大，或者转动构件有较大的偏心质量，则在设计时应考虑平衡和均衡惯性质量的措施，以减小运转过程中的动载荷。

总之，选择机构的类型以及拟定机构的方案是一件复杂、细致的工作，要同时做一些运动学和动力学分析比较，要全面权衡其利弊得失，才能达到最佳的技术经济指标。

以下就自动机械中常用的一些机构和装置进行讨论，作为机械原理课程的补充。

3.2 棘轮机构

不少自动机械运行时，需要执行机构做间歇运动，以便对生产中的产品在不同工位上同时实现不同的加工或其他操作。这样当被加工的产品依次经过所有的工位后，也就完成了几个相应工序的工作，从而使工艺操作时间最大限度地重叠，缩短了总加工时间，提高了整机的生产效率。

自动机械的间歇运动在形式上可分为间歇转位运动（分度运动）和直线间歇进给运动两类。自动机械中常用的间歇运动机构有：棘轮机构、槽轮机构、分度凸轮机构、不完全齿轮机构、星轮机构、曲柄导杆机构等。另外还可以采用气动、液压、步进机构等，近年来也出现了微机控制与机械机构相配合的机电一体化机构，以实现更为复杂的间歇运动。

在设计间歇运动机构时，应满足如下要求：

（1）停歇位置准确可靠：一般通过某种形式的定位机构来保证。

（2）换位迅速平稳：一般换位要求在空行程的辅助操作时间内进行，这样有利于提高生产效率。要尽量减小换位运动开始和终了时从动件的加速度，降低惯性冲击和噪声。换位平稳是换位迅速的必要条件。

（3）调节性能好：方便调节，以适应不同的工艺要求。

（4）定位精度能够长期保持，结构简单紧凑，制造工艺性好。

3.2.1 棘轮机构的工作原理及特点

棘轮机构由棘轮、棘爪、机架等组成，如图 3.9 所示。主动杆 1 与棘轮 3 同轴（从动轴），棘爪 2 与主动杆 1 通过转动副相连，并通过弹簧 5 驱动棘爪 2 压向棘轮 3。当主动杆 1 逆时针方向摆动时，棘爪 2 插入棘轮齿槽，推动棘轮转过一个角度。当杆 1 顺时针方向摆动时，棘爪被拉出棘轮齿槽，棘轮处于静止状态，从而实现了棘轮 3 的单向间歇转动。杆 1 的往复摆动可以利用连杆机构、凸轮机构等实现。

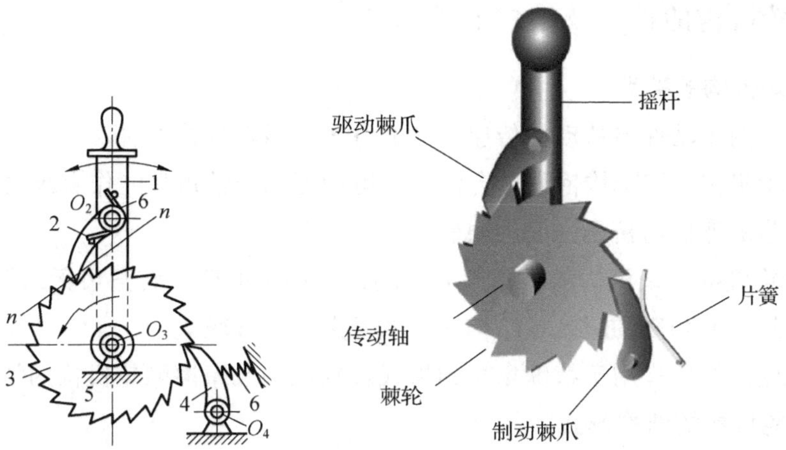

（a）　（b）

1—主动杆；2—棘爪；3—棘轮；4—止动爪；5—弹簧；6—压紧弹簧

图 3.9　棘轮机构运动简图

用外齿式棘轮机构来说明其工作原理，参考图 3.9（a）。棘爪 2 装在摇杆上，摆杆空套在棘轮轴或棘轮凸缘上，可做相对摆动；棘轮 1 装在从动轴上，用键或其他方式连接。当摆杆逆时针方向摆动时，棘爪与棘轮齿槽根部贴合。克服棘轮轴上的外加阻力矩 M 推动棘轮同向转动，此阶段为棘轮机构的工作行程。当摆杆摆过一定角度后返回时，棘爪在棘轮齿上打滑而返回到起始位置，此时止回棘爪 4（也称止动爪、闸爪）将棘轮闸住制动，使其不会反向转动。此阶段为棘轮机构的非工作行程或称空回行程。摆杆往复摆动，棘轮就可以实现单向不可逆步进运动。

棘轮的回转角度主要由工艺条件决定，它和棘齿的关系为：

$$\phi = 360°\frac{K}{z} \tag{3.1}$$

式中：ϕ 为棘轮回转角，（°）；

K 为工作行程时棘爪每次推过的棘轮齿数；

z 为棘轮全齿数。

建议 ϕ 值一般不超过 45°，最大不超过 90°~100°。

棘轮机构主要用于将周期性的往复运动转换为棘轮的单向间歇转动，也常用于防逆转装置。

棘轮机构的特点是结构简单、制造容易、便于实现调节，但是精度低、噪声和冲击大、磨损快。因此多用于运动速度和精度不高，传递动力不大的分度、计数、供料和制动等场合。

3.2.2 棘轮机构的种类及结构形式

3.2.2.1 棘轮机构的种类

根据棘轮机构的主动件与从动件传递运动的方式，棘轮机构的种类分为：

（1）齿式棘轮机构。该结构依靠啮合传动，运动可靠；转角只能作有级调节，机构噪声较大，承载能力受齿的弯曲与挤压强度的限制。

（2）摩擦棘轮机构。该机构依靠摩擦力传动，运动不准确；转角可无级调节，噪声较小，承载能力受工件接触面强度的限制，结构比齿式复杂，尺寸较大。

（3）特殊棘轮机构。指用于特殊场合的齿式棘轮机构或摩擦棘轮机构的特殊结构形式。

3.2.2.2 棘轮机构的结构形式

主要形式为齿式棘轮机构。从齿的分布上又可分为外齿棘轮机构、内齿棘轮机构和摩擦棘轮机构和棘条棘轮机构四种结构形式，如图 3.10（a）、（b）、（c）、（d）所示。

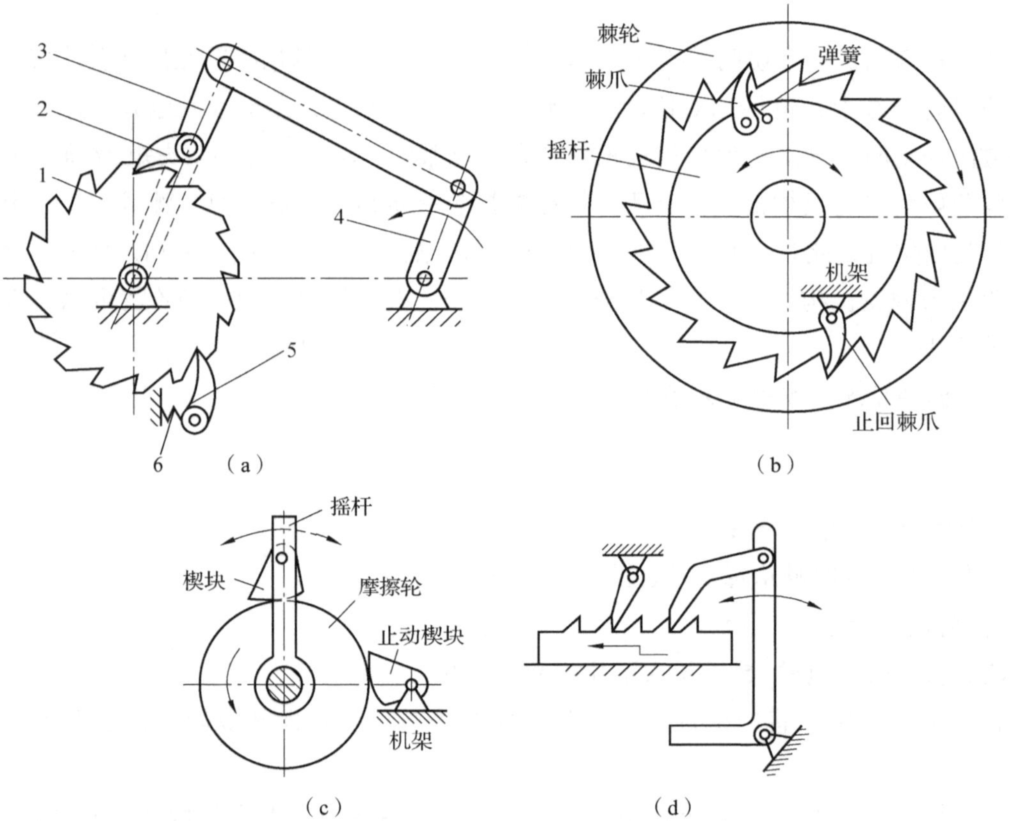

1—棘轮；2—棘爪；3、6—压紧弹簧；4—摆杆；5—止回棘爪

图 3.10 齿式棘轮机构的结构形式

摩擦棘轮机构利用摩擦力的作用，使棘爪（或滚子）在主动件和棘轮之间形成单向楔紧，从而使主动件做摆动运动时棘轮输出间歇转位运动。摩擦棘轮机构分为滚柱式和凸缘式 2 种形式，其结构形式如图 3.11 所示。

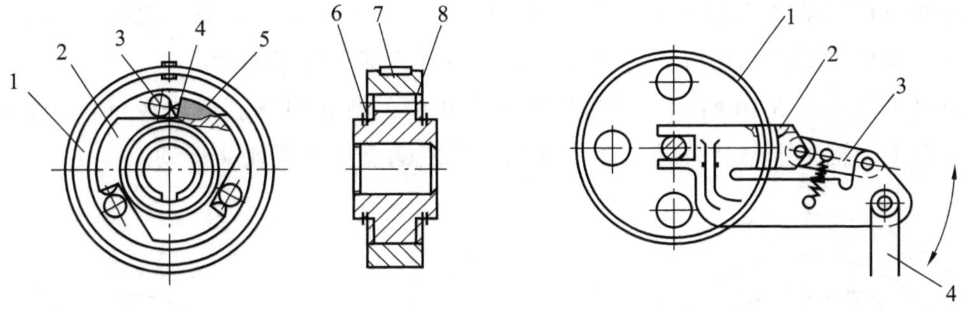

（a）滚柱式　　　　（b）凸缘式

（a）滚柱式，1—外圈；2—星轮；3—滚柱：4—活销；5—弹簧；6—挡圈；7—键；8—盖板
（b）凸缘式，1—从动摩擦轮轮缘；2—制动块；3—连杆；4—摇杆

图 3.11　摩擦棘轮机构

特殊棘轮机构主要有双向棘轮机构、内啮合棘轮机构和直动棘轮机构 3 种形式。

双向棘轮机构的齿形一般为矩形，如图 3.12 所示。当图 3.12（a）所示的棘爪在实线位置时，主动杆将使棘轮沿逆时针方向做间歇运动；而当棘爪翻转到虚线位置时，主动杆将推动棘轮沿顺时针方向做间歇运动。图 3.12（b）所示为另一种可变向棘轮机构，如图示位置，棘轮将沿顺时针方向做间歇运动；若将棘爪提起转 180° 放下，棘轮将沿逆时针方向做间歇运动；若将棘爪提起转 90° 放下，则棘爪将脱开棘轮。棘爪做往复运动时，棘轮不动。牛头刨床的横向进给装置上多用这种机构。

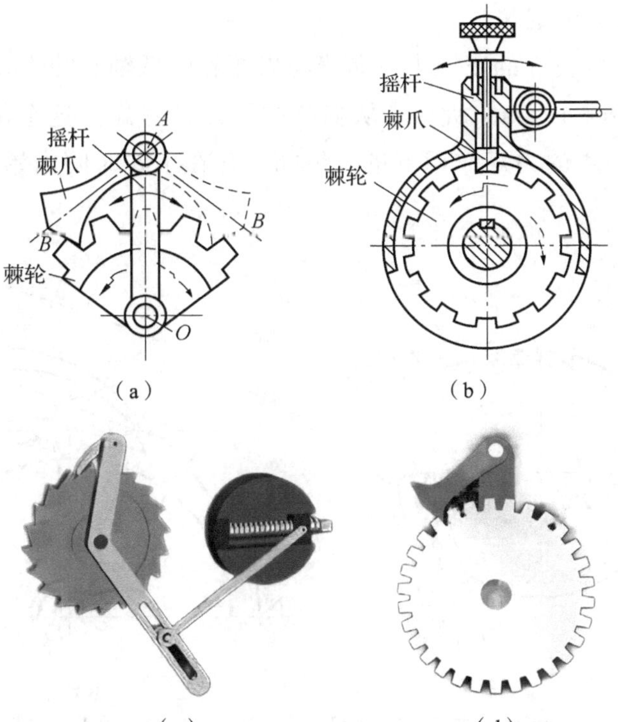

（a）　　（b）

（c）　　（d）

图 3.12　两种不同形式的双向棘轮机构

内啮合棘轮机构如图 3.13 所示，棱柱形棘爪 3 放在星轮 2 与齿圈 1 之间。当星轮按箭头方向转动时，棘爪卡紧；星轮按箭头相反方向转动时，棘爪退出啮合。

直动棘轮机构如图 3.14 所示，此机构为割管机中的棘轮机构。滑块在行程开始和终止时慢速运动。由主动轴 1 带着具有销子 2 和棘爪 3 的曲柄盘 5 使滑块 4 运动。

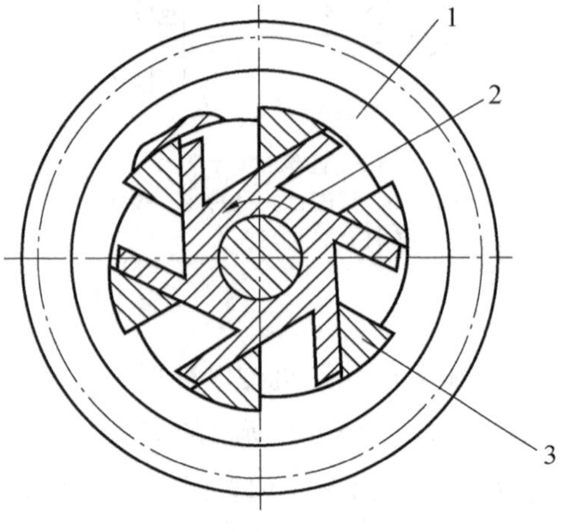

1—齿圈；2—星轮；3—棘爪

图 3.13　自由棘爪内啮合棘轮机构

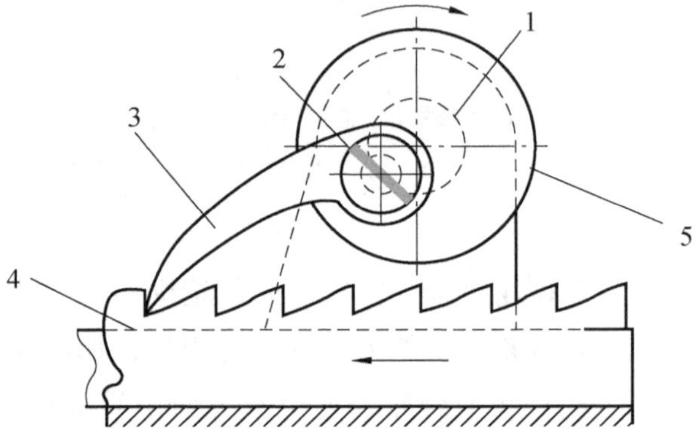

1—主动轴；2—销子；3—棘爪；4—滑块；5—曲柄盘

图 3.14　直动棘轮机构

3.2.3　棘轮机构运动的可靠性条件

（1）棘爪轴心位置的确定

棘爪的轴心位置由棘齿面的正压力方向线与齿端和棘爪轴心的连线之间的夹角 β 确定，β 称为棘爪安装角，如图 3.15（a）所示。从啮合的可靠性考虑，这个位置应能保证棘爪在棘齿对它的反作用力所产生的力矩作用下进入齿间，并在工作时间内始终保持啮合，β 角可由图 3.15（b）计算得到。

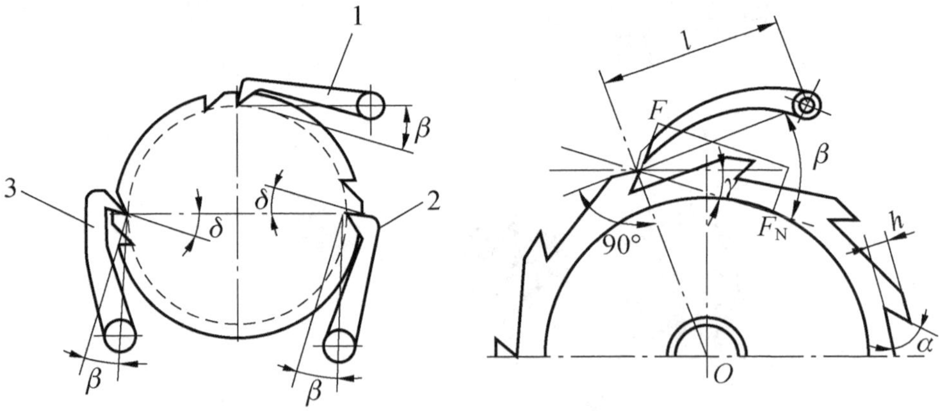

（a）　　（b）

1—无倾角齿，推爪；2—有倾角齿，推爪；3—有倾角齿，拉爪

图 3.15　棘爪轴心位置的确定

设棘齿与棘爪之间的摩擦因数为 f，摩擦角为 γ（γ=arctan f），棘齿对棘爪的反作用力为 F_N，摩擦力为 F（$F=F_N f$）。则棘爪能自动进入齿底并实现啮合的条件为：

$$F_N l \sin\beta \geqslant F_N l \cos\beta$$

即得
$$\tan\beta \geqslant \tan\gamma \text{ 或 } \beta > \gamma \tag{3.2}$$

齿面倾角 δ 可补偿 β 角，一般取 β=10°~12°。当 δ=0°~10° 时，相当 β=10°~22°，例如，当 f=0.2 时，γ=11°8′35″，通常将 β 角补偿到 20°。

（2）主要尺寸参数的确定

与齿轮相似，棘轮的主要尺寸参数均用模数 m 表示。但其标准模数定义在齿顶圆，即：

$$D=mz$$
$$t=m\pi \tag{3.3}$$

式中：D 为棘轮外径，mm；

t 为周节，mm；

z 为齿数。

设计时，应根据工艺要求、布局情况、强度条件等综合考虑。模数 m 应选取标准值，齿数 z 可在 8~250 范围内选取，其他几何尺寸可参考有关设计手册查取。

（3）结构设计

在一般情况下，棘轮机构为单棘爪棘轮机构。

当驱动摆杆的摆角很小时，可采用多棘爪的办法。在图 3.16（a）中，只要摆杆使棘爪摆动 $t/3$，就可以使棘轮在周节不变的情况下获得较小的转角。而在图 3.16（b）中，与单棘爪相比，在摆杆摆角相同的情况下，可使棘轮获得较大的转角。

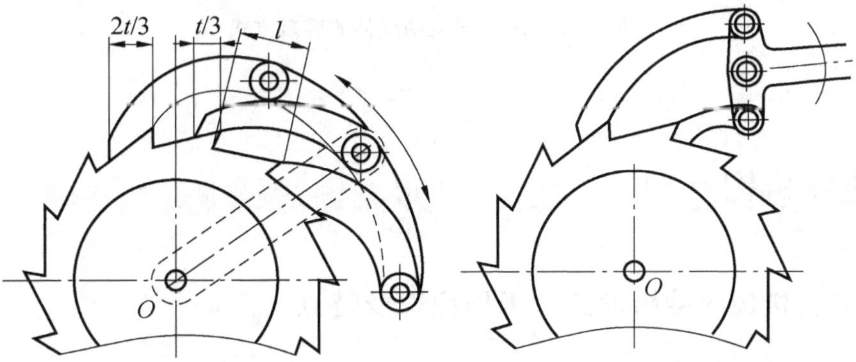

（a）　　（b）

图 3.16　多爪棘轮机构

棘轮的齿形已经标准化，可分为单向驱动式和双向驱动式两种。单向驱动式的齿形如图 3.17 所示。其中，（a）、（b）、（d）为三角形齿，（c）、（e）为不对称梯形齿，（c）、（d）、（e）也称为加强齿形。齿间角 a 通常根据铣刀的角度决定。对三角形齿可选 45°~60°，对梯形齿可选 60°~90°，双向驱动式的齿形，一般都制成矩形。

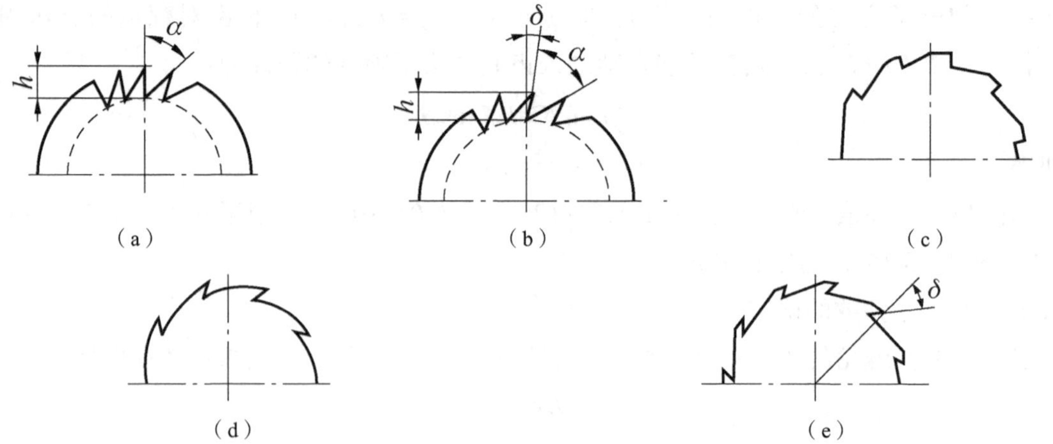

图 3.17　单向驱动式棘轮的齿形

图 3.18 所示为棘爪与驱动摆件的几种链接方式。

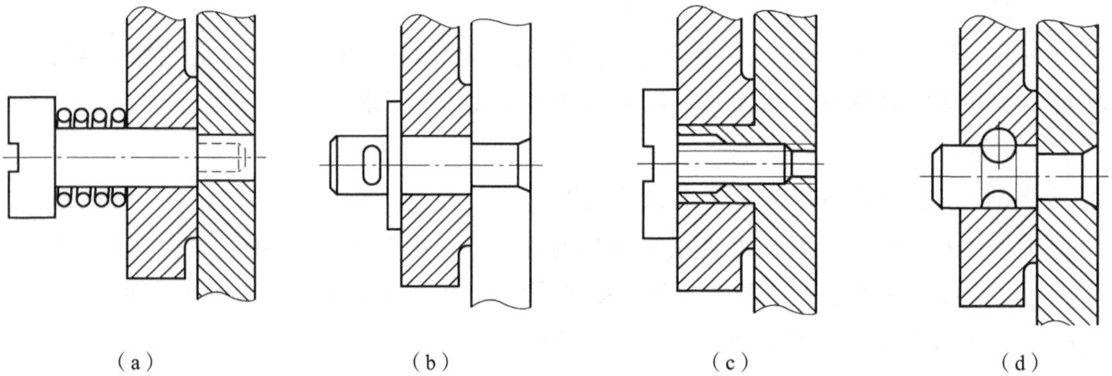

图 3.18　棘爪与驱动摆件的链接方式

3.3　槽轮机构

3.3.1　槽轮机构的结构形式、工作原理及特点

（1）槽轮机构基本类型

槽轮机构又称为马耳他机构，亦称为马氏机构或马氏盘，在自动机械中应用很广泛。

常见的槽轮机构主要有 3 种基本结构形式，如图 3.19 所示，其中用得最普遍的是平面外槽轮机构。

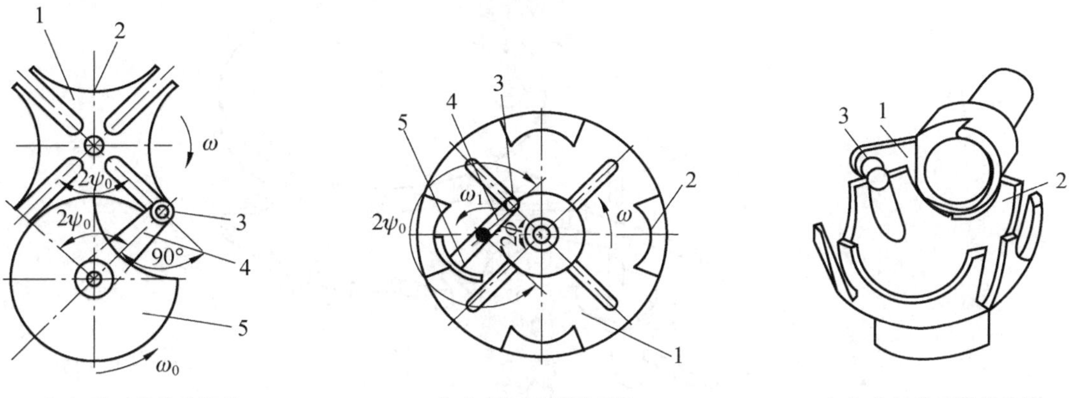

（a）平面外槽轮机构　　（b）平面内槽轮机构　　（c）空间球面槽轮机构

1—槽轮；2—定位弧；3—拨销；4—转臂；5—锁紧弧

图 3.19　槽轮机构的基本类型

（2）槽轮机构的工作原理

如图 3.19（a）所示，拨销盘上的转臂 4 以匀角速度 ω_0 转动。当转臂上的拨销 3 进入槽轮 1 的径向槽中时，转臂通过拨销驱动槽轮以角速度 ω 转动。拨销转过 $2\psi_0$ 角度后，拨销就脱开槽轮，转臂继续转动而槽轮不动，直到拨销进入下一个槽内，又重复以上循环。这样就把转臂的连续回转运动转换成槽轮的单向步进回转运动。在槽轮不动的时间内，靠拨销盘上锁紧弧 5 和槽轮上定位弧 2 的配合实现槽轮的定位锁紧。

（3）槽轮机构的特点及应用

槽轮机构的特点可归纳如下：

① 结构简单、紧凑，工作可靠；

② 转位迅速，效率高；

③ 能平稳地改变从动件的角速度；

④ 槽轮机构运动规律不能选择，调节性能差，在拨销进入和脱出槽轮时会产生有限的二次冲击；

⑤ 制造、装配精度要求较高，当精度要求较高时还需另加定位装置。

槽轮机构常用在低、中速，工位数不太多（4~8，很少超过 12）的转位、分度等步进传动中。如包装机械、陶瓷机械、玻璃制品机械等。

图 3.20 是灯泡装配机的传动示意图。电动机 1 经减速装置 2、一对椭圆齿轮 3 及锥齿轮副 4 将运动传到曲柄盘 6。曲柄盘 6 上装有圆销 7，当圆销 7 沿其圆周的切线方向进入槽轮 5 的槽内时，迫使从动槽轮 5 反向转动，直到槽轮转过角度 2ψ 圆销才从槽轮 5 的槽中退出，槽轮 5 和与其相连的转台 8 才处于静止状态。圆销 7 继续转过角度 2ϕ 后，又进入槽轮 5 的下一个槽内，开始下一个动作循环。转台停止时间为置于转台 8 上的灯泡 9 进行抽气（抽真空）和其他加工工序的时间。

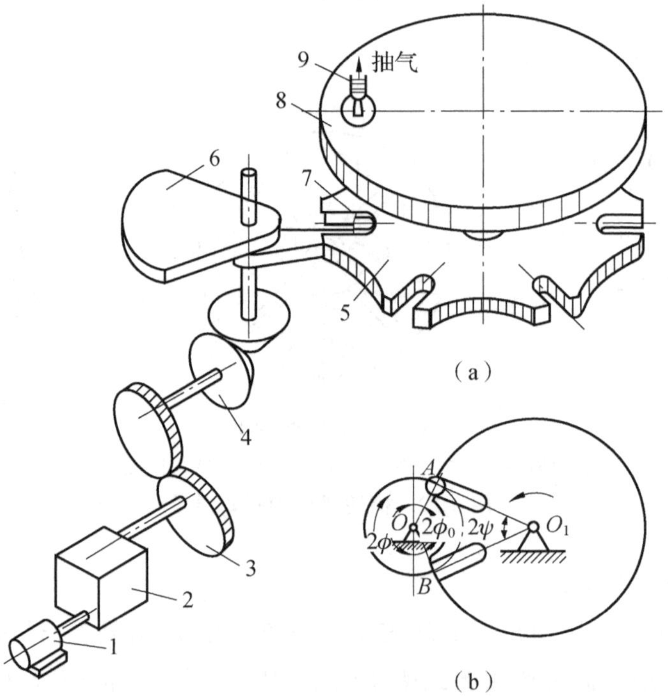

1—电动机；2—减速装置；3—椭圆齿轮；4—锥齿轮；5—槽轮；6—曲柄盘；7—圆销；8—转台；9—灯泡

图 3.20　灯泡装配机的传动示意图

3.3.2　槽轮机构的主要参数及运动特性分析

（1）槽轮运动的动静比

设槽轮在一个循环周期中的运动时间为 t_d，静止时间为 t_j，曲柄销转一周的时间为 T，槽轮的槽数为 z。

槽轮每步转角为

$$2\psi_0 = \frac{2\pi}{z} \qquad (3.4)$$

拨销工作转角为

$$2\phi_0 = \pi - 2\psi_0 = \frac{\pi(z-2)}{z} \tag{3.5}$$

工作时间系数（即动静比）为

$$K = \frac{t_d}{t_j} = \frac{2\phi_0}{2\pi - 2\phi_0} = \frac{\frac{\pi(z-2)}{z}}{2\pi - \frac{\pi(z-2)}{z}} = \frac{z-2}{z+2} \tag{3.6}$$

从式（3.6）可得出槽轮机构运动特性的一个结论：槽轮机构的工作时间系数 K 仅与槽数 z 有关。当 z 选定后，K 值也一定。当循环周期 T 一定时，z 增加，K 增大。即 t_d 增加，t_j 减少，意味着生产率下降。由于槽轮机构在工作时 t_d 总是大于零，而 z 是正整数，从式（3.6）可知，槽轮的最少槽数不能少于 3，即 $z_{min} \geqslant 3$。

（2）槽轮机构运动特性分析

槽轮机构在原理上是曲柄导杆机构的另一种形式。在槽轮机构运动过程的任一瞬时 . 如图 3.21 所示，槽轮的转角 ψ（rad）和曲柄（即转臂或拨销盘）的转角 ϕ（rad）之间的几何关系为：

$$\tan\psi = \frac{A'B}{O_2B} = \frac{r\sin\phi}{l - r\cos\phi} \tag{3.7}$$

令 $\lambda=r/l$，代入式（3.7）得：

$$\psi = \arctan\frac{\lambda\sin\phi}{1-\lambda\cos\phi} \tag{3.8}$$

将式（3.8）对时间 t 逐次求导，得槽轮运动的角速度 ω 和角加速度 ε（$\mathrm{rad/s^2}$）为：

$$\omega = \frac{\mathrm{d}\psi}{\mathrm{d}t} = \frac{\lambda(\cos\phi - \lambda)}{1-2\lambda\cos\phi+\lambda^2}\omega_0 \tag{3.9}$$

$$\varepsilon = \frac{\mathrm{d}^2\psi}{\mathrm{d}t^2} = -\frac{\lambda(\lambda^2-1)\sin\phi}{(1-2\lambda\cos\phi+\lambda^2)}\omega_0^2 \tag{3.10}$$

由此可知，当中心距 l 和曲柄的长度 r 确定以后，角速度 ω 和角加速度 ε 是曲柄转角 ϕ 的函数。

若要满足运动平稳无冲击的要求，则拨销在进入和退出槽间时，槽轮的速度和加速度为最小值。于是，由式（3.9）可得：

$$\omega = \omega_k = \frac{\lambda(\cos\phi_0 - \lambda)}{1-2\lambda\cos\phi_0+\lambda^2}\omega_0 = 0 \tag{3.11}$$

式中，ω_k 为拨销进入槽轮时的角速度，ϕ_0 为相应于 ω_k 时的曲柄转角。即

$$\cos\phi_0 - \lambda = 0,\quad \cos\phi_0 = \lambda = r/l \tag{3.12}$$

所以，当曲柄拨销在以直角（$r \perp O_2A$）进入槽轮时可以避免第一种冲击。此时槽轮的角加速度由式（3.10）求得：

$$\varepsilon = \varepsilon_k = -\frac{\lambda(\lambda^2 - 1)\sin\phi_0}{(1 - 2\lambda\cos\phi_0 + \lambda^2)}\omega_0^2 \tag{3.13}$$

式中，ε_k 为拨销进入槽轮时的角加速度。

将 $\cos\phi_0 = \lambda$ 代入式（3.13）可得：

$$|\varepsilon_k| = \cot\phi_0 \cdot \omega_0^2 \tag{3.14}$$

可见，曲柄销进入槽轮时存在由角加速度产生的第二种冲击。

由图 3.21 可知：ψ 和 ϕ 均以 O_1O_2 为零线，而式（3.9）为余弦偶函数，其 ω 均为正值且对称于纵轴；式（3.10）为正弦奇函数，其 ε 的绝对值相等，但符号相反，即对称于原点。所以式（3.12）和式（3.13）同样适用于曲柄销脱出槽轮时的情况。

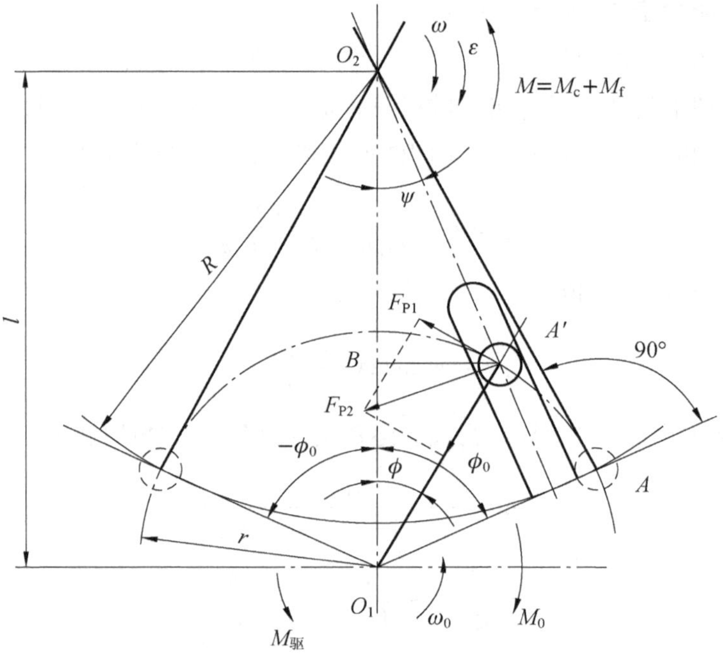

图 3.21　槽轮机构运动特性计算图

将式（3.5）中的 ϕ_0 值代入式（3.12）和（3.13）可得：

$$\cos\phi_0 = \sin\frac{\pi}{z} = \lambda = \frac{r}{l} \tag{3.15}$$

$$\varepsilon_k = \cot\phi_0 \cdot \omega_0^2 = \tan\frac{\pi}{z} \cdot \omega_0^2 \tag{3.16}$$

槽轮运动过程中的角速度最大值发生在 $\phi=0$ 时，即转位的中间位置上，此时有

$$\omega_{\min} = \frac{\lambda(1-\lambda)}{1-2\lambda+\lambda^2}\omega_0^2 = \frac{\lambda}{1-\lambda}\omega_0^2 \tag{3.17}$$

槽轮运动的角加速度最大值，可用求极值的办法计算。即令 $d\varepsilon/d\phi=0$，求出 $\phi_{\max}$，并代入式（3.10）即可求出 $\varepsilon_{\max}$。因为运算复杂，一般可查图表解决（参看表 3.1）。

表 3.1　外槽轮机构主要参数（参看图 3.21）

槽数 z	主动轮运动角 $2\phi_0$	从动轮运动角 $2\psi_0$	锁止弧所对中心角 $(\pi-2\psi_0)$	主动曲柄相对半径 r/l（$\sin\psi_0$）	从动槽轮相对半径 A/l（$\cos\psi_0$）	工作时间系数	$\left(\frac{\omega}{\omega_0}\right)_{max}$	$\left(\frac{\varepsilon}{\omega_0^2}\right)$	$\left(\frac{\omega}{\omega_0^2}\right)_{max}$	发生 $\left(\frac{\varepsilon}{\omega_0^2}\right)$ 时主动曲柄的位置角	最大主动拨销数 m
3	60°	120°	300°	0.866	0.500	0.200	6.458	1.732	31.400	4°46′	6
4	90°	90°	270°	0.707	0.707	0.333	2.407	1.000	5.400	11°28′	4
5	108°	72°	252°	0.588	0.809	0.429	1.425	0.727	2299	17°34′	3
6	120°	60°	240°	0.500	0.866	0.500	1.000	0.577	1.350	22°54′	3
7	128°34′17″	51°25′43″	231°25′43″	0.434	0.901	0.555	0.766	0.482	0.928	27°33′	2
8	135°	45°	225°	0.383	0.924	0.600	0.620	0.414	0.700	31°38′	2
9	140°	40°	220°	0.342	0.940	0.636	0.520	0.364	0.559	35°16′	2
10	144°	36°	216°	0.309	0.951	0.667	0.447	0.325	0.465	38°30′	2
12	150°	30°	210°	0.259	0.966	0.714	0.349	0.268	0.348	44°00′	2
15	156°	24°	204°	0.208	0.978	0.765	0.263	0.213	0.253	50°30′	2
16	160°	20°	200°	0.174	0.985	0.800	0.210	0.176	0.200	55°30′	2

通过以上的分析可知：槽轮机构步进输出运动和终了时的角加速度，以及运动过程中的最大角速度 ω_{max} 和最大角加速度 ϕ_{max} 均和槽轮槽数 z 有关。当其他条件相同时，槽数越少，加速度越大，惯性冲击越剧烈，磨损越严重，精度保持能力越差。实践证明：外啮合槽轮约在槽长的 1/4~1/3 处（从外周算起）磨损最为严重，其原因就是 ε_{max} 出现在该处。槽轮机构的这一运动特性是个很大的缺陷，限制了它的使用范围。

（3）主动拨销可能值的确定

在实际生产中，有时利用外槽轮机构结构简单的特点，设计出能够实现不同运动形式的步进机构以满足工艺要求，一般采用多拨销的形式（等臂的和不等臂的、等距的和不等距的）。

当拨销数为 1 时，槽轮的运动时间与拨销运动时间之比（称为运动特性系数）为：

$$\tau=\frac{t_d}{T}=\frac{2\phi_0}{2\pi}=\frac{\frac{\pi(z-2)}{z}}{2\pi}=\frac{z-2}{2z} \tag{3.18}$$

则没拨销数为

$$\tau=\frac{mt_d}{T}=\frac{m(z+2)}{2z} \tag{3.19}$$

若 τ=1，则表示槽轮与拨销一样连续转动，而非间歇运动，故必有 τ<1，亦即

$$\frac{m(z+2)}{2z}<1$$

所以有

$$m < \frac{2z}{z-2} \tag{3.20}$$

可见，槽轮机构的拨销数也和槽轮槽数有关。

采用多拨销槽轮机构，可以在不提高拨销盘转速（即不增加惯性力矩）的情况下，使槽轮在拨销盘转一周时转过 $2\psi_0$ 的倍数角，或者能够得到静止时间相等或不相等的两次转角。但此时静止时间将减少。

【例 3.1】外径为 $\phi400$ 的转台，用 $z=5$ 的槽轮机构驱动做步进转动，要求每次停歇时间为 1 s，求转台转动时的最大圆周速度。

解：由 $K=\frac{t_d}{t_j}=\frac{z-2}{z+2}=0.43$（亦可由表 3.1 查得）

故每次步进周期为 $t=t_d+t_j=1.43$ s

$$\omega=\frac{2\pi}{t}=4.39\ \text{rad/s}$$

由表 3.1 知 $\frac{\omega_{1\max}}{\omega_2}=1.43$

则 $\omega_{1\max}=1.43\times\omega_2=1.43\times4.39$ rad/s=6.278 rad/s

$v_{1\max}=\omega_{1\max}\times R=1.256$ m/s

3.3.3 槽轮机构的结构设计

（1）主要结构尺寸关系

槽轮机构的主要结构尺寸关系取决于机构所能够传递的扭矩，即应具备的强度条件。这和机构的使用情况、材料、热处理、加工装配技术、结构形式等许多影响因素有关。目前在我国，槽轮机构尚未系列化。设计时，通常根据工艺要求、布局条件选定适当的中心距 l 和槽数 z。根据机构运动时不发生第一种冲击的条件，可决定其主要结构尺寸间的关系。参看图 3.22 可得下列关系式：

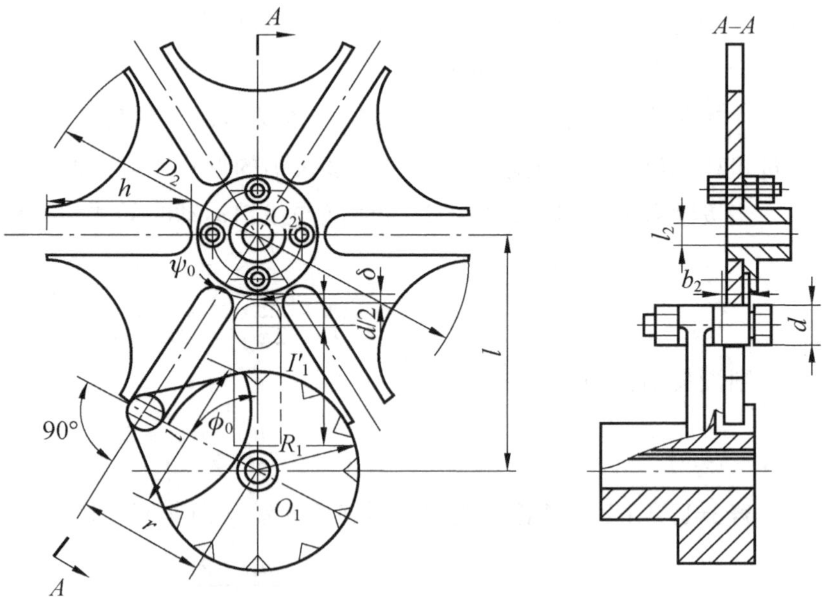

图 3.22 外槽轮机构的尺寸关系

$$r = l\sin\phi_0 = l\sin\frac{\pi}{z} \tag{3.21}$$

$$D_2 = 2l\cos\psi_0 = 2l\cos\frac{\pi}{z} \tag{3.22}$$

$$h' = r + \frac{D_2}{2} - l = l\left(\sin\frac{\pi}{z} + \cos\frac{\pi}{z} - 1\right) \tag{3.23}$$

$$h = h' + \frac{d}{2} + (3\sim 6)\ \text{mm} = l\left(\sin\frac{\pi}{z} + \cos\frac{\pi}{z} - 1\right) + \frac{d}{2} + (3\sim 6)\ \text{mm} \tag{3.24}$$

$$d_2 < 2l\left(1 - \sin\frac{\pi}{z}\right) - d - 2(3\sim 6)\ \text{mm} \tag{3.25}$$

$$a_1 = 2R_1\sin\left(\frac{\pi}{2} - \frac{\pi}{z}\right) - 2(4\sim 6)\ \text{mm} \tag{3.26}$$

从以上关系可知，槽轮机构的结构尺寸也和槽数 z 有关，其外形轮廓尺寸将随 z 的增加而增大，但在其他条件相同时，机构尺寸大有利于改善其受力状况。设计时在可能条件下应尽量使结构尺寸大一些。

（2）结构形式

槽轮机构主动件的结构形式，可做成拨销盘或曲柄，也可做成其他形式，如带有拨销的齿轮或蜗轮等。拨销可做成悬臂式单支承或双支承。单支承的刚度在一般情况下能够满足要求，且适应性较强，故绝大多数的拨销均采用单支承形式。图 3.23 为 5 种单支承的基本形式。拨销可做成套在销轴上的滚子（套筒）形式，如图中的（a）、（b）；也可以用直径相当的滚动轴承，如图中的（c）、（d）、（e）；在载荷不大或速度较低时，也可直接用销轴作拨销。

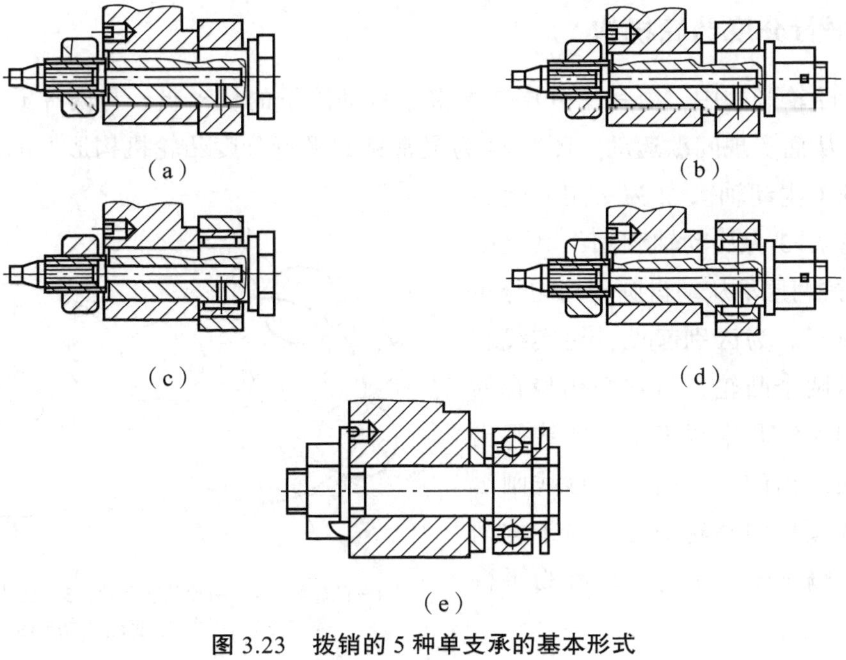

图 3.23　拨销的 5 种单支承的基本形式

3.4 分度凸轮机构

传统的间歇机构分度精度不高，性能差，只能用于低速机器，每分钟分度几次至几十次。随着生产节拍的加快和高精度分度的需要，近些年来，各类凸轮式分度机构在自动生产线上越来越多地被采用。原因是计算机技术和数控技术的发展，使得复杂的精密凸轮机构的设计与制造成为现实，凸轮机构结构紧凑、运动规律可控等优点得到了充分发挥，凸轮式分度机构已成为间歇运动机构的发展方向。

平行分度凸轮机构最早诞生于美国，1961 年美国第一次公布了外接平行分度凸轮机构的专利，随后由美国商业凸轮公司（Commercial Camand Machine Co.）和菲固索公司（Ferguson Machine Co.）试制。20 世纪 70 年代初，日本著名机构学家牧野洋教授研究并发表了关于外接平行分度凸轮机构的论文，并编入《自动机械机构学》一书。1979 年前后，他又同前田隆发表了关于内接和直动式平行分度凸轮机构的研究论文。同时，日本的东芝精机、三共、椿本等凸轮专业公司纷纷投入外接、内接和直动平行分度凸轮机构的系列化生产。从 1983 年起，西北轻工业学院的彭国勋开始研究平行分度凸轮机构，目前该机构在我国的应用还比较少（特别在数控刀架上），而日本、韩国的数控车床刀架，普遍采用液压马达驱动，用平行共轭分度凸轮机构进行分度和预定位，液压松开刹紧，位置信号用组合传感器发送。

分度凸轮机构主要有 3 种类型：

（1）平行分度凸轮机构；

（2）圆柱分度凸轮机构；

（3）弧面凸轮机构（即蜗形凸轮机构）。

3.4.1 平行分度凸轮机构

平行分度凸轮机构中，由一个分层装着多个从动滚子的从动盘，与两片或三片平面共轭凸轮相啮合，从而实现间歇运动。图 3.24 为最常见的平行分度凸轮机构形式的运动简图。图中 1 为凸轮轴（主动轴），2 为一副共轭凸轮（两片凸轮），3 为从动轴和固结其上的从动盘，4 为按两层沿从动盘圆周均匀分布的多个从动滚子。为区别起见，用实线和虚线分别表示两个凸轮，与它们相啮合的滚子也分别用实线和虚线表示，实线画出的滚子与实线画出的凸轮啮合，虚线画出的滚子与虚线画出的凸轮啮合。由于主动轴与从动轴（输出轴）平行，故称为平行分度凸轮机构。

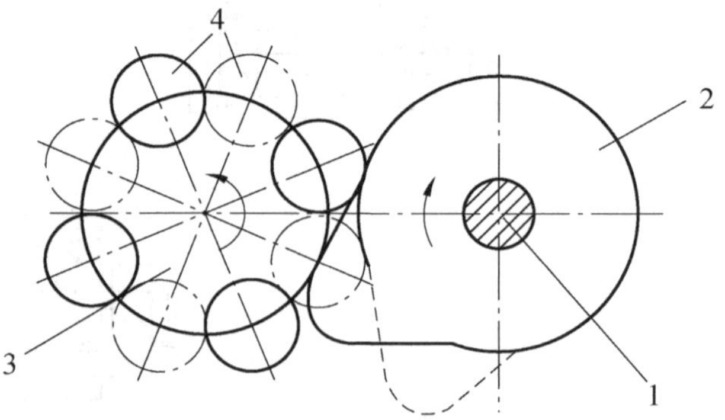

1—凸轮轴；2—两片共轭凸轮；3—从动盘；4—滚子

图 3.24 平行分度凸轮机构运动简图

该机构工作时，平面共轭凸轮做连续的匀速转动，通过凸轮轮廓的升程阶段、静止段（圆弧段）与从动盘 3 上的两层滚子 4 依次接触,实现输出轴按一定的运动规律做转位运动与停歇。从图 3.24 上可以看出，当某一片凸轮拨动滚子（传递动力）使从动轴转动时，另一片凸轮与另一层上某个滚子接触（虚约束）起到定位作用，可以保证机构按设计的规律运动。在凸轮轮廓的圆弧段上，凸轮升程为 0，两片凸轮分别与滚子接触，保证了机构在输出为静止时，定位准确稳定。

图 3.25 是图 3.24 所示的平行分度凸轮机构由开始转位到停歇的一个间歇运动循环中的 4 个位置的运动状态，由此可以清楚地看出平行分度凸轮机构的工作原理。图 3.24 所示机构每一工作循环凸轮转过 360°，推动了两个滚子，使从动盘按一定的运动规律转过 90°。当从动盘到了图 3.25（d）的位置时，两片凸轮的圆弧段轮廓分别与两个滚子接触，使从动盘静止在一个确定位置，直到凸轮转到图 3.25（a）的位置时，凸轮再次驱动从动盘运动。

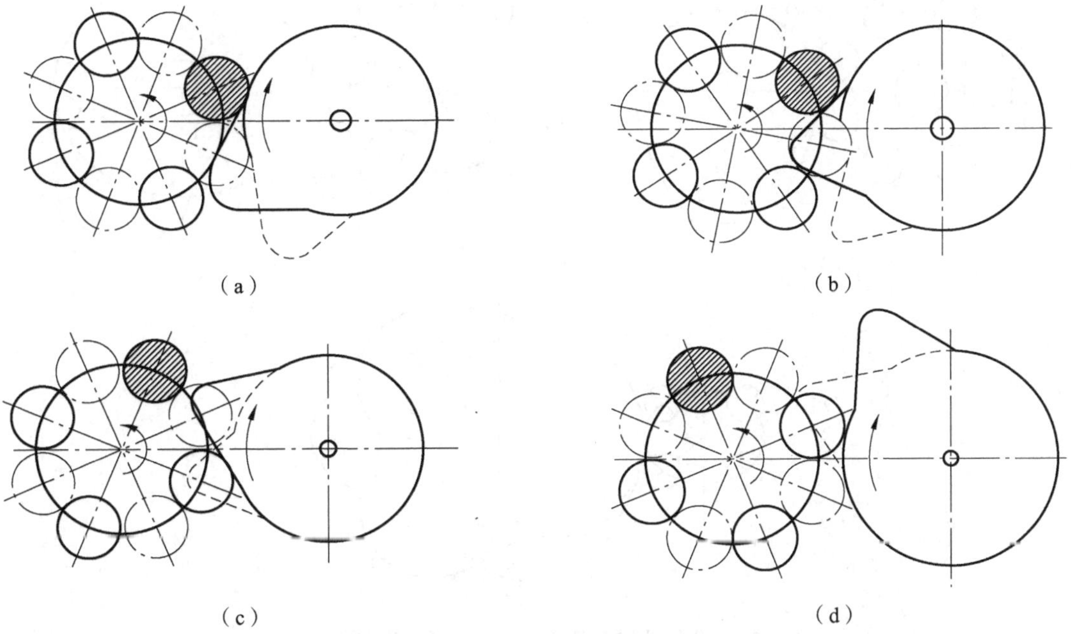

图 3.25　平行分度凸轮机构的传动原理图

图 3.26 所示为凸轮头数分别为 1、2、4 的凸轮转位机构。图（a）为半周式. 即主动件旋转半周，从动件完成一次分度。在从动轮上分两层错开布置，均匀分布着 4 个滚子，分别画成实线和虚线，相当于整个圆周上均匀分布了 8 个从动滚轮，即每一次分度的度数为 45°。实线凸轮转动一周，驱动实线滚子转过一个分度角；虚线凸轮转动一周，亦驱动虚线滚子转过一个分度角。而两个凸轮是对称布置的，故当主动件转半周，必使从动件转过一个分度角，

图（b）为一周式，即主动件匀速旋转一周，从动件完成一次分度。如图 3.26 所示，当主动件匀速回转，开始驱动从动件以某种特定的运动规律旋转，直到主动件转过 180°，从动件才转过 90°，主动件继续转过 180° 时，从动件保持静止不动，一个循环就完成了。

图（c）所示位置，主动件匀速旋转，两个凸轮分别驱动各自的从动滚子带动从动件旋转。当主动件转过 270° 时，从动件转过 360°；主动件继续旋转 90° 时，从动件静止不动。

平行分度凸轮机构具有以下特点：

（1）结构简单。凸轮易于加工，与其他凸轮分度机构相比，制造成本低。

（2）分度范围大。理论上讲，平行分度凸轮机构采用不同的结构形式，每一工作循环的分度次数可为 1 到 12，尤其是当分度次数小于 3 时，具有其他间歇运动机构难以相比的优越性。

（3）机构调整方便，可加预载消除接触间隙。

（4）从动件运动规律可根据需要选择，常用修正正弦曲线，运动特性好，高速下运转振动与噪声比较小。

这种机构输入轴与输出轴相互平行，可作为取代槽轮机构的理想机构。

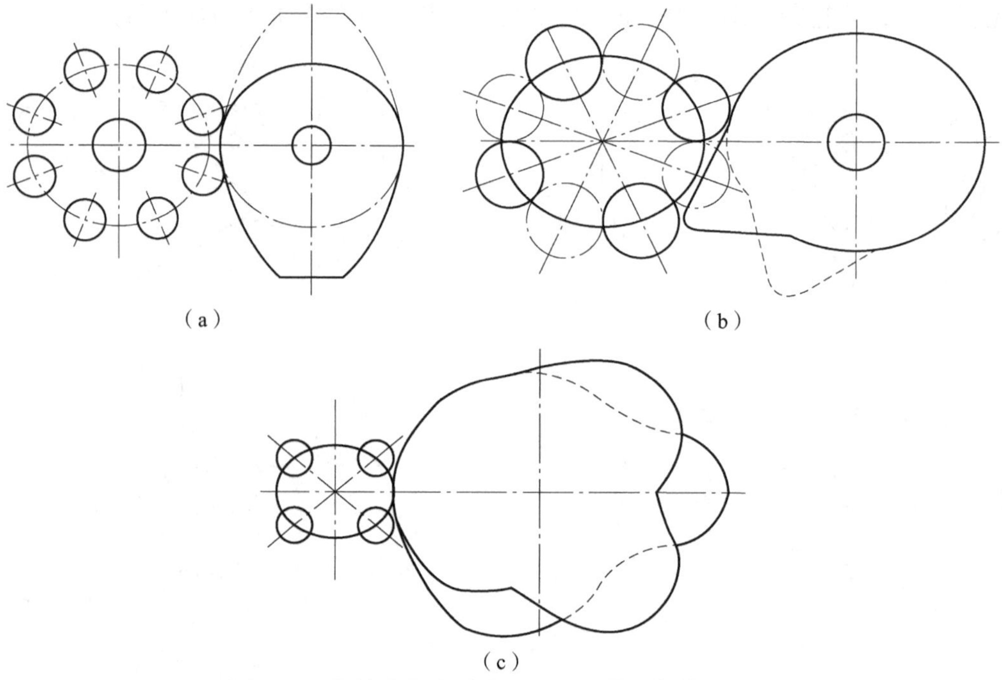

图 3.26　凸轮头数分别为 1、2、4 的凸轮转位机构

平行分度凸轮机构按凸轮的数量分，可分为二片式（双联凸轮，如图 3.24 所示）和三片式（三联凸轮，如图 3.27 所示）。三片式结构在分度数少时（$n<3$）使用，比二片式优越。

3.4.2　圆柱分度凸轮机构

圆柱分度凸轮机构属空间凸轮机构。它出现比较早，20 世纪 30 年代已有应用，但由于设计方法及凸轮制造方法的落后，机构的优点未能充分发挥，仅用于低速和精度要求不高的场合。随着计算机技术和数控加工的广泛应用，圆柱分度凸轮机构日益受到人们的重视，从理论研究、设计方法以及凸轮的制造技术等方面都进行了深入系统的研究，使得该机构在精度、承载能力和动力学性能方面都有了很大的提高，成为一类重要的空间分度凸轮机构。

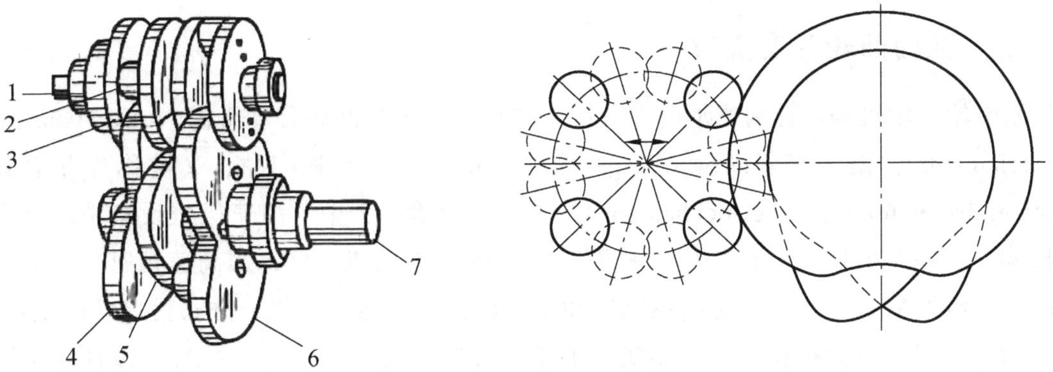

1—从动轴；2—滚子；3—从动盘；4—凸轮1；5—凸轮2；6—锁合凸轮3；7—主动轴

图 3.27　三片式平行分度凸轮机构

如图 3.28 所示，圆柱分度凸轮机构是由圆柱分度凸轮 1、滚子 2 和从动盘 3 组成的一类特殊的空间凸轮机构。它的输入轴（凸轮轴）与输出轴（从动盘轴）空间交错垂直。多个滚子在从动盘的同一圆周上均匀分布，且它们的轴线与输出轴线平行，其分布圆也称为从动盘的节圆。当凸轮 1 匀速转动时，凸轮的工作面与滚子相啮合，推动从动盘做间歇转位运动。从动盘间歇转位运动的实现，依赖于凸轮工作曲面的变化。凸轮工作曲面可看作变升程的螺旋面，在升程为零的工作曲面段，滚子被凸轮带动自转外，没有回转力矩传递给从动盘，从动盘处于静止状态。这样就实现了该机构间歇转位运动的输出。对于不同运动规律的设计，在升程不为零的凸轮工作曲面段的变化有所不同。在运动保证形式上，该机构属于形锁合形式，因此，在运动段的任一时刻，凸轮上有一工作曲面与滚子之间形成虚约束，限制滚子脱开传递运动的曲面。在静止段，凸轮上有两个不同的曲面与一个或两个滚子相接触，限制从动盘运动，使其处于静止状态。

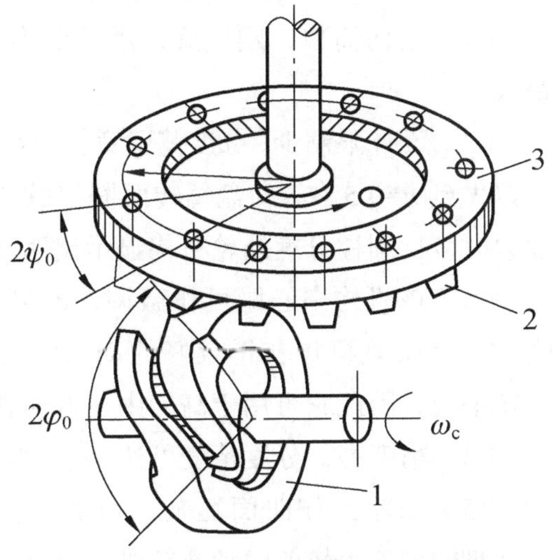

1—圆柱分度凸轮；2—滚子；3—从动盘

图 3.28　圆柱分度凸轮机构运动简图

圆柱分度凸轮机构具有以下特点：

（1）机构结构简单、紧凑、刚性好、承载能力高，可用于大扭矩的间歇运动场合；

（2）分度范围大，适应范围广，尤其是分度数较多时，该机构的优点明显；

（3）设计上限制较少，可以方便地实现各种运动规律；

（4）分度精度高，可达 ±30″；

（5）制造成本较低，在空间凸轮机构中，它的凸轮制造费用是最低的。

3.4.3 弧面凸轮分度机构

弧面凸轮分度机构也称为蜗形凸轮分度机构或滚子齿式凸轮分度机构（roller-gearindexing cam mechanism），是美国菲固森（Ferguson）凸轮公司的专利产品，又被称为菲固森机构（Ferguson driver for indexing mechanism）。它是一种适用于中、高速机械设备中的空间间歇运动机构。在各种分度凸轮机构中，弧面凸轮分度机构性能最好，属高速精密分度装置，有非常广阔的应用前景，已广泛应用在高速冲床、硅钢片高速冲槽机、洗衣粉自动计量包装机、电池自动生产线、点焊机转位、印刷机、加工中心换刀装置等机械中。图 3.29 所示为弧面凸轮分度机构简图。弧面凸轮 1 如一个变螺旋角的弧面蜗杆，滚子 4 在从动盘 3 上沿径向呈辐射状均匀排列。当输入运动使凸轮轴 5 带动凸轮做匀速转动时，从动滚子 4 与凸轮凸脊的侧面啮合。在凸轮凸脊的螺旋角为 0 的曲面段与滚子啮合时，仅带动滚子自转，从动盘 3 处于静止状态，没有运动输出。当凸轮凸脊的螺旋角不为 0 时，凸轮工作曲面与滚子啮合，驱动滚子带动从动盘 3 绕轴 2 的轴线转动，轴 2 输出运动，这样，从动盘上的滚子依次与凸轮啮合，就实现了输出运动的间歇转位运动。

弧面凸轮分度机构具有以下特点：

（1）结构简单，刚性好，承载能力在凸轮机构中最大。

（2）设计限制少，分度范围宽：n 为 1~24，特殊的，可以做到 n=0.5（从动盘每转两圈停歇一次）。在小分度数时，比圆柱分度凸轮机构显示出明显的优越性。

（3）该机构中心距可作微调，即可加预紧，消除间隙，使得该机构获得较好的动力特性和运动特性，运转平稳，因此它可用于高、中、低速各种场合。

（4）精度高，分度精度可达 ±(15″~30″)。

（5）凸轮工作曲面复杂，加工难度大，成本高。从动盘的加工也较前两种凸轮机构困难。

（6）若分度数超过 24，预紧易卡死，该机构优势变得不明显。

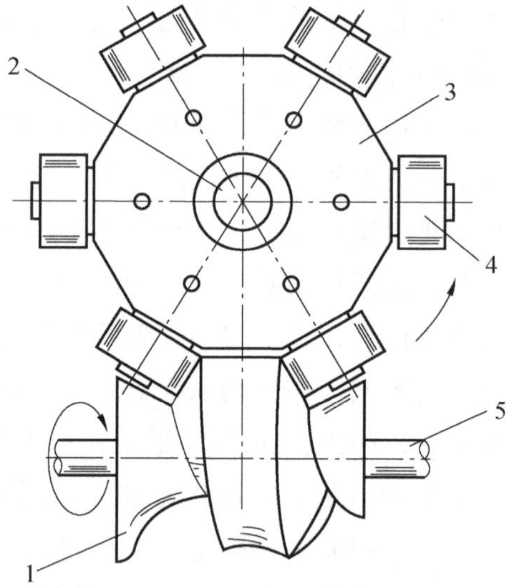

1—弧面凸轮；2—输出轴；
3—从动盘；4—滚子；5—凸轮轴
图 3.29 弧面凸轮分度机构简图

与圆柱分度凸轮相比，弧面凸轮的轮廓带有斜度，而圆柱凸轮为直面。这种结构使得轴承装配时很容易实现预紧，以消除径向游隙，滚子与凸轮轮廓磨损也可以不断地补偿，大大提高了传动精度。

图 3.30 所示为间歇回转工作台弧面分度凸轮机构。如图（a）所示，圆弧分度凸轮绕输入轴连续旋转，装在转盆上的滚子与凸轮啮合，使与转盘刚性连接的工作台绕输出轴转动。转

盘上装有 z 个滚子，则凸轮每转一圈，转盘转过 $2\pi/z$ 角度。滚子轴线沿转盘径向均匀分布，故又称为径向滚子式分度凸轮机构；它比轴向滚子式圆柱凸轮分度机构具有更好的刚度，定位精度更高。图（b）为转盘停歇位置，此时转盘上的滚子 2 和 1 跨夹在凸轮的圆环形突脊的左右两侧定位。图（c）为转盘转位前期中的某一位置，由凸轮的一条右侧廓面推动滚子 1，使转盘逆时针转动。图（d）为转盘转位后期中的某一位置，由凸轮的二条右侧廓面分别同时推动滚子 1 和 2，且滚子 1 即将脱离啮合。图（e）为转盘转位的终了位置，此时转盘上的滚子 3 和 2 跨夹在凸轮圆环形突脊的左右两侧定位，此时转盘已从图（b）所示位置转过 $2\pi/z=2\pi/8=45°$。

这种分度凸轮机构不需其他装置即能准确定位，分度精度高。凸轮轮廓可按工作要求所需的运动规律设计，动力学性能良好，适用于高速间歇分度转位，输出、输入轴垂直交错。这种机构中凸轮是圆弧回转体，类似于变节距的弧面蜗杆，因此凸轮的分度部分轮廓亦有左旋、右旋和单头、多头之分；转盘和凸轮转动方向间的关系可按相当于蜗轮和蜗杆传动的方向求得。单头弧面凸轮机构中，凸轮每转一圈，转盘转过 $2x/z$；双头弧面凸轮机构中，凸轮每转一圈，转盘转过 $4\pi/z$ 角。

以上 3 种凸轮转位机构的特性如表 3.2 所示。

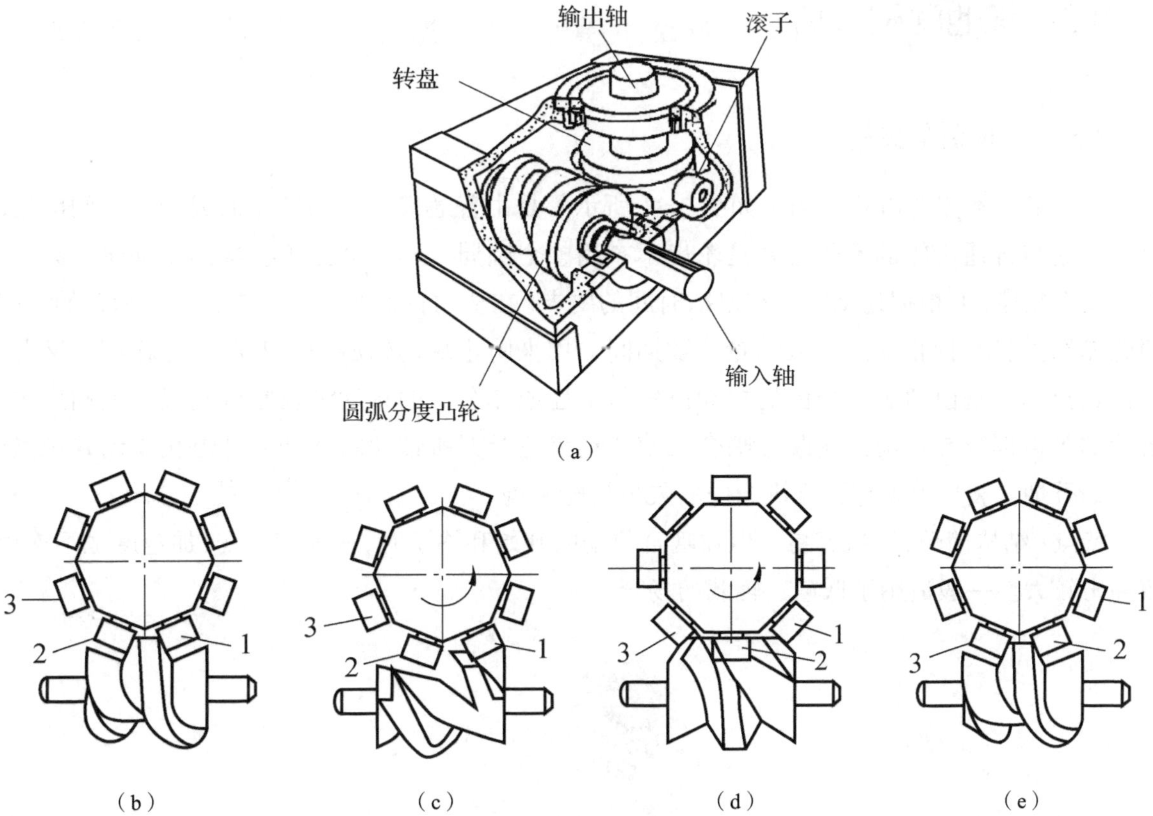

1,2,3—滚子

图 3.30　间歇回转工作台弧面分度凸轮机构

表 3.2 3 种凸轮转位机构的特性比较

比较项目	平行分度凸轮	圆柱分度凸轮	弧面分度凸轮
分度数	较少，可达 12 工位分度	可实现多工位分度，如 60	分度精度高，可达 30"
转位频率	高于 200 r/min	高，接近 1 000 r/min	高，可达 1 000 r/min
转位时冲击	小	小	小
动静时间比	受一些因素的限制	可任意给定	可任意给定
停歇时位置精度	较精确	精确	精确
工作可靠性	较高	高	高
设计难易	易	较易	较不易
加工制造	较易	较难	较难

3.5 其他间歇机构

3.5.1 不完全齿轮

实际上，不完全齿轮机构（如图 3.31 所示）是由普通齿轮机构转化而成的一种间歇运动机构。它与普通齿轮的不同之处是轮齿不布满整个圆周。不完全齿轮机构的主动轮上只有一个或几个轮齿，并根据运动时间与停歇时间的要求，在从动轮上有与主动轮轮齿相啮合的齿间。两轮轮缘上各有锁止弧。在从动轮停歇期间，用来防止从动轮游动，并起定位作用。又称欠齿齿轮机构。是由切去部分齿的主动齿轮与全齿或非全齿的从动齿轮啮合构成。是利用主动齿轮的欠齿部分与从动齿轮脱开啮合，使从动齿轮及其所带动的从动部件停止不动并锁紧定位。如香烟包装机上烟包翻身机构中的欠齿齿轮机构。

特点：结构简单，制造容易。但在啮合传动的开始和终了时，速度有突变，加速度也不连续，故冲击较大。一般适用于低速、轻载的场合。

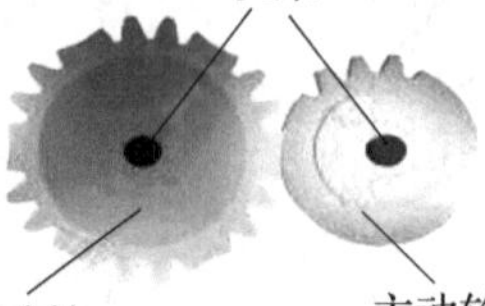

图 3.31 不完全齿轮

（1）不完全齿轮机构的类型

不完全齿轮机构的类型主要分为外啮合式（如图 3.32（a）所示）和内啮合式（如图 3.32（b）所示）。

（a）外啮合式　　（b）内啮合式

图 3.32　不完全齿轮

（2）不完全齿轮机构的特点

不完全齿轮机构从动轮运动的角度变化范围较大，设计较灵活，易实现一个周期中的多次动、停时间不等的间歇运动。但加工复杂，主、从动轮不能互换，在进入和退出啮合时速度有突变，引起刚性冲击，不宜用于高速传动。

3.5.2　星轮机构

星轮机构也称为滚轮或针轮机构，原理上是不完全齿轮机构的变异形式。图 3.33 所示为两种不同结构的星轮机构。主动星轮 1 做匀速转动，其上有若干个柱销，分别和从动星轮 2 的齿间啮合并驱动星轮运动。根据从动件上柱销的分布情况，星轮可以做不同形式的步进运动，当星轮停止转动时，由定位弧锁紧定位。

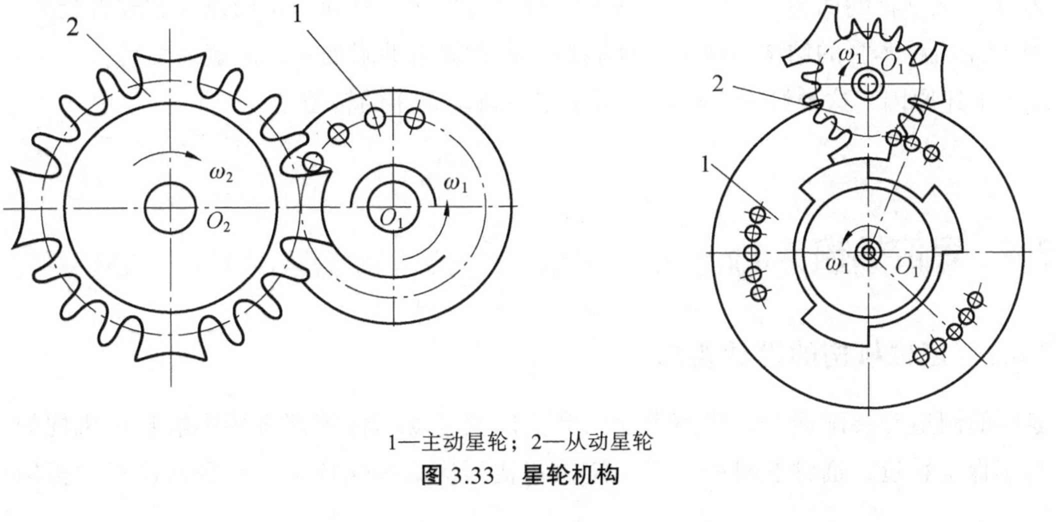

1—主动星轮；2—从动星轮

图 3.33　星轮机构

星轮机构的啮合传动原理和槽轮相似。在其他条件件相同时，其角速度的变化比槽轮机构均匀。而且最大值也小。但在运动起、停时的瞬时角加速度大，因此有冲击。这种机构没有较明显的特点，故应用较少。在转速较低的情况下，因其结构简单而有一些应用，如火柴梗蘸药机等。

3.5.3 曲柄导杆机构

它是摆动导杆机构的变异形式用作步进运动的又一例。图 3.34 为用在牙膏包装自动线上步进输送装置中的曲柄导杆机构。

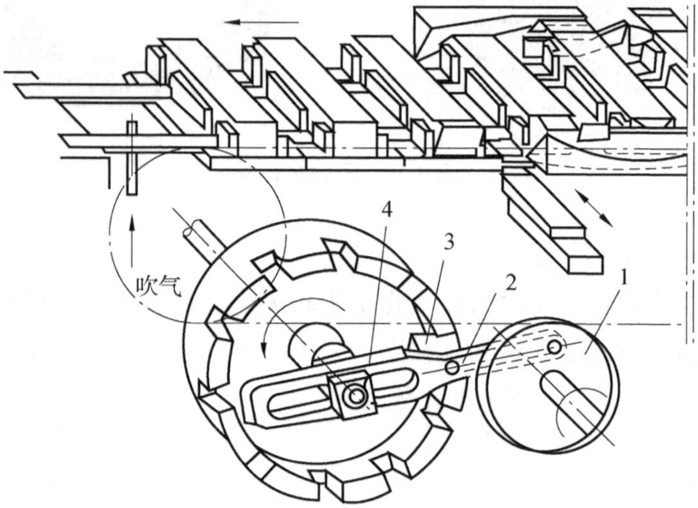

1—主动轴；2—固定轴；3—导块；4—导杆

图 3.34 牙膏包装机上应用的曲柄导杆机构

曲柄导杆机构和槽轮机构相比有如下特点：

① 主、从动件为低副接触，力臂变化小，故承载能力强，工作可靠性好；

② 主、从动件的回转中心距有单独灵活选择的余地，有利于布局设计和改善受力状况；

③ 利用机构本身的结构形状定位性能差，通常需借助附加定位装置。

由于上述原因，这种机构较早地应用于多轴自动车床的转位中。

3.6 定位机构

3.6.1 定位机构的设计要求

零件的制造和装配误差、摩擦表面的磨损以及运动惯性等都直接影响步进机构的运动精度。为了保证精度，通常在机构中设置定位机构。确定并保持工作台预定位置的机构称为定位机构。对于位置精度要求高或工作载荷较大的步进式机械设备，定位机构更是必须设置的重要部件。

设计定位机构应满足如下要求：

（1）应有足够的定位精度和刚度；

（2）定位精度能够长期保持，定位元件磨损小，寿命长；

（3）定位动作迅速、平稳、可靠；

（4）定位元件磨损后易于调整和更换；

（5）结构简单、紧凑。

3.6.2　定位机构的原理及形式

对定位机构的要求是定位精度高，定位元件磨损小、寿命长，定位动作快，结构简单。

定位机构的形式很多，按定位方法可分为以下几种：

（1）利用机构构件的轮廓表面定位。如槽轮、星轮、不完全齿轮等的低副定位弧、蜗形凸轮无升角轮廓曲线部分的双高副棱边等。这种定位方法结构简单、无附加载荷，在一般情况下定位精度能够满足要求。但定位表面磨损大，而且较难补偿。一般用于定位精度要求不高的转位机构中。当定位精度要求较高时，应设置附加定位器。

（2）利用附加定位器定位。附加定位器按工作原理可分为弹性定位和刚性定位两种形式。

①弹性定位。弹性定位依靠弹簧力的作用，使滚珠或滚柱压紧在运动件上相应的定位孔或定位槽中实现定位，如图 3.35 所示。定位元件能够依靠运动件位移时产生的力量脱开定位孔或定位槽，不需设置脱出机构，所以结构简单。但在有冲击或振动载荷作用时，或者在运动件的转动惯量和摩擦力矩较大的情况下，难以实现准确定位。

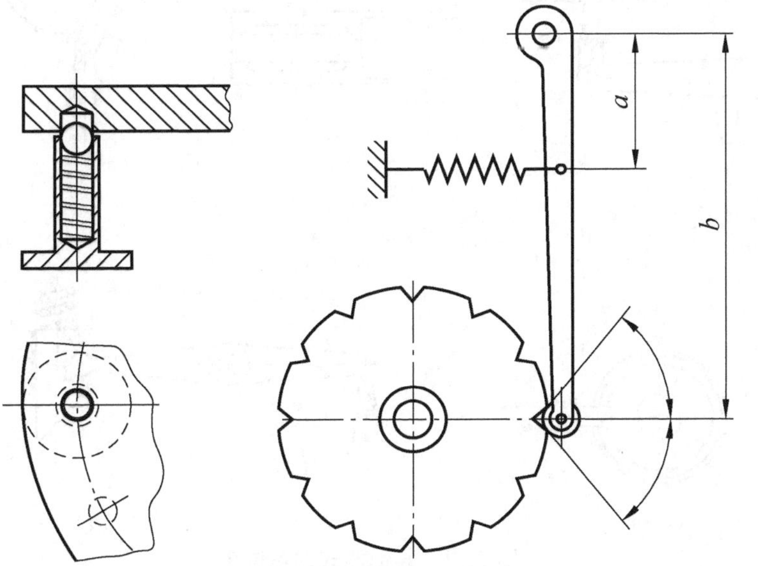

图 3.35　弹性定位装置

②刚性定位。刚性定位又可分为摩擦定位（如刹车定位、摩擦离合器定位等）、插销定位和齿盘式定位 3 种形式。

插销定位是使用较普遍的刚性定位装置，当转位完毕后。由专门的插销使工作台定位。有单插销定位和双插销定位两种，如图 3.36 所示。插销定位具有较高的定位精度和可靠性，并能在有冲击和振动的情况下稳定地工作。双插销定位一般称为反靠定位，具有磨损少、定位附加冲击小、定位精度保持性强等特点。

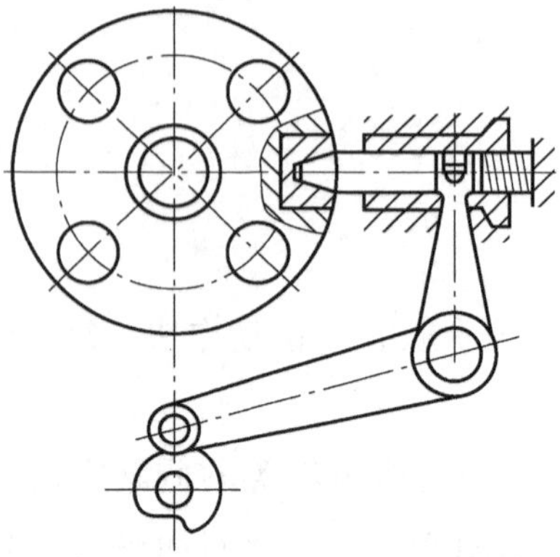

（a）单插销定位

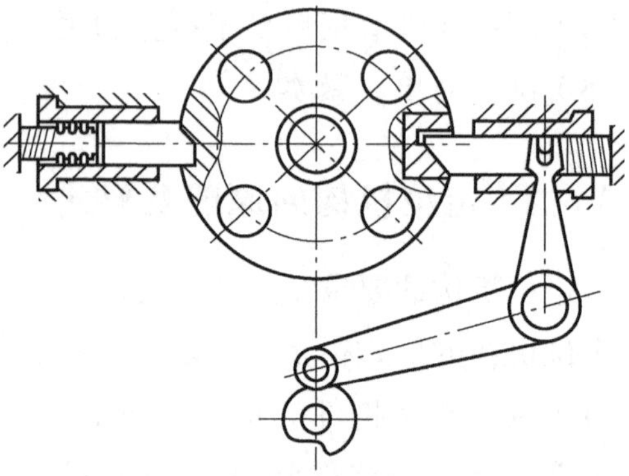

（b）双插销定位

图 3.36　插销定位装置

图 3.37 所示为其他形式的插销定位装置。

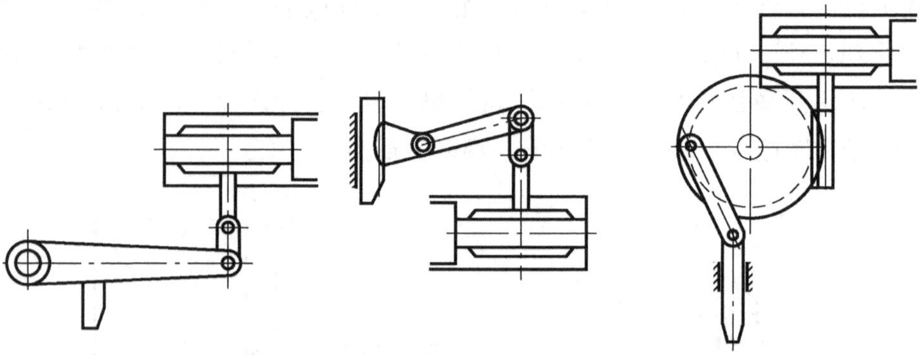

（a）

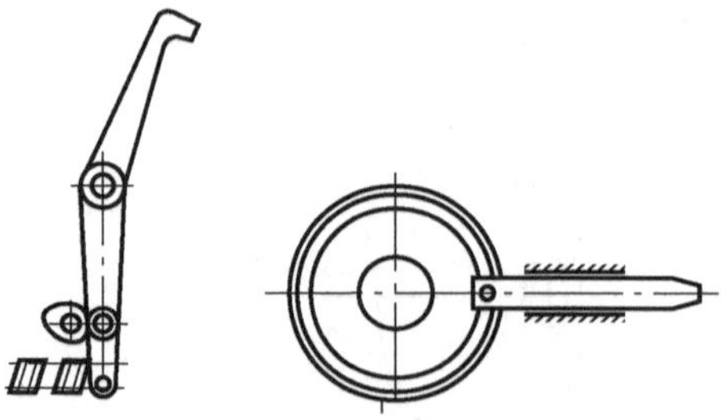

（b）

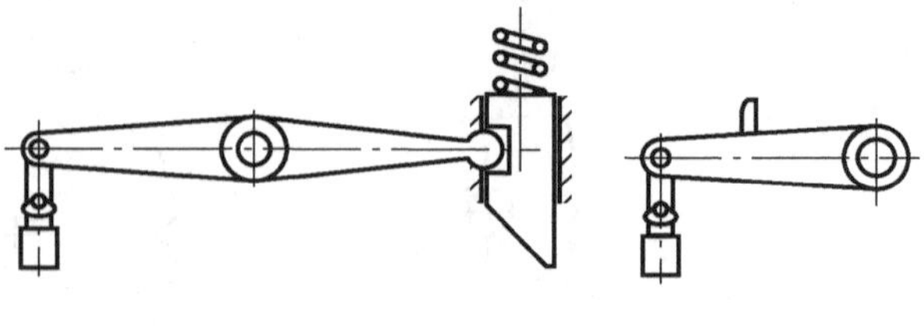

（c）

图 3.37　其他形式的定位销

前述几种定位机构的定位精度都不高，且由于磨损及冲击不可避免，定位精度也不能保持很久。当需要精密定位，要求定位时间长时，可以采用齿盘式定位机构。

齿盘式定位是一种精密定位法，定位机构由两个端面制作有牙齿的圆盘即上、下齿盘组成。齿盘结构如图3.38所示。牙齿断面形状是顶交角为90°的三角形，沿圆盘的周边圆环径向均布。两个齿盘结构相同，一个固定在机座上，另一个固装在转位盘上，两齿盘保持同心。上、下两个齿盘的牙齿相互形成嵌合接触，没有齿侧间隙而实现定位，所以定位精度、刚度都比较好，且能适应工位数可变的场合。但齿盘必须精密加工，齿盘的工作齿面须经研磨。

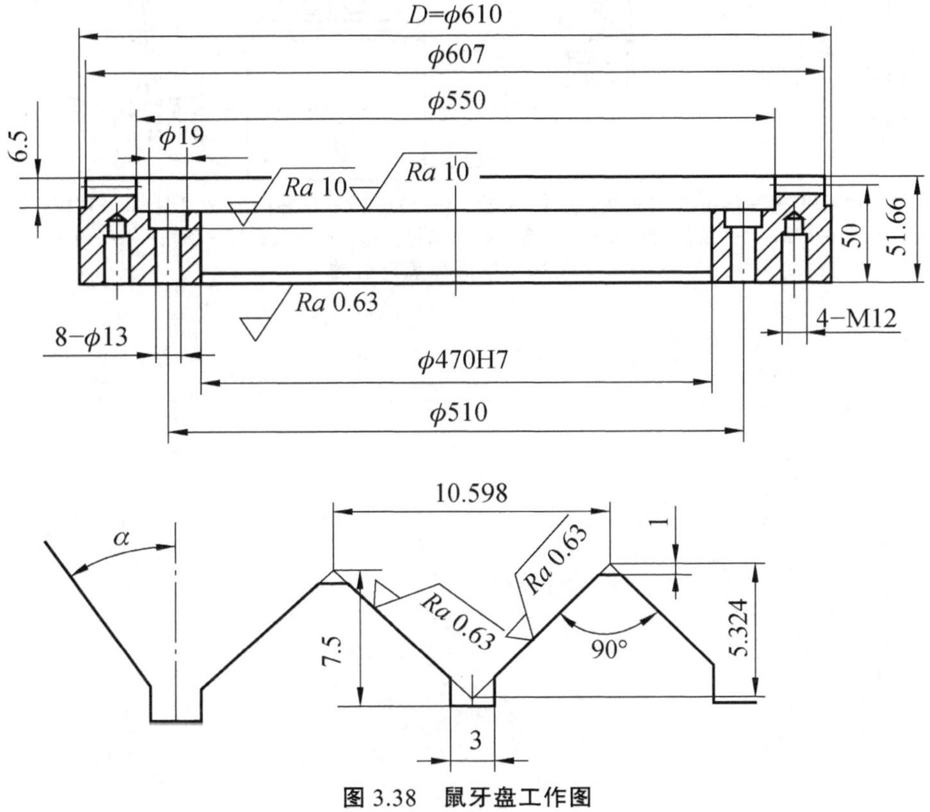

图3.38　鼠牙盘工作图

图3.39所示为端面齿盘定位器，又称鼠牙盘定位器。工作盘11转位时，压缩空气经电磁换向阀14进入活塞6的下方，活塞抬起，通过三个顶柱8使上牙盘7上升与下牙盘12脱开。此时，电动机1通过传动带2、带轮4和蜗轮5带动拨销3转动。拨销拨动槽轮13使工作盘11转位。转位终了时，撞块15触动开关16，电磁阀换向，活塞下部放气，上牙盘7在顶柱弹簧作用下下降与下牙盘12啮合，实现定位。

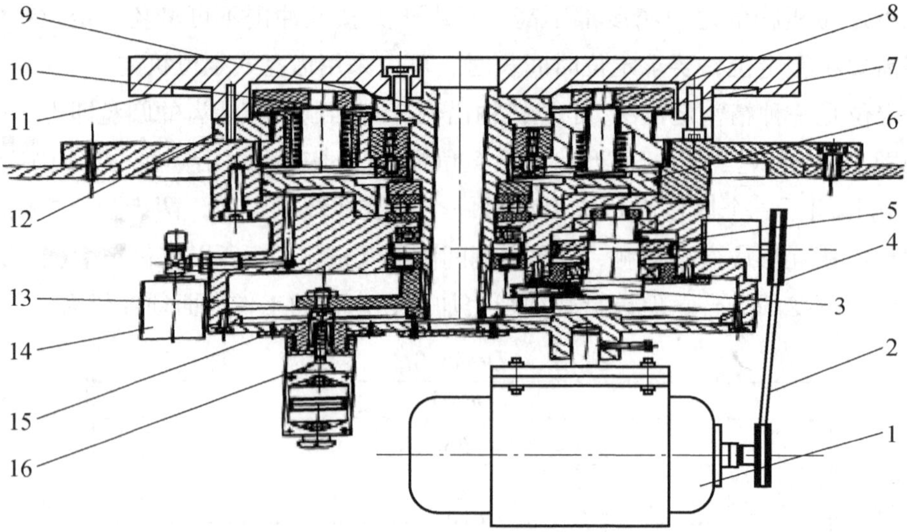

1—电动机；2—传动带；3—拨销；4—带轮；5—蜗轮；6—活塞；7—上牙盘；8—顶柱；
9，10—轴；11—工作盘；12—下牙盘；13—槽轮；14—换向阀；15—撞块；16—开关

图 3.39　端面齿盘定位器

第 4 章　自动机械的供料机构

4.1　概述

供料机构的功能是把待加工的物品（工件）从存料器（料箱）中分离出来，按照自动机的加工要求，定量、定时、定向地送到加工位置。

一般供料机构主要由四大部分（机构、装置）组成。

（1）定时装置

定时装置主要是按照自动机生产节拍，使供料机构定时工作，准时供料。

设计定时装置主要是解决工件供送与自动机加工节奏协调一致问题。供料机构的运动循环必须与自动机工作循环相协调，通常用供料机构与相关的其他机构（如工艺执行机构）之间的运动传动链（内联传动链）来保证，也可以采用独立驱动的供料机构。例如电磁振动供料器、供送料机械手等，但必须要由控制系统进行协调，在合适的条件下使供料机构送料或停止送料。

（2）定量装置

定量装置是根据自动机加工工艺的要求，在每一个工作循环送出规定数量的工件。

定量可分为量（如重量、体积）和数（如件、个）。例如酒类、洗衣粉等物料主要是定量；螺钉、香皂、香烟等主要是定数；成卷的塑料带、薄铁皮、细钢棒等物料则是定长度。设计时要根据供送物料的形态、性态等来确定。定量装置往往需要隔离装置、计数机构等来配合。

（3）定向装置

保证工件按照工艺加工的方位要求送出。

定向供料在单件物品加工中是一个关键问题。定向机构一般与纠正、剔除机构等配合工作。

（4）其他装置

例如，定位装置、隔离装置、卷料的矫直机构、带状料的纠偏调位装置、不符合要求工件的剔除机构、缺料检测机构、计数机构等。

在自动机设计中定位是一个比较重要的问题，送料不到位或有偏差就会影响自动机的正常工作。在设计中，定位装置可以归到工艺执行机构中，也可以归到供料机构中。

任何供料机构必须具有定时和定量装置，而定向和其他装置可根据工件及加工要求设置。

供料机构的性能优劣及自动化程度直接影响到自动机的生产率、加工质量以及劳动条件。因此，对供料机构有如下一些要求：

1）根据自动机的生产节拍及工位位置，快速、准确、可靠地将工件送到位；

2）供料过程平稳、无冲击，不能损伤工件；

3）适应性强，调整方便；

4）结构简单，工作可靠。

由于自动机所加工产品的品种繁多、形式多样，工件的尺寸、形状、结构、材料性能亦不同，因此供料机构的种类庞杂。供料原理、结构形式各不相同。从找出共性、便于讨论与设计这个主要目的出发，可按照供送物料的形态、性态把供料机构分成：液体料供料机构、粉粒料供料机构、条带及线棒料供料机构、单件及板片料供料机构、特殊结构物料供料机构。

若按照驱动控制方式分类，则有机械式、电气式、气动式、液压式以及各种驱动方式的组合。其中机械式供料机构及电磁振动供料器应用最广泛。

4.2 卷料供料机构

4.2.1 卷料供送过程

卷料按照其形状和尺寸，可分成两类：一类是具有一定直径（一般小于 10 mm）的金属丝、细棒（管）等称之为线棒料；另一类是有一定宽度，较薄的金属带、塑料带等称之为条带料。因料的长度尺寸较大，常常自绕或绕在料轮上而成卷，所以也统称为卷料。这类物料用途广泛。如可用于对其他物料的包装、捆扎等。也可下料、裁剪成工件。

这类物料供料时的主要问题是定出所需要的长度，所以称之为定长。这可采用行程控制来实现（一般是间歇式供料），或者采用匀速输送、控制供送时间来实现（连续式供料）。

料的供送可采用牵引或推送，最常用的供送机构是滚轮（适宜线棒料）或辊轴（适宜条带料）。对于纸带、塑料带类软体材料，宜采用辊轴夹持住后牵引输送；对于金属带类硬体材料，采用辊轴夹持住后牵引或推送。对于成卷的、有一定弹性的物料，在加工前要进行矫直、矫平。条带料在输送时应防止跑偏。供送这类物料一般无定向问题。

总之，这类物料的供料过程是：送料→定长→加工（切断、裁工件）。供料机构比较简单。

4.2.2　条带料供料机构

图 4.1 所示为带钢自动冲压机供料机构。带钢盘绕在卷盘 1 上，先输入矫直机构 2 中通过滚轮碾压矫直、矫平，然后由送料机构 4 的一对辊轮送到冲头 5 下面进行冲裁工件。送料机构起着推送作用，同时有夹持作用。保证冲压时带钢不动，协调好送料机构和冲头之间的运动关系，即可保证送料、冲压依次完成。

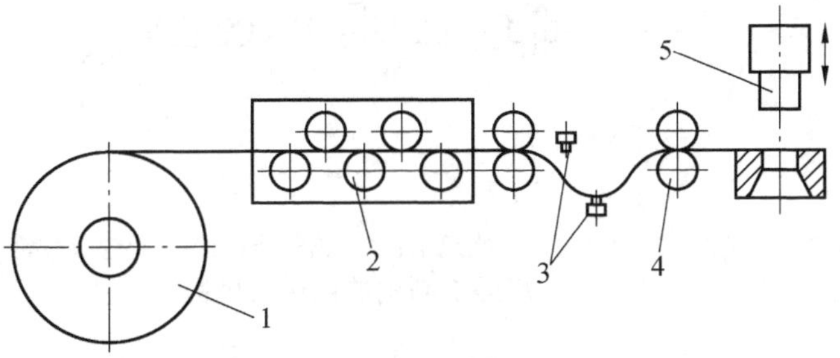

1—卷盘；2—矫直机构；3—限位开关；4—送料机构；5—冲头

图 4.1　自动冲压机供料机构

图 4.2 是双层纸糖果包装机的供纸机构。内层纸 1 和成卷的外层商标纸 2 分别由供纸架引出，一对送纸轮 3 将其压合后向下送出，定刀片 5 和滚刀 4 配合将纸带切断成单张。单张纸长度由送纸轮和滚刀之间的传动比确定。

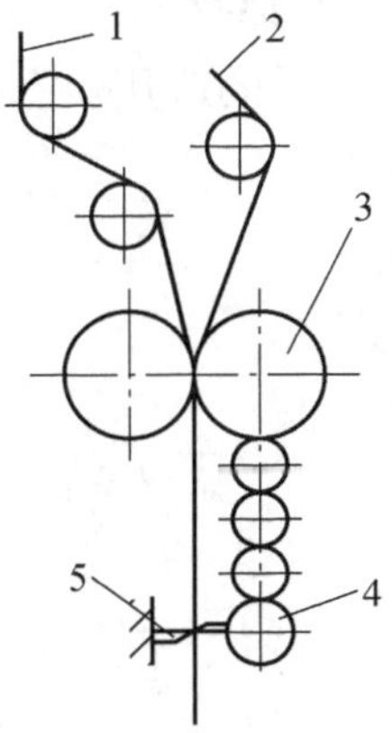

1—内层纸；2—商标纸；3—送纸轮；4—滚刀；5—定刀片

图 4.2　双层纸糖果包装机供纸机构

以上介绍的条带料供料机构均采用定轴转动辊轮供送，供送时辊轮又可将料适当校平并能握持住料。条带料还可以采用往返运动夹板供料。若能在带料边上预先冲出均布孔，则可采用钩式或齿轮式供送，如照相机胶片的过片机构。

4.2.3　线棒料供料机构

线棒料可采用定轴转动滚轮、往返运动弹簧锥夹头或钢球锥夹头供料机构供送。对棒料亦可采用靠自重垂直下送挡块式、重锤推送式等。

如图 4.3 所示的灯丝绕制机的供送料机构，芯线由放线轮 1 送出，经过导线轮 2 由收线轮 7 收起，在芯线连续供送中，绕线架 4 围绕芯线连续转动，将钨丝放线轮 6 上的钨丝，经钨丝挂轮 5 以一定螺距绕在芯线上，所绕灯丝的螺距由芯线送料轮和绕线架之间的转速比确定。

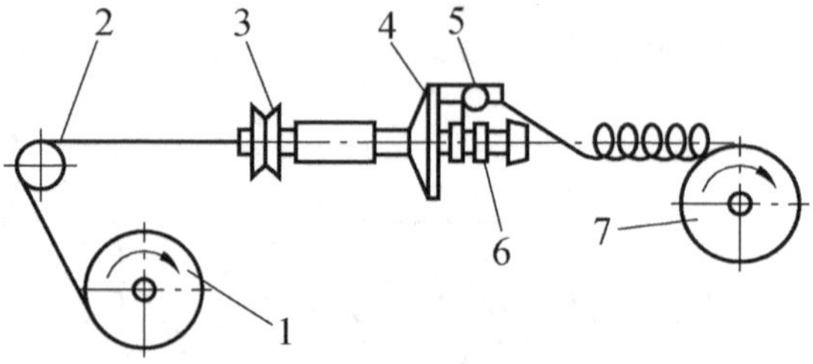

1—放线轮；2—导线轮；3—带轮；4—绕线架；5—钨丝挂轮；6—钨丝放线轮；7—收线轮

图 4.3 灯丝绕制机的供送料机构

由前面分析已知，定长度可通过控制行程或者控制时间来实现。若供料机构和工艺执行机构（如冲头、裁剪刀）采用行程开关。时间继电器等进行控制，则设计时设定好行程开关位置或时间继电器时间即可，如图 4.4 所示的自动捆扎机送料机构，绕在料轮 1 上的扎带 3 由滚轮 2 送出，当扎带沿导轨 4 进入衬舌 5、7 之间，到位触及行程开关 6 后，送料即停止。

图 4.5 所示为单滚轮式送料装置示意图。滚轮式送料装置是靠滚轮与坯料间的摩擦力进行送料的，其优点是滚轮与坯料之间的接触面积较大，不会压伤材料，故在金属丝、金属带及纸张、塑料薄膜等卷料的供料装置中得到非常广泛的应用。

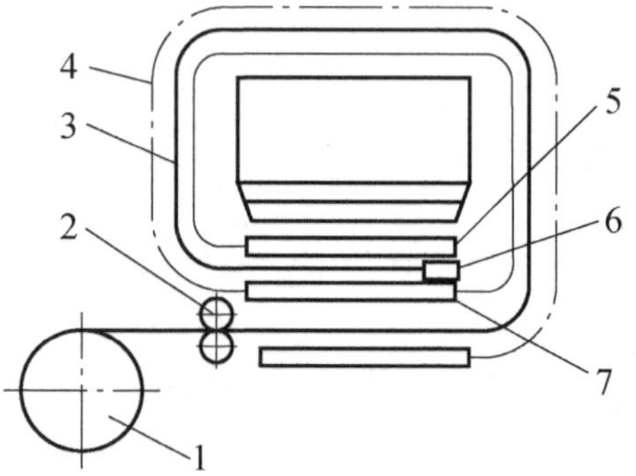

1—料轮；2—滚轮；3—扎带；
4—导轨；5，7—衬舌；6—行程开关

图 4.4 自动捆扎机送料机构

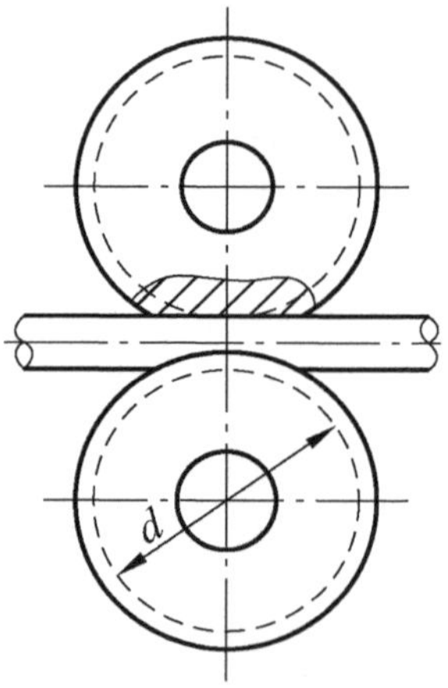

图 4.5 单滚轮式送料装置

送料滚轮既可间歇回转，又可连续回转，从而实现间歇送料或连续送料。滚轮的形状应与被送卷料的截面形状相适应。滚轮的材料要根据被送卷料的材料来确定，一般为钢材、橡胶等。

送料轮直径越大，送料速度越高。若采用进、出双滚轮送料，并使出料滚轮的线速度高于进料滚轮线速度 2%~3%。则可使坯料受一定张力而不会弯曲。这样可提高送进精度。

图 4.6 所示为钢球锥夹头送料装置的结构图。其工作原理是：棒料穿过锥头 3 心孔，当驱动机构使锥座 1 向右送进时，棒料受左边矫直器或其他装置（图中未画出）牵制阻力的作用，锥头相对锥座 1 左移，靠锥面使若干个钢球 4 收拢，从而将棒料夹住一起送进。当锥座向左返回时，棒料又被右边的停料器或者工艺执行机构作用，锥头和钢球相对锥座右移，松开棒料而停止送进。

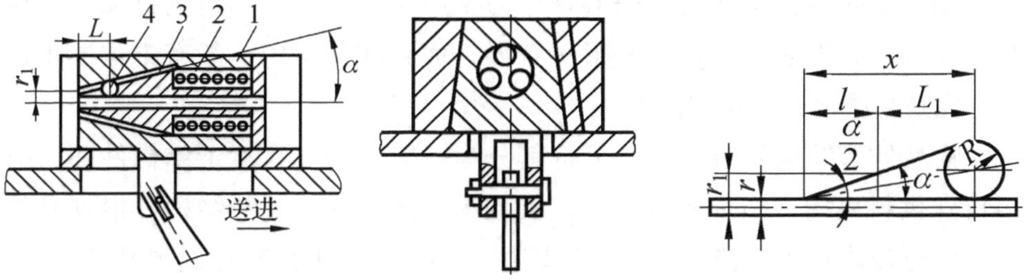

（a）　（b）

1—锥座；2—弹簧；3—锥头；4—钢球

图 4.6　钢球锥夹头送料装置

钢球夹住棒料的条件是锥座内锥角 α 应小于棒料与钢球间的摩擦角。内锥角越小，夹紧力越大，这容易损伤棒料表面，同时钢球嵌入锥孔太紧会影响返回时放松棒料。一般内锥角 α 取 10°~17°。

将钢球锥夹头中的弹簧 2 和钢球 4 取掉。并将锥头 3 改成开口弹簧锥头，即成弹簧锥夹头，如图 4.7 所示。锥头一般用 T8A、TI0A、T8Mn 等材料制作，也可以在夹紧部位镶硬质合金。夹紧部位热处理后硬度达 58~62 HRC，弹性部分达 40~45 HRC。锥头内孔与棒料截面相一致，锥角一般为 30°~35°。对推送式夹头，锥座内锥角可比锥头锥角大 1°；对牵拉式夹头，可小 1°。当棒料直径在 2~5 mm 时，锥头最小内壁厚为 2~3 mm；直径在 6~8 mm 时，壁厚取 2.5~4 mm；直径在 9~12 mm 时，壁厚取 5~6 mm。根据锥头弹性及棒料情况，锥头可开成单缝槽、十字槽、花瓣槽等。

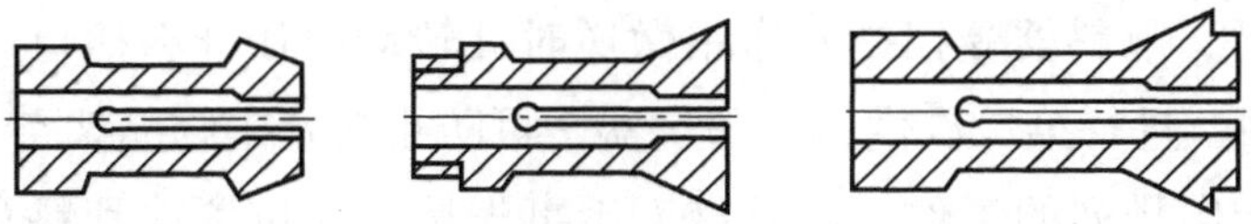

图 4.7　弹簧锥夹头

对于成卷物料，在放送过程中，因牵引惯性影响，可能会出现卷料回松及送料不均匀的现象，这在高速送料中尤为突出。为此，应在卷料供料机构中设置刹车制动装置，以使放出的物料始终保持张紧状态。

4.3 件料供料机构

4.3.1 件料形态分析及定向方法

件料供料是指单件物品的供料。生产中所涉及的单件物品非常多，例如螺钉、铆钉、盒、瓶、罐、香皂、香烟、纽扣等。单件物品一般是作为半成品再送入自动机进行加工、包装的。由于单件物品五花八门，形态（特别是外形）各异，而且在加工中一般有方位要求，所以，单件物品供料主要是解决输送、定向问题。

按照单件物品外形结构复杂程度，可将其分为一般结构件和复杂结构件两大类。复杂结构件要采用特殊供料机构（如工业机器人、机械手）来送料。一般结构件根据其外形主体结构特征，可分成旋转体和非旋转体（或称板块体）两类。根据旋转体的尺寸比例，可分为球、轴柱（长度 l 与直径 d 的比值 $l/d \geqslant 1$）和盘（$l/d<1$）。对板块体，当高度（厚度）远小于长度和宽度尺寸时称之为板，当高度、长度和宽度尺寸接近时称之为块。

根据单件物品的轮廓大小和构成形状，有些可以自动定向，有些必须用人工排列成一定方向和位置放到储料仓里。单件物品供料机构根据人工参与程度，可分为料仓式供料机构和料斗式供料机构两种。

4.3.2 料仓式供料机构

料仓式供料机构是由人工将物品整理定向后，装入按物品形体特征设计的料仓中，在料仓中成队列的物品依次由供料机构取出、分离、供送到指定工位，完成供料任务。这种供料方法适合于尺寸、重量较大，或供料中不允许碰撞、摩擦，或形态复杂、自动定向困难的物品。

如图 4.8 所示是直线供送料仓式供料机构。当人工把物品装入料仓 1 后，物品依次沿料槽向下移动，在图示位置，最底下的物品落入送料器 5 的容纳槽中，凸轮机构 7 使送料器向左运动。送料时，隔料器 4 受弹簧 3 作用而顺时针转动，挡住料槽下口，从而达到分离、供送的目的。当送料器向右返回后，隔料器受挡销 6 作用做逆时针转动而让开料槽口、料槽中最下面一个物品又落入送料器中，进行第二次供送。消拱器 2 可防止料仓中物品架空。

对于很难自动定向排列的工件，需要靠人工事先按一定位置放到料仓内，然后才靠装置自动地送到加工地点。这种装置适用于产量虽大，但因重量、尺寸或几何尺寸等特征原因而难于自动定向排列的工件，适用于工件加工时间较长，人工定向排列一批工件后可以工作很长一段时间，没有必要采用料斗式自动供料装置的场合。

图 4.9 所示是回转供送料仓式供料机构。工件 3 装入料仓 2 中，由回转送料器 1 取出一个，回转送到加工工位。

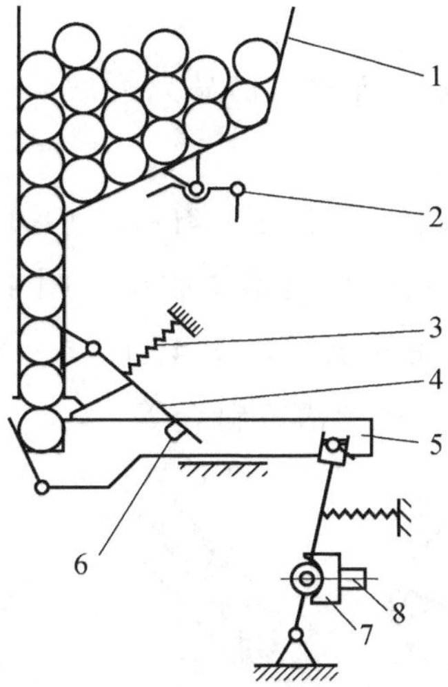

1—料仓；2—消拱器；3—弹簧；4—隔料器；
5—送料器；6—挡销；7—凸轮机构；8—主轴

图 4.8　直线供送料仓式供料机构

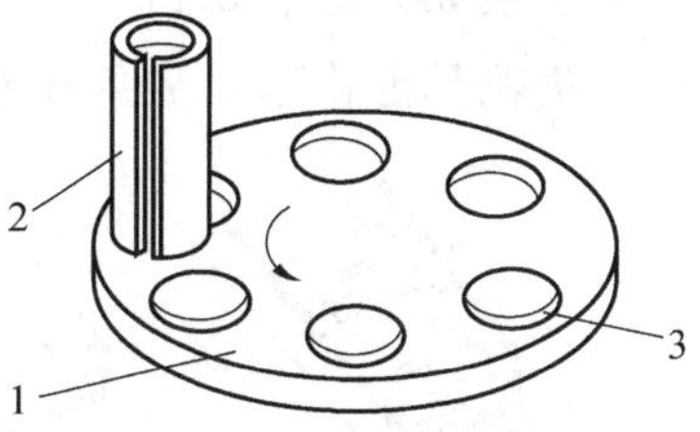

1—回转送料器；2—料仓；3—工件

图 4.9　回转供送料仓式供料机构

由以上几例可知，料仓式供料机构由料仓、隔料器、送料器、消拱器以及驱动机构等组成，但主要是三部分：料仓、隔料器和送料器。

4.3.2.1　料仓

料仓起储料和送料作用。料仓结构要根据物品的形态、尺寸和加工要求来确定。常用形式有斗式、槽式和管式。

（1）斗式料仓

斗式料仓的料斗和料槽为一体。可由人工一次将若干个物品定向堆放入料斗，物品再由料斗落入料槽，这样可减少人工装料的频次。

斗式料仓的结构形式比较多，如图 4.10 所示是一些常见形式。由于物品在料斗中互相挤压，可能会造成拱形架空，所以一般都在料斗中设置消拱器（搅拌器）1。图 4.10（b）、（c）所示的消拱器靠近料槽入口，以消除小拱，适用于表面比较光滑的物品；对于表面比较粗糙、摩擦阻力较大的物品，拱形发生在料槽入口上部而形成大拱，这可采用图 4.10（d）、（e）所示的消拱器，其料槽入口较大，便于落料。当消拱器动作时，经常有几个物品同时接触消拱器，致使其上面的、周围靠近的物品均运动，从而可以消除小拱和大拱。消拱器可连续或间歇性工作。

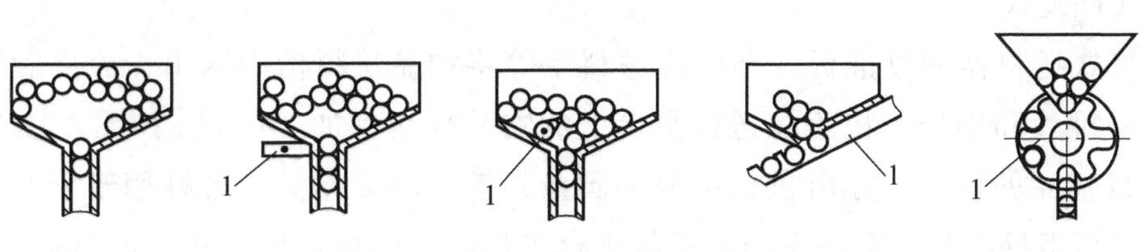

1—消拱器（搅拌器）

图 4.10　斗式料仓

（2）槽式料仓

槽式料仓是根据物品的结构形态而专门设计的，料仓即料槽，物品只能成队列放入，储量一般较小。槽式料仓有图 4.11 所示的几种形式。

图 4.11（a）为 U 形料槽,适用于料仓水平布置或者倾斜角较小时。图 4.11（b）为半闭式，用于料仓是垂直布置或者料仓较长时，上面的包边可防止物品从料槽中脱出。图 4.11（c）为 T 形料槽，用于诸如铆钉、螺钉、推杆等带肩、台阶类物品的供送。图 4.11（d）为板式，用于带肩、台阶类物品的供送。另外还有如单杆式、双杆式、V 形槽式料仓等。

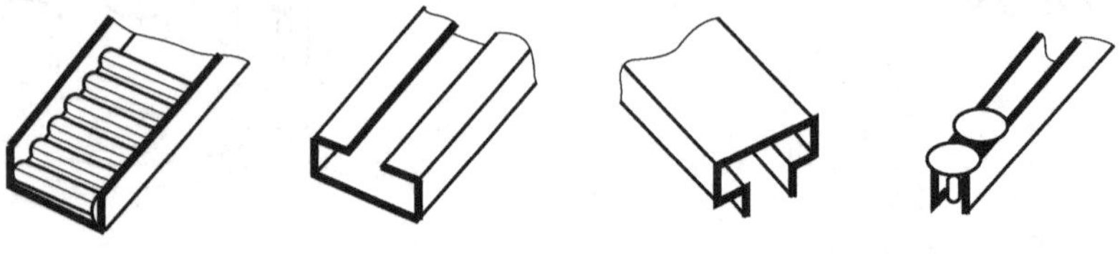

（a）　（b）　（c）　（d）

图 4.11　槽式料仓

（3）管式料仓

管式可看作是槽式的变形，其结构简单、制作方便。主要用于旋转体物品的供料，根据制作材料，管式料仓可分成刚性和柔性两种。刚性管式料仓用钢管或工程塑料制成，在管内可供送各种旋转体物品。圆环类工件则可套在管外供料；柔性料仓用弹簧钢丝绕成，可以适当弯曲、伸缩，适用于储存和运送球、柱、轴类工件。

在设计或选用管子时，应使管内径比工件外径大 1/10~1/50，弯曲段的最小曲率半径要保证不卡住工件。当管道较长时，可在管壁的适当位置开观察孔，以观察工件输送情况，及时排除卡住、挤塞等故障；

不同形态的物品可采用不同的料槽结构形式，即便同一种物品亦可采用不同结构的料槽，所以应仔细分析物品的形态，在满足供送要求的前提下，设计或选用结构简单、供送可靠、速度高的料槽形式。

4.3.2.2　**送料器**

送料器的作用主要是把物品从料槽中取出，分离后送到所指定的工位。根据其运动特点，送料器可分成直线往复式、摇摆式、回转式和复合运动式等。

（1）直线往复式

直线往复式送料器通过推板、推杆或送料手等将物品从料槽中取出，分离后送到所指定的工位。其中推板和推杆是将落在送料平台上的物品推送到加工位置 . 如图 4.12 所示。推板适用于板块状物品的供送，亦可供送平放的圆盘、盖、环类物品；推杆用于管、套类物品的供送。必要时可根据物品的形态来确定送料平台工作面的形状，如平面、V 形面等。

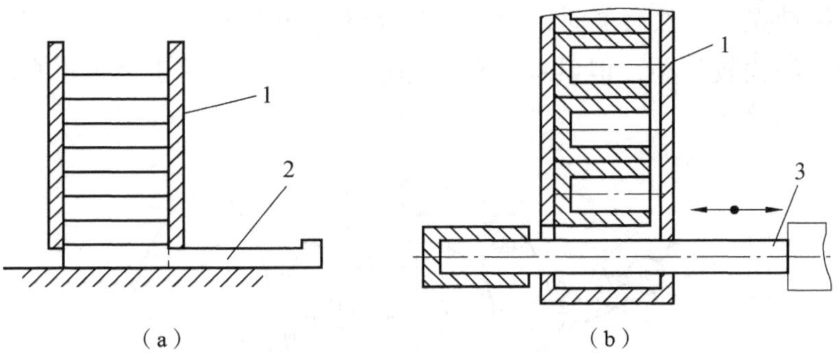

1—料槽；2—推板；3—推杆

图 4.12　直线往复式送料器

送料手适应性比较广泛，一般由托臂、夹板和拉簧等组成。物品落入托臂和夹板之间的容纳槽中，靠弹簧力夹紧物品。当供送的要求较低时，可采用无夹板和拉簧的托臂式（前部有容纳槽）送料手。

直线往复式送料器结构简单，安装方便，但供料速度较低，一般用作单工位自动机的供料机构。

（2）摇摆式

摇摆式可看作是直线往复式送料手的变形，如图 4.13 所示。一般由摇臂 1、夹板 2 和弹簧 3 等组成。当摇臂顺时针摆动使容纳槽对准料槽口时，夹板被料槽下部侧面的挡板顶开 . 物品就落入容纳槽中，靠弹簧力夹紧。然后逆时针摆动将物品送到加工工位。

摇摆式送料器结构简单，供料速度较直线送料手要高，亦适合于单工位自动机的供料。

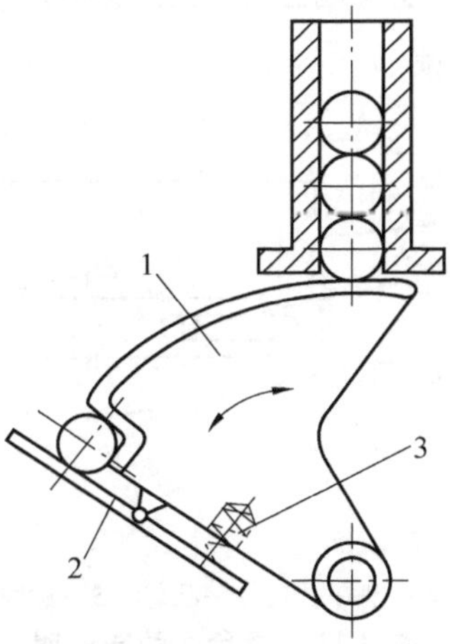

1—摇臂；2—夹板；3—弹簧

图 4.13　摇摆式送料器

（3）回转式

回转式一般做单向旋转运动。图 4.14 为回转式送料器，当送料盘 2 顺时针转动使容纳槽对准料槽 1 时，物品被容纳槽接住、分离、供送到加工部位，然后由砂轮进行磨削。必要时可设置两顶尖将柱销夹住。然后逆时针摆动将物品送到加工工位。

回转式送料器结构较复杂，但供料平稳、速度较高，广泛用于多工位自动机或要求高效、连续作用的供料。

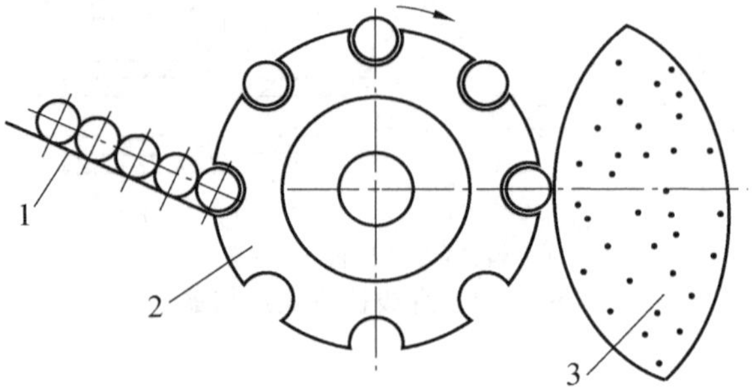

1—料槽；2—送料盘；3—砂轮

图 4.14　回转式送料器

（4）复合运动式

复合运动送料器的运动轨迹较复杂，例如四边形、升降与回转组合等。一般是根据加工工艺要求而设定的。实现复合运动的机构比较多，如连杆机构、凸轮机构、组合机构等。图 4.15 为凸轮与连杆机构组合式供料机构，当物品从料槽中落入送料板 5 左端第一个容纳槽后，凸轮 2 通过摆杆 1 使送料板升高。接着凸轮 3（双联凸轮）通过摆杆 4 使送料板向右移动一个工位。这时，根据工艺要求或者将物品直接放在自动机工位上，或者由推杆推入到第一工位夹具中。随后送料板作下降和返回运动。料槽中的物品又落入左端第一个容纳槽。与此同时，第一工位中的物品已加工完毕，被装入第二个容纳槽中。重复上述动作，直到物品经过自动机的所有工位后，一个工艺循环结束。

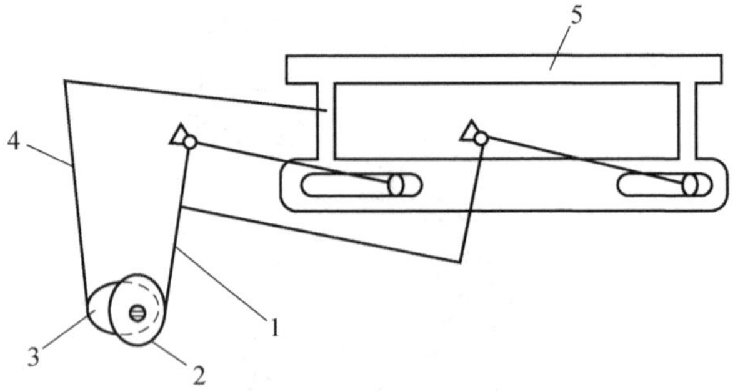

1，4—摆杆；2，3—凸轮；5—送料板

图 4.15　复合运动送料器

送料器还有拨轮式、插板式、摆动料槽式等。

4.3.2.3　隔料器

隔料器配合送料器完成物品的分离，即控制物品单个地从料槽进入送料器。摇摆式、回转式送料器一般兼有隔料器的作用。而当物品较重或垂直料仓中物品数量较多时，一般应设置隔料器，常用的隔料器如图 4.16 所示。

图 4.16（a）、（b）为直线往复插板（销）式，通过插板（销）插入或退出料槽完成隔料任务。一般隔料速度小于 150 件 / 分钟，适用于球、柱、轴、套、管、板块类物品的隔料；当插板（销）速度较高时，可能使料槽中物品跳动；但速度过低时，插板（销）有可能被物品顶住而卡死。图 4.16（c）、（d）为摇摆插板式，隔料速度可达到 150~200 件 / 分钟，适用于球、柱、轴、套、管类物品的隔料。图 4.16（e）、（f）为旋转式，其工作平稳，可连续隔料并有推送作用。一般隔料速度可达到 200 件 / 分钟以上。其中图 4.16（e）为拨轮式，适用于球、短柱、环类物品；图 4.16（f）为螺旋式，适用于球、柱、环、螺钉等带肩类物品。

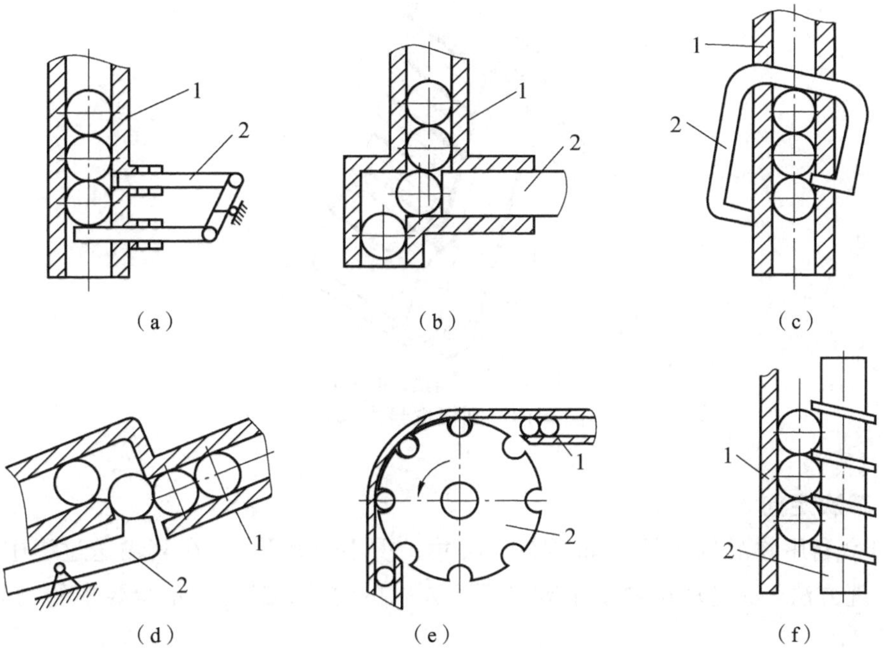

1—料槽；2—隔料器

图 4.16 常用隔料器

料槽材料一般采用钢板或型钢，热处理后硬度为 45~50 HRC，滑道表面要进行光整加工。料斗可采用薄钢板弯制而成。

如图 4.17 所示为皮带提升机式料斗。一般皮带的速度为 0.1~0.4 m/s，上料系数 k 为 0.2 ~ 0.4，供料率 Q 为 60 ~ 150 件 / 分钟。图 4.18 所示为刮板皮带式料斗，其供料率 Q 为 100 ~ 500 件 / 分钟。

料仓式供料机构的供料速度要根据自动机的工作速度来确定，一般不宜太高，以保证物品平稳供送。

当采用料仓式供料机构供送形态复杂以及诸如具有大小头、正反面的物品时，对操作者的要求比较高，也容易使人紧张。如果在料槽的某些部位设置一个定向机构，进行二次定向，则可弥补上述不足。

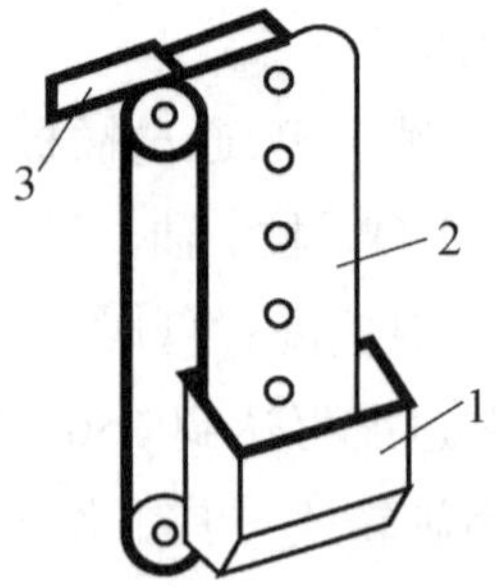

1—刮板；2—皮带；3—料槽

图 4.17　皮带提升机式料斗

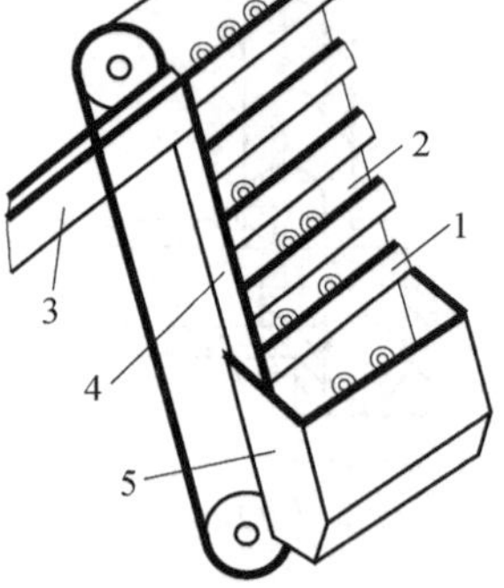

1—刮板；2—皮带；3—料槽；4—挡板；5—料斗

图 4.18　刮板皮带式料斗

4.3.2.4　二次定向

二次定向是利用物品的特征（如形态、尺寸、重心位置等），在其输送过程中自动完成定向，有两种实现方法：一是从送料槽中剔除不合要求的物品；二是对不合要求的物品进行矫正，下面看几个实例。

图 4.19 为几种剔除法定向装置。图 4.19（a）的滑道中有一个掉落孔，当盒、罩形物品下滑时，底朝下口朝上者靠惯性力越过掉落孔继续下滑，而底朝上者就会从掉落孔中翻下而被剔除，从而保证滑道上送出的均为口朝上者，图 4.19（b）所示的滑道侧面有一个缺口，当带肩物品下滑时，大头在缺口一边的，到缺口处时因重心位置影响而从缺口掉落，小头在缺口一边的则可继续下滑。图 4.19（c）采用带式输送，当物品运动时，大头在前者借重心位置偏前，到带子转弯处就被送到接料槽中，而小头在前者就会冲过转弯处而被剔除出去。

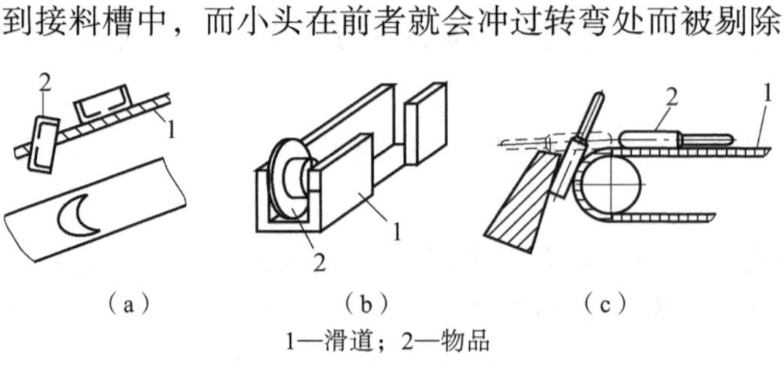

（a）　　（b）　　（c）

1—滑道；2—物品

图 4.19　剔除法定向装置

图 4.20 为几种矫正法定向装置，其中图 4.20（a）是使物品翻转定向装置。可将口朝下的物品翻转成口朝上，从而保证物品口朝上，用于盒、盖、罩类物品的定向供送；图 4.20（b）可将物品挂在滑道上（小端朝下），用于诸如螺钉类零件的定向供送；图 4.20（c）通过可自由摆动的挂钩，使物品开口端朝上送出。

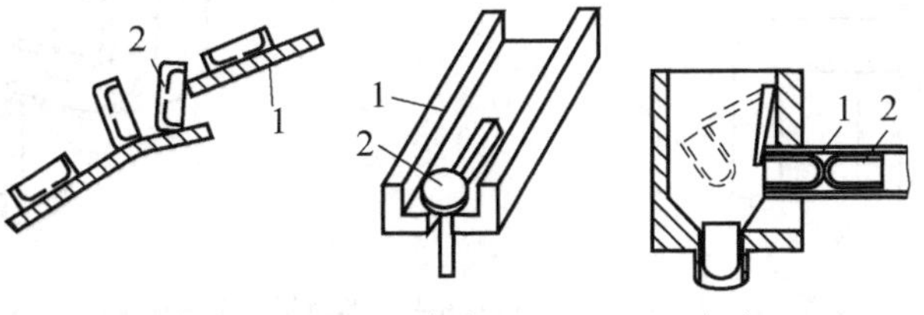

1—滑道；2—物品

图 4.20　矫正法定向装置

图 4.21 为柱形带盲孔工件的定向排列机构。工件被送入滑道 1 上，当盲孔开口在右边时，推杆 2 在气缸 3 驱动下插入盲孔中，并将工件推至落料口上，这时工件的一端搭在落料口的边沿上；当气缸带动推杆退回时，工件被摆钩 5 挡住，使推杆脱离工件，然后，工件以盲孔朝下落入输出滑道 4；当工件在送入滑道 1 上盲孔向左时，气缸带动推杆将工件推到落料口上；当工件垂心超过落料口边沿时，工件盲孔向下落入输出滑道 4 中，从而实现盲孔向下定向整列。

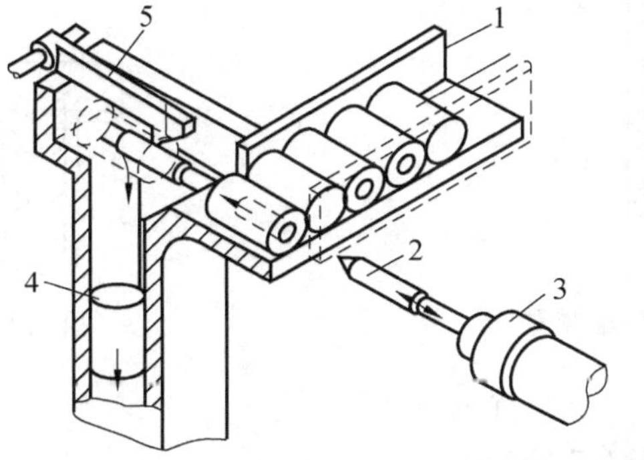

1—滑道；2—推杆；3—气缸；4—输出滑道；5—摆钩

图 4.21　柱形带盲孔工件的定向排列机构

4.3.2.5　工件的自动分配、汇总供送装置

在自动机、自动线生产中，有时需要把一个供料机构中的同一种工件供送到几个工位或几台自动机上，进行平行加工，这就需要分配供料装置，简称为分路器。

有时则需要把几个供料装置中的不同工件送到一个工位或一台自动机上，进行集中加工，这需要汇总供料装置，简称为合路器。

（1）工件的自动分配装置

① 分类分配装置。分类分配装置是将同一料仓或料斗中送来的不同工件，按照其尺寸、结构或材质等进行分类后，分别送到不同的加工位置。主要是对工件进行分类供送。

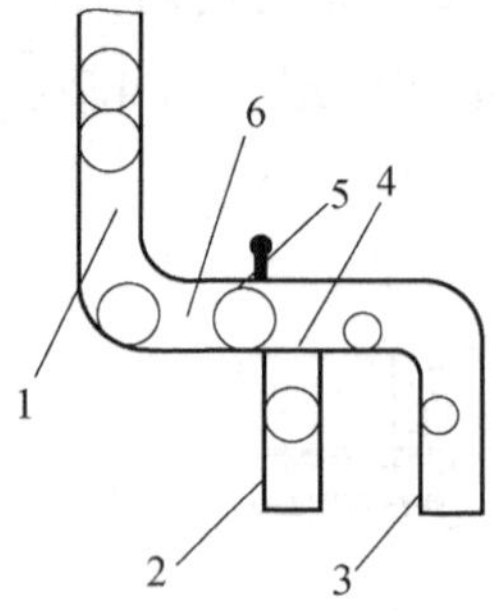

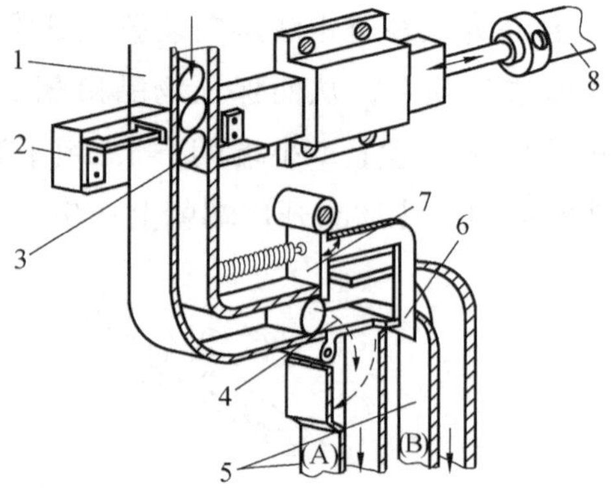

1、2、3—料槽，4—翻板；5—挡板；6—分类料槽；7—翻板；8—动力机构

图 4.22　翻板式分配装置

图 4.23　翻板式装置的结构示意图

注：将不同直径大小的回转类零件从料槽 1 中自由落下，由挡板 5 控制通过零件的直径大小，6 进行分类，将直径大的零件送到料槽 2，直径小的零件送到料槽 3 实现自动分类。

② 分路分配装置。分路分配装置是将同一料仓或料斗中送来的相同工件，分别送到几个加工位置。这可起到平衡工序节拍作用，用一个高效供料装置同时对几台自动机进行供料。

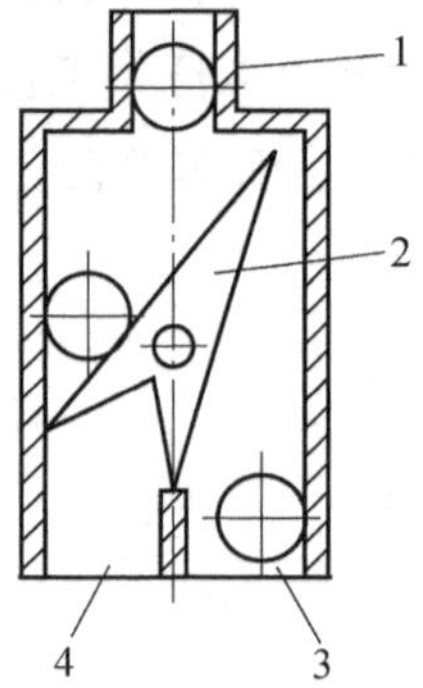

图 4.24　摇板式分配装置

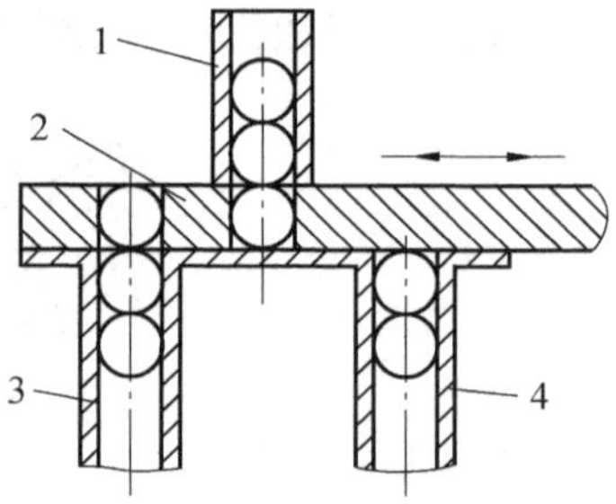

图 4.25　推板式分配装置

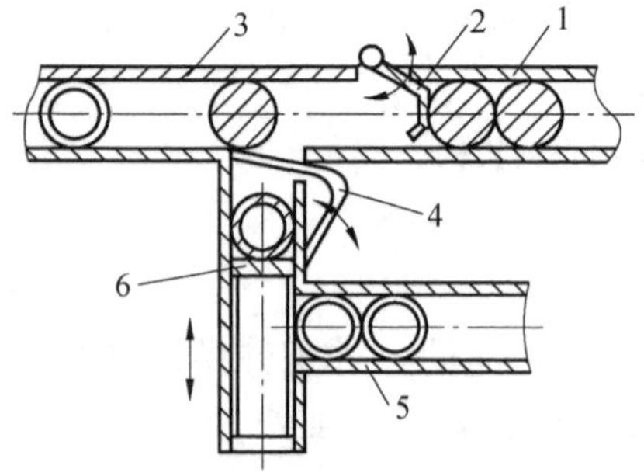

图 4.26　隔板式组合汇总装置

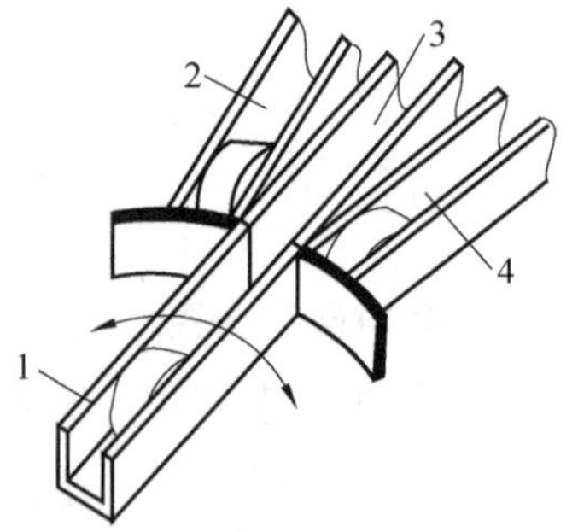

图 4.27　摆动式汇总装置

（3）工件的自动汇总装置

组合汇总是将来自几个料槽或料斗中的不同工件，按一定的比例汇集在一个料槽中送出。

合流汇总是将来自几个料仓或料斗中的相同工件，汇集到一个料槽中送出。

图 4.28 为活门式分配装置，本装置一次动作可分流三路工件。

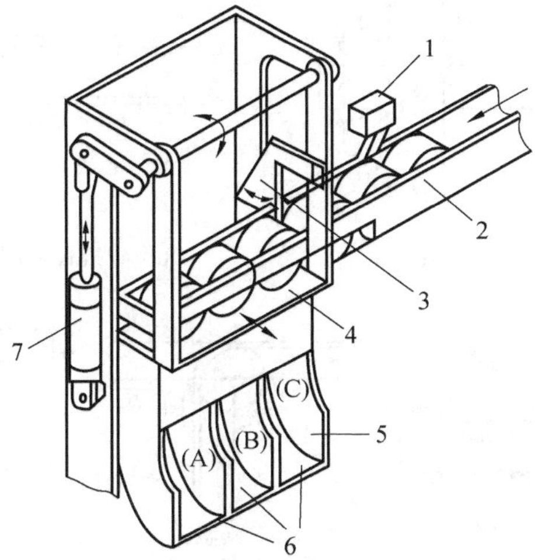

图 4.28　活门式分配装置

如图 4.29 所示为特种螺杆式分配输送装置，借助异形变螺杆螺距、导轨和输送带的配合，使物品分流并拉开距离，适用于瓶子类容器分流分配输送。

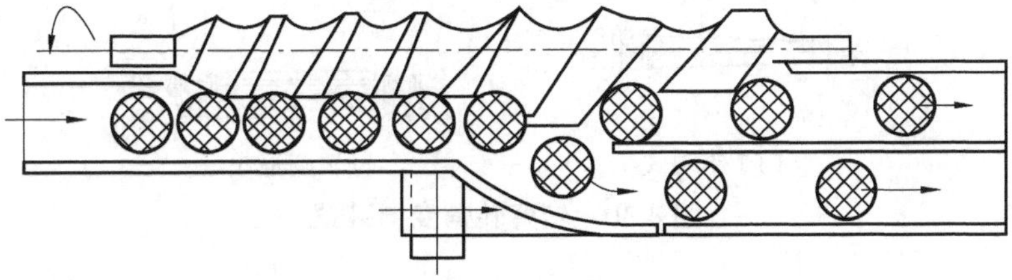

图 4.29　特种螺杆式分配输送装置

4.3.2.6　工件的变向供送装置

根据工艺路线与设备布局的要求，需改变输送中的物件的运动方向或姿态（如转弯、转角、拐角平移、转向、翻身、调头）等单独动作或组合动作时，需要设置相应的变向供给装置。

（1）转弯转角变向装置

转弯转角变向装置是使输送中的物件在水平面内绕某一垂直轴线转过一定角度（多为 90° 或 180°），从而改变运动方向但重心位置不变。常用的转弯转角变向装置如图 4.30 所示。

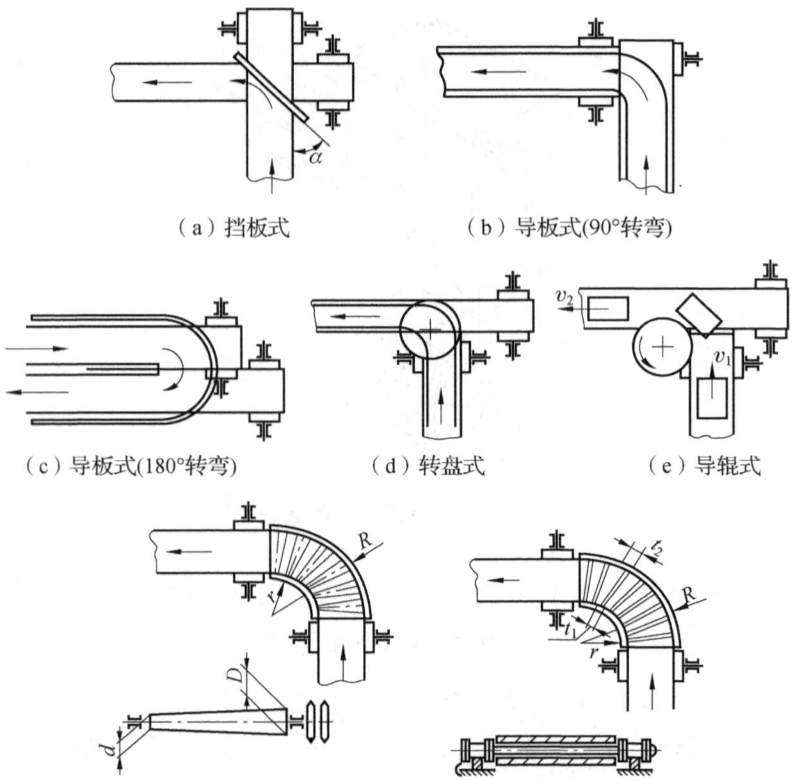

（a）挡板式　（b）导板式(90°转弯)

（c）导板式(180°转弯)　（d）转盘式　（e）导辊式

（f）锥辊式　（g）圆辊式

图 4.30　转弯转角变向装置

（2）拐角平移变向装置

拐角平移变向装置仅改变运动方向，物体重心位置也不变。图 4.31 所示为两种拐角平移换向装置，适用于块状或盒形产品的输送。

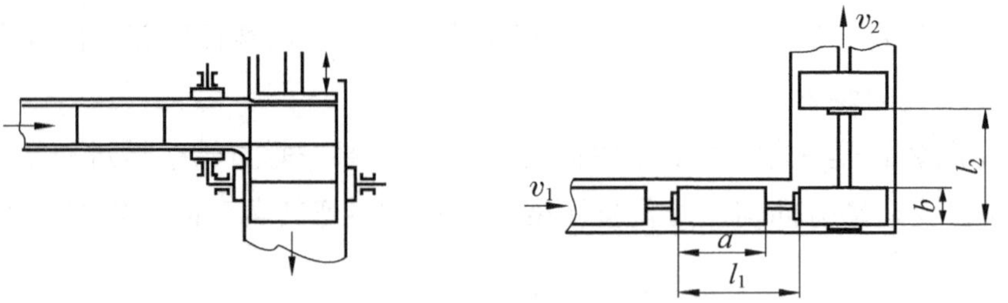

图 4.31　拐角平移变向装置简图

（3）转向输送装置

转向是指保持输送方向与重心位置不变，使物体绕自身垂直轴心线回转一定角度。图 4.32 所示为四种适用于盒、箱、袋形包装产品的自动转向输送装置。

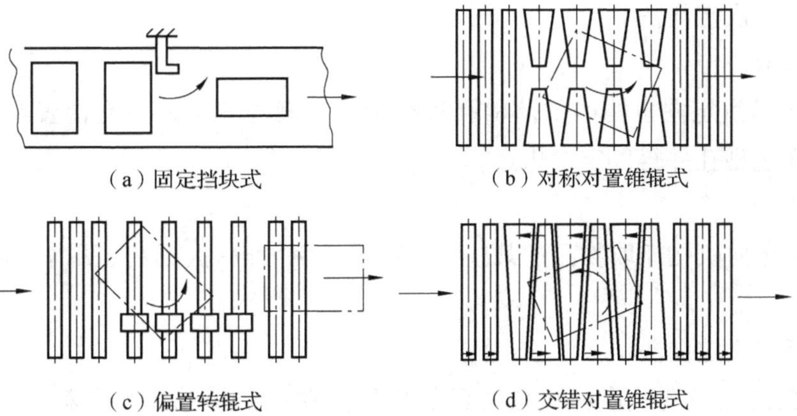

（a）固定挡块式　（b）对称对置锥辊式

（c）偏置转辊式　（d）交错对置锥辊式

图 4.32　自动转向输送装置

（4）翻转输送装置

翻转是指将物体绕水平轴线回转一定角度，物体的重心位置有变化，但运动方向不变。

（5）翻转调头输送装置

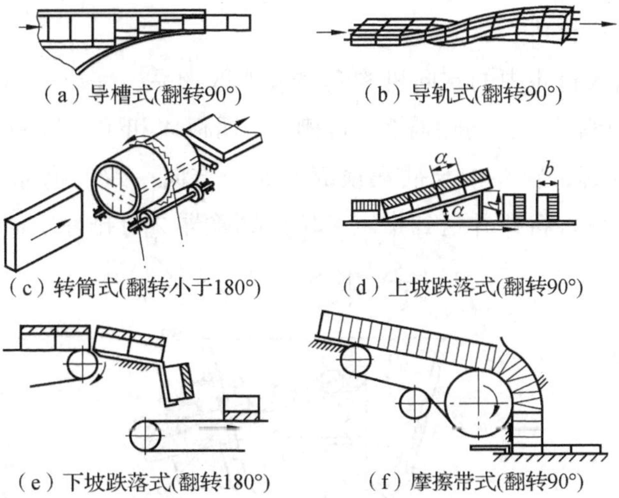

（a）导槽式(翻转90°)　（b）导轨式(翻转90°)

（c）转筒式(翻转小于180°)　（d）上坡跌落式(翻转90°)

（e）下坡跌落式(翻转180°)　（f）摩擦带式(翻转90°)

图 4.33　翻转调头输送装置

组合汇总是将来自几个料槽或料斗中的不同工件，按一定的比例汇集在一个料槽中送出。

4.3.3　料斗式供料机构

料斗式供料机构是由人工定期将物品倒入料斗中，在料斗中成堆的物品由供料机构自动定向、取出并供送到指定工位，所以是一种自动供料机构，适宜于重量轻、体积小、外形结构简单（特别是对称轴、对称面较多）等物品的供料。

4.3.3.1　料斗式供料机构的定向方法

料斗式供料机构是根据数学概率来确定物品的方向的，常用的定向方法有型孔选取法、抓取法，排队后二次定向法。

（1）型孔选取法

型孔选取法是由定向机构中的落料孔进行筛分、套住物品，只有位置及形态与型孔相符的物品，才能通过型孔并得以定向供送。

（2）抓取法

抓取法是由定向机构抓取物品的某些特征部位（例如内孔、凸肩、凹槽），使物品得以定向、分离并送出。

（3）排队后二次定向法

这种方法在讨论料仓式供料机构时已经描述。在电磁振动供料器料斗设计中应用最多。一般先对物品进行排队，再进行二次定向。

4.3.3.2　**料斗式供料机构形式**

采用以上三种定向方法的料斗式供料机构形式比较多。按照定向机构运动形式，可分为直线往复式、摇摆式、回转式等；按照机构结构形式，可分为插板式、圆盘式、转鼓式、钩子式等。

（1）直线往复插板式料斗

插板式料斗是由插入料斗中的定向机构套住或抓取物品，完成定向供送。

如图 4.34 所示，由料斗 1、剔除器 2、料槽 3、插板 4 和驱动机构等组成。工作时，驱动机构使插板在料斗中升起，料斗中与插板顶部形状、方向一致的物品被抓取，当插板升起对准料槽接料口时，物品滑入料槽并送到指定工位。剔除器 2 可排除定向错误的物品。

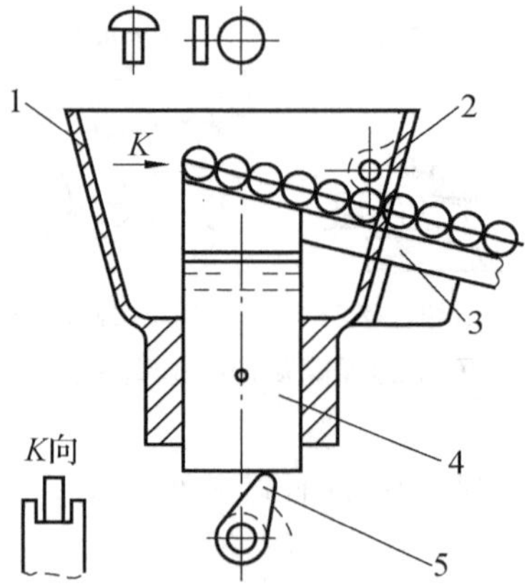

1—料斗；2—剔除器；3—料槽：4—插板

图 4.34　直线往复插板式料斗

当插板比较宽时，一次可套住或抓取若干个物品。将插板换成圆柱棒，物品可套在圆柱棒上被送出，这就是插棒式料斗。将插板换成空心管（刚性或柔性），物品可由管内送出，这就是所谓的插管式料斗。

插板起着定向、分离、供送以及搅拌作用。插板顶部形状可根据物品形态来确定，常用的有直槽、V形槽、半圆弧、矩形、台阶等。

直线往复插板式料斗的送料效率较低，一般为40~80件/分钟。但改变滑动板顶部沟槽的形状，就可适应不同形状工件的上料，因此应用较为广泛。

（2）摇摆插板式料斗

将插板的直线往复运动改成摇摆运动，即成摇摆插板式（亦称为扇形板式）料斗，如图4.35所示。其供料过程较之直线往复插板式要平稳，振动、噪声也较小。

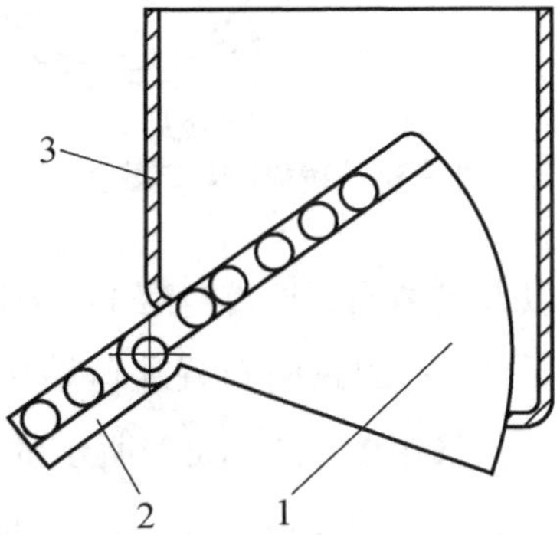

1—扇形插板；2—斜槽；3—料斗

图4.35　摇摆插板式料斗

摆动式料斗，适用于各种柱形、盘形、环形、喇叭形以及中小工件的自动定向和上料。

扇形插板最大线速度一般取0.5~0.9 m/s。供料率Q在40~100件/分钟。在设计插板驱动机构时，应使插板上摆缓、下摆快，摆到最高位置时的加速度为零。因扇形板上物品较多，所以摆到最高位置停留时间要长一些。

料斗及扇形插板结构设计可参考直线往复插板式。

插板式料斗结构比较简单，应用范围广，可适应不同形态物品的供送，如圆柱、环、圆盘带肩类等。

（3）回转式料斗

回转式是当料斗或定向机构回转时，通过定向机构套住或抓取物品完成定向供送。

（4）转盘式料斗

如图4.36所示，主要由料斗1和转盘2组成。料斗和转盘倾斜布置，转盘在料斗中回转时，料斗中的物品就被转盘上的缺口（型孔）选取，然后随转盘一起转到最高点，使缺口对准料槽接料口，物品即向下滑入料槽而送出。

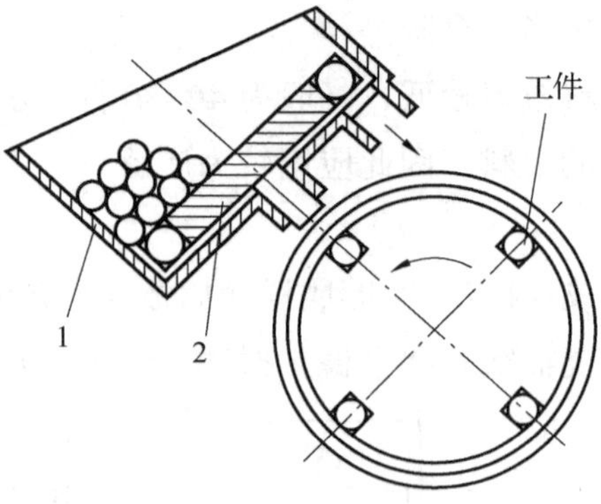

1—料斗；2—转盘

图 4.36　转盘缺口式料斗

转盘起着定向、分离、供送以及搅拌作用。转盘的结构形式如图 4.37 所示。一般当物品长径比 $l/d \gg 1$ 时，宜用图 4.37（a）所示的弦向布置缺口结构；当 $l/d \ll 1$ 时，宜用图 4.37（b）所示的物品直立结构；当 $l/d \approx 1$ 时，采用图 4.37（c）所示的径向布置结构。

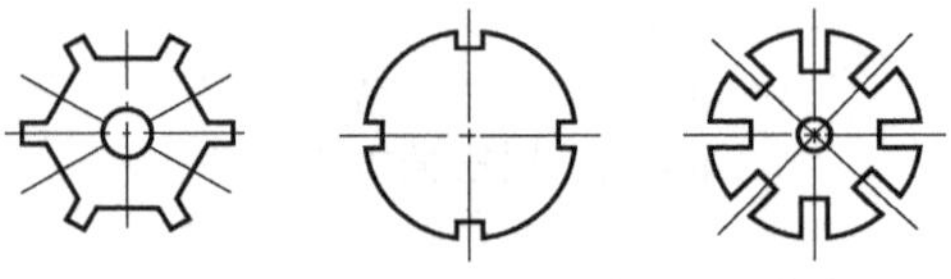

（a）　　（b）　　（c）

图 4.37　转盘的结构形式

将转盘改成可回转的空心管，即成为旋转管式料斗，如图 4.38 所示。转管 2 在料斗 1 中旋转时，物品滑到料斗中心而落入管内并被送出。其供料率 Q 为 40~100 件 / 分钟，上料系数 k 为 0.3~0.6。

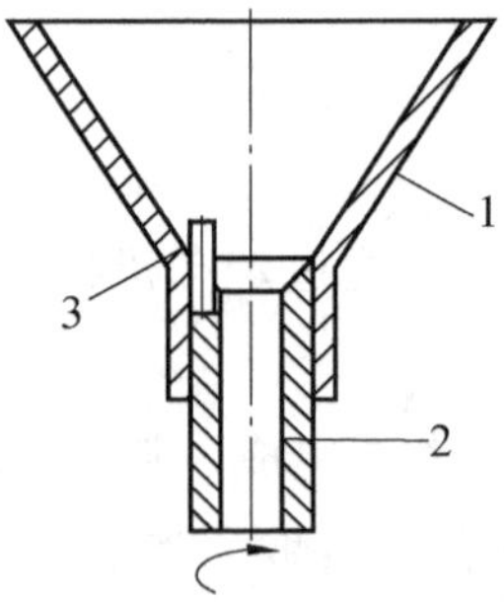

1—料斗；2—转管；3—搅拌器

图 4.38　旋转管式料斗

在图 4.39 所示的料斗中，呈锥形的转盘 1 在料斗 2 内转动，物品在与转盘锥面间的摩擦力及高心力的作用下，沿周向排队移动，到料槽接料口处时，进入料槽内被送出，这种料斗通用性较大，最高供料率 Q 可达 1 000 件 / 分钟。

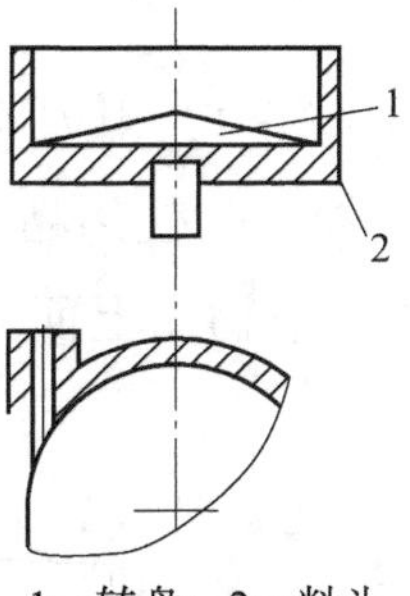

1—转盘；2—料斗

图 4.39　锥形料斗

（5）转鼓式料斗

转鼓式一般是由转鼓（即料斗）将物品带起后，再使其落下，在下落过程中掉入定向槽内被送出。如图 4.40 所示，将物品倒入转鼓 1 内，当转鼓转动时，由鼓体上的刮板 3（或凹槽）带起物品，转到一定高度时物品降落，由料槽 2 接住并定向排队送出。其供料率 Q 为 30~60 件 / 分钟，当刮板结构及安装比较合理时，供料率 Q 为 100~150 件 / 分钟。上料系数 k 为 0.2~0.5。一般转鼓的转速 n 为 8~15 r/min。

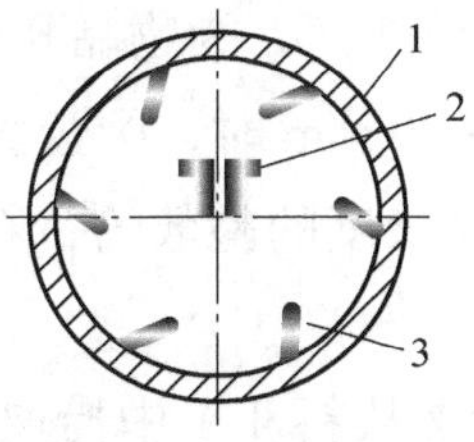

1—转鼓；2—料槽；3—刮板

图 4.40　转鼓式料斗

将图 4.38 所示的料斗立式布置，当锥盘以较高速度转动时，亦可带起物品并使其掉落入料槽接料口中送出。

在图 4.41 所示的料斗中，定向机构由转盘 1、圆环 3、销钉 2 及转筒 4 组成鼠笼装置。当鼠笼转动时，料斗 5 中的物品进入转筒及鼠笼并被带起，到料槽接料口时，被抛出落入料槽 6 中送出。其供料率 Q 为 50~80 件 / 分钟，上料系数为 0.2~0.4。鼠笼的转速 n 为 18~30 r/min。

转鼓类料斗转鼓的倾斜角 α 一般取 30°~45°。

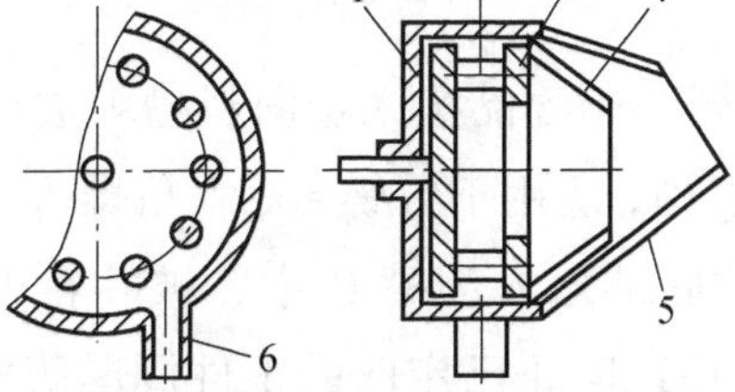

1—转盘；2—销钉；3—圆环；4—转筒；5—料斗；6—料槽

图 4.41　鼠笼转鼓式料斗

（6）钩子式料斗

如图 4.42 所示，在圆盘 6 上固结有钩子 3，由安全离合器 4 驱动做逆时针转动，装入料斗 1 中的物品经活门 2 下面滑向钩子，当钩子勾住物品后，被带起再倒落入料槽 5 的接料管中。若接料管内充满物品，则钩子压在接料管中物品上而卡住，这时安全离合器脱开，使圆盘及钩子不转动。

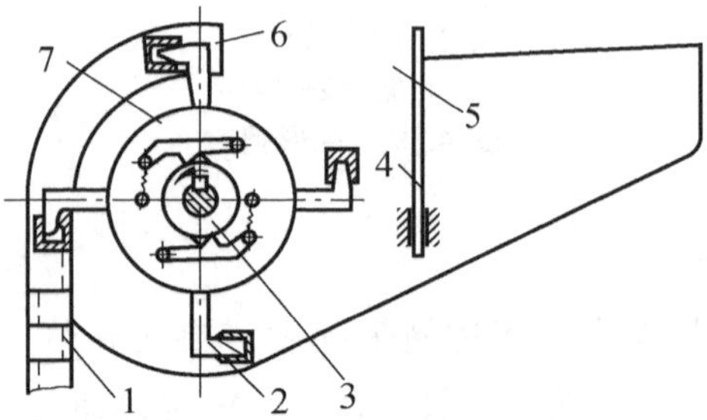

1—料斗；2—活门；3—钩子；4—安全离合器；5—料槽；6—圆盘；7—圆盘保护盒

图 4.42　钩子式料斗

钩子的弯曲段应做成锥形，一般锥角 β 为 6°~10°；大端直径 d 为（0.45~0.6）d_0；弯曲段长 L 为（1.2~1.3）l。这里的 l 为物品长度，d_0 为物品孔径。

当物品的 d_0 为 6~20 mm，l 为 10~70 mm 时，圆盘直径 D 为 350~400 mm。

另外，钩子间的间距不应等于物品长度的整数倍；料斗底部应设计成 V 形斜面。

（7）桨叶式料斗

如图 4.43 所示，转动的拾料桨叶 2 从料斗 1 中捞取物品，随着桨叶继续转动，挂在桨叶上的物品沿两个桨叶间的圆弧滑动，当桨叶对准料槽 3 时，物品就由桨叶滑入料槽上再送出。桨叶式的供料率 Q 为 120~140 件 / 分钟。

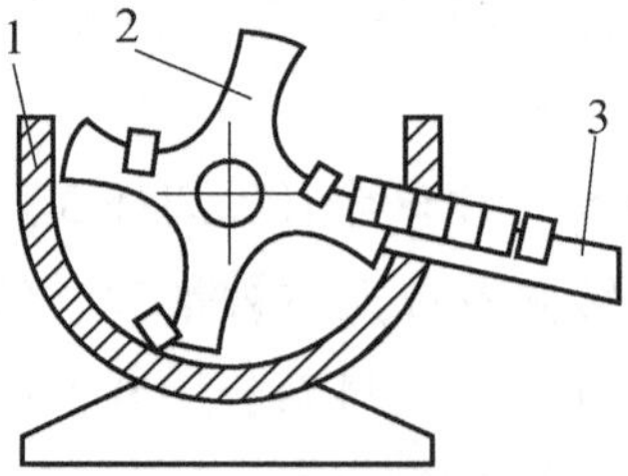

1—料斗；2—拾料桨叶；3—料槽

图 4.43　桨叶式料斗

另外，还可利用转动桨叶将料斗中物品拨入定向料槽中进行供送，这就是拨动桨叶式料斗。

图 4.44 所示为桨叶式定向机构，适用于方螺母、六角螺母、圆片、圆环形工件的自动上料。工件在料斗中成 35°~40° 斜坡的底部落入沟槽 K 中，被叶轮 1 的桨叶推拨向上而进入储料仓 4 中，棘爪 2 可绕轴销 3 转动，用以防止已定向的工件倒退落回料斗。根据同样的原理可以设计用于螺钉、例钉等带肩工件的定向机构。

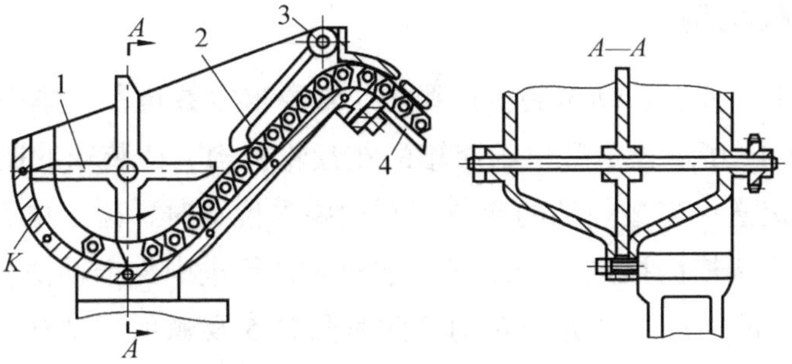

1—叶轮；2—棘爪；3—轴销；4—储料仓

图 4.44 桨叶式定向机构

4.3.3.3 二次定向装置

二次定向装置一般都是根据物品特征而专门设计的，其形式非常多。图 4.45（a）中的单缺口 1 和挡板 2 配合，剔除大端朝下的物品，使小端朝下者成单列送出；图 4.45（b）是组合定向装置，接板 3、4 配合使横躺者竖立起来，挡板 2 和缺口 1 配合剔除仍未竖立者，当竖立者继续在多缺口滑道上移动时，底朝上的物品因重心偏移，跌落而被剔除，这使得所有竖立、口朝上物品成单列送出；图 4.45（c）中的挡板 2 绊倒竖立者，缺口 1 剔除横移动者，滑道上的长条槽孔可挂住物品台肩，使小头朝下依次送出。

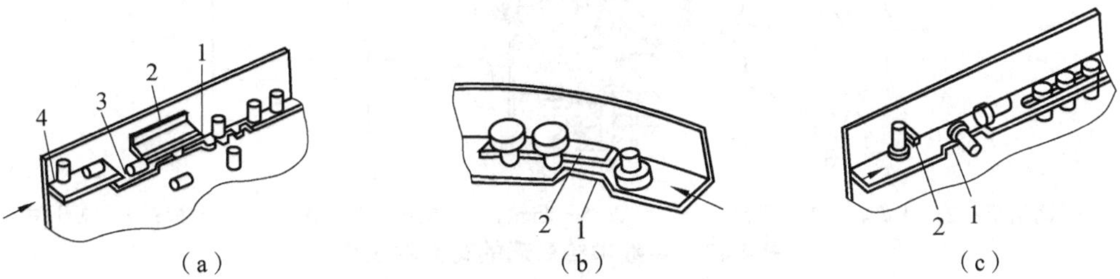

1—缺口；2—挡板；3、4—接板

图 4.45 二次定向装置

图 4.46 是二次定向装置在电磁振动料斗中的平面布置图。在料斗的螺旋滑道上设置了挡板 1、缺口 2 和拱形板 3，挡板可刮掉重叠者，并可绊倒直立者，缺口 2 使物品成单列，拱形板 3 内宽度等于物品宽度，保证物品单列送出。

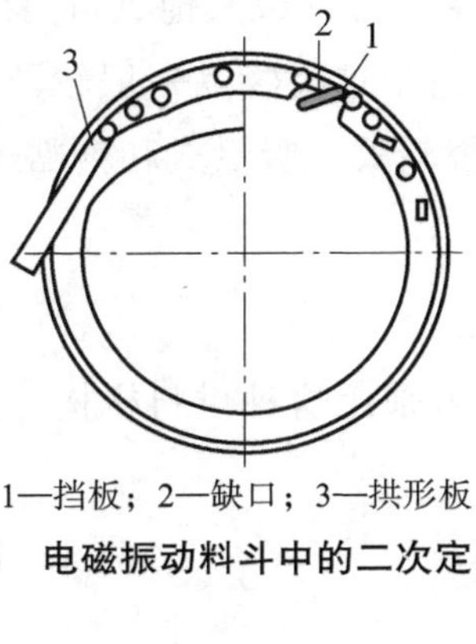

1—挡板；2—缺口；3—拱形板

图 4.46 电磁振动料斗中的二次定向装置

4.3.4 定量计数机构

在并列式装料机上，或在自动包装生产线中，常要求定数集积（集中累积）供给瓶罐（空瓶罐或实瓶罐）。图 4.47 所示为定数供给瓶罐的花盘轮机构。待装箱的瓶或罐由输送机 1 经花盘轮 2 分隔装置向右运送；当最前端的瓶或罐到达要求位置时，碰上电开关 9，使推板 8 立即将要定数量的一排瓶或罐横向推进一个距离。推板 8 在行进中先推动摆盘 6（滚子由图示水平位置推到 *A-A* 位置），使之逆时针方向转动，此时凸轮 5 及棘爪（摆杆）4 不动，推板 8 行进到与摆盘 6 的滚子脱离接触时，摆盘 6 受弹簧作用而恢复到原位。推板 8 返回运动时，又推动摆盘 6 使之顺时针方向转动，同时通过销子 7 和相应的槽端接触时使凸轮 5 一起转动，从而迫使棘爪（摆杆）4 摆动，而离开棘轮 3；此时，花盘轮由传动装置驱动转动，对输送来的瓶或罐做连续分隔传送。当推板 8 往回运动到又与摆盘 6 的滚子脱离接触时，凸轮 5 受弹簧作用又转回到原位，棘爪（摆杆）4 也往回摆到棘爪嵌入棘轮轮齿中，使花盘轮 2 止动。

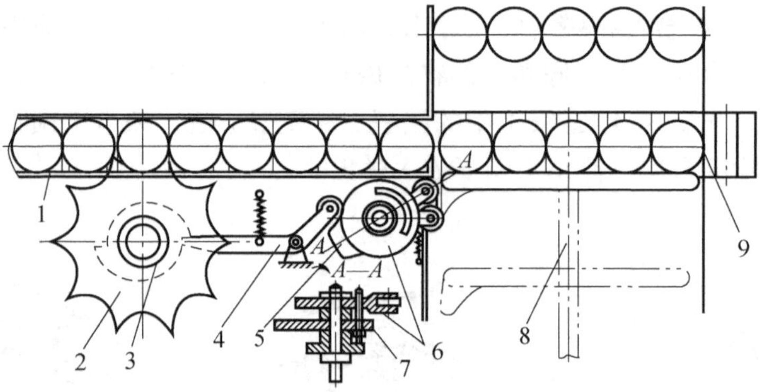

1—输送机；2—花盘轮；3—棘轮；4—棘爪；5—凸轮；6—摆盘；7—销子；8—推板；9—电开关

图 4.47 定数供给瓶罐的花盘轮机构

4.4 板片料供料机构

板片料多为裁制而成，周边规矩，可叠起来成摞，按照方位要求装入料斗或料槽中。例如成叠的纸、成摞的金属薄片（圆形、方形或其他）、计算机光盘影碟等。所以可采用单件物品料仓式供料机构的供料原理。但由于这类物品一般较薄，所以关键是取出和分离问题。常用的板片料供料机构有推板式、摩擦轮式、吸盘式和胶黏式。

4.4.1 推板式供料机构

当物品有一定厚度和硬度时，可采用这种供料机构，其工作原理与料仓式供料机构中的直线往复送料板的送料原理相同。

图 4.48（a）为推板式供料装置示意图，（b）为由气缸控制的推板推送较厚板片料的生产实例。

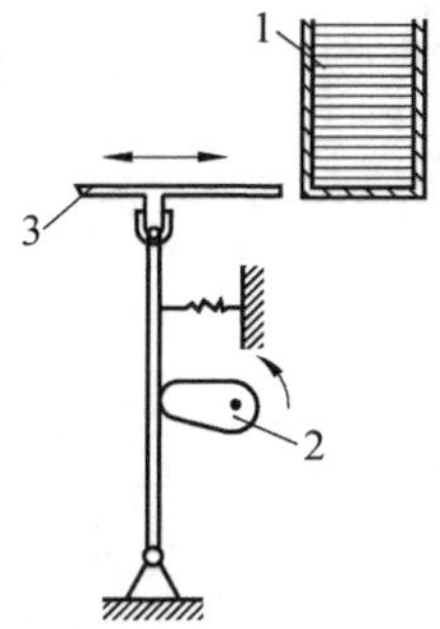

（a）装置示意图
1—料槽中的工件；2—推送凸轮；3—推杆

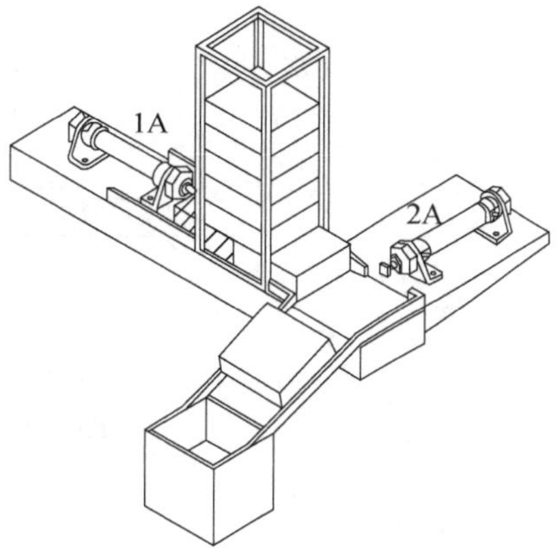

（b）生产实例

图 4.48 推板式供料装置及生产实例

4.4.2 摩擦轮式供料机构

通过摩擦轮与物品表面之间的縻擦力，将所需要的物品取出、分离、供送，适合于薄而软物品的供送。如图 4.49 所示是香皂包装机的供料机构，将一沓纸 5 装入料仓后，它会自动成扇形状，当橡胶滚轮 4 下降与纸片接触时，滚轮靠摩擦力将最上面一张纸片拉出送给滚轮 3，再由滚轮夹持住送到包装工位，接着推皂头 2 将香皂连同纸片压入回转工作台的香皂盒中，经过折角、折边、涂胶、烘干等工序，完成香皂的包装；其缺点是橡胶滚轮拉纸不稳定，有时会拉出数张纸。

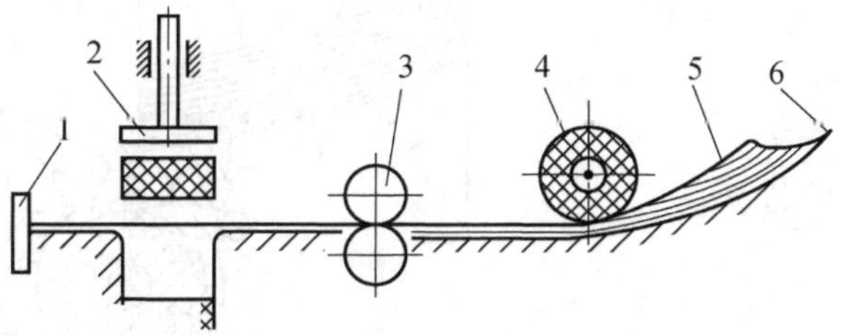

1—挡纸板；2—推皂头；3—滚轮；4—橡胶滚轮；5—纸；6—料仓

图 4.49 香皂包装机的供料机构

图 4.50 是香烟包装机的供料机构，将一沓纸装入料仓后，以纸片自重（或加重块）使下面的数张纸被针头 3 刺穿。在摩擦轮 2 与纸片接触时，纸片左端被抬高，以增加摩擦力，在摩擦轮与纸片间，摩擦力大于纸片与纸片之间的摩擦力以及拉破针头处的纸片所需要的阻力时，摩擦轮就将最下面的一张纸片拉出送给滚轮 5，再使纸片垂直后送到包装工位。此时烟包由推烟板 1 向左推进，经过折角、折边等，完成包装。其优点是可保证每次送出一张纸片，工作可靠，但针头拉破了纸片，影响美观，应用范围有限。

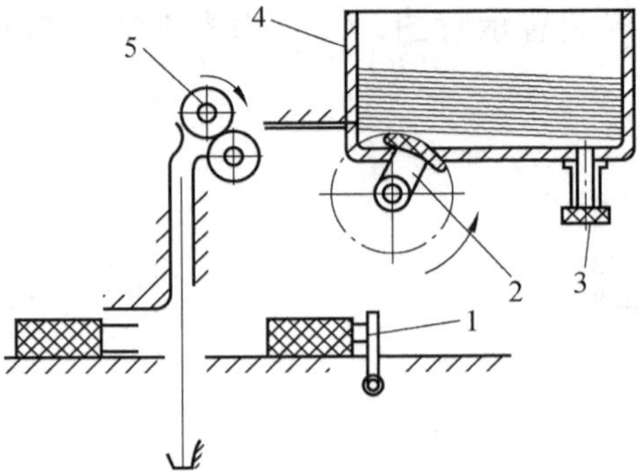

1—推烟板；2—摩擦轮；3—针头；4—料仓；5—滚轮

图 4.50 香烟包装机的供料机构

4.4.3 吸盘式供料机构

吸盘有气吸盘（如图 4.51 所示）和电磁吸盘（如图 4.52 所示），可用于各种板片类物品的供送，一般要求物品表面平整。如图 4.53 所示是香烟贴花机用的气吸式供料机构，纸张装入料仓后由托纸滚筒 6 托住，当固结在摆杆 5 前端的吸头 2 接触纸片后抽气，吸头就吸住最下面的一张纸片。然后摆杆逆时针摆动到图中虚线所示位置而将纸片拉出，此时正好对着滚轮 3 的缺口，纸片左端顺利到达图示位置，接着吸头断气，滚轮 3、4 配合将纸片送到加工工位。为使纸片供料过程顺利进行，摆杆和缺口滚轮的相对位置以及吸头启闭时间必须有严格的协调配合。这种送纸机构能保证纸片的完整性，但需要一套抽气装置。

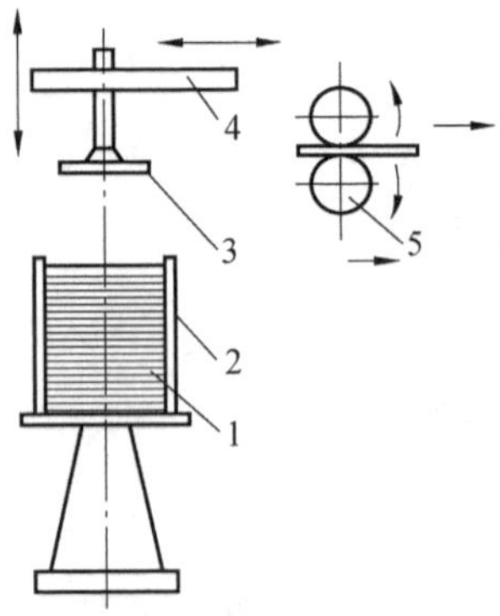

1—需要供应的物料；2—料槽；3—吸头；4—直线往返运动装置；5—旋转装置

图 4.51 橡皮吸头供料装置

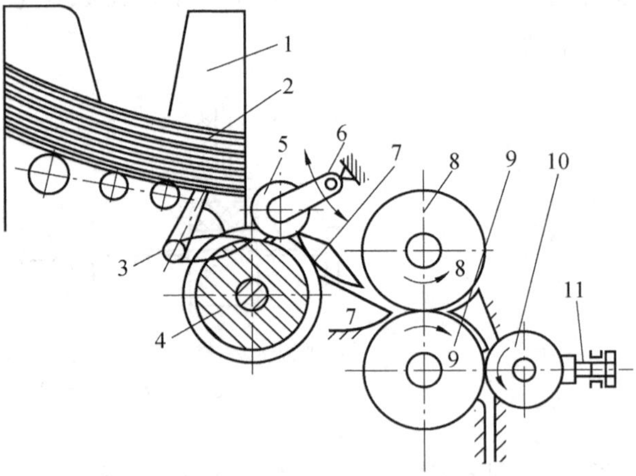

1—料仓；2—纸张；3—摩擦轮；4、5—滚轮副；6—滚轮支架；7—支撑装置；8、9—齿轮副；10、11—主动轮副

图 4.52 纸页片真空吸送装置

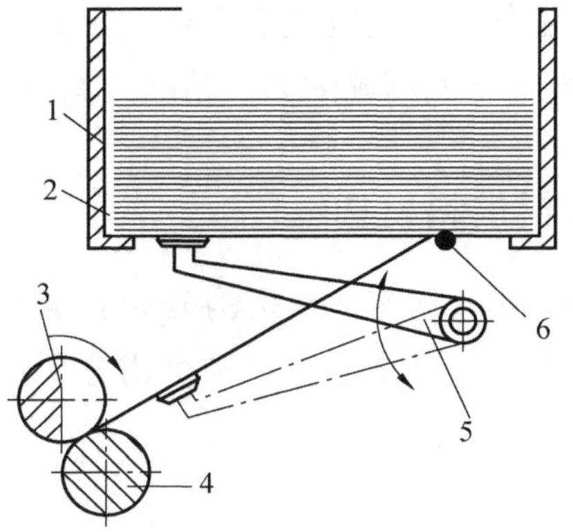

1—料仓；2—吸头；3—缺口滚轮；4—滚轮；5—摆杆；6—托纸滚筒

图 4.53　香烟贴花机的供料机构

4.4.4　胶黏式供料机构

胶黏式广泛用于纸类物品的供送，往往在供送中完成工艺加工（粘贴）。例如给瓶、罐贴标签，当瓶、罐移动到胶刷处时，胶刷将胶黏剂涂刷在瓶表面上，瓶子继续移动到标签料仓处时，瓶子涂有胶的一面接近纸张并粘住，取标签、分离、贴标签一次完成（如图 4.54 和图 4.55 所示）。

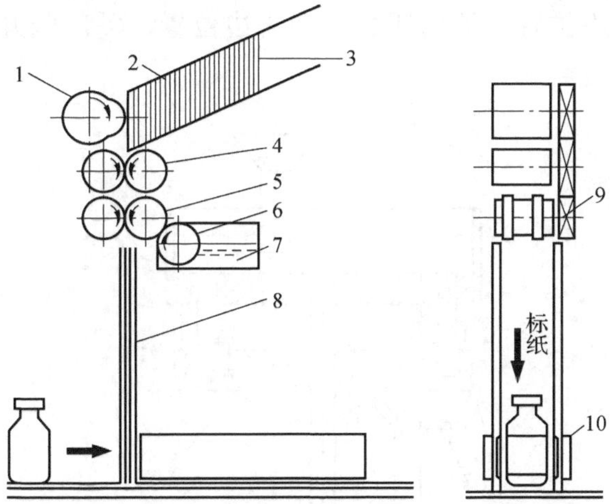

1—滚轮；2—料槽；3—标签；4、5—滚轮；6—涂胶水滚轮；7—胶水仓；8—通道；9—旋转装置；10—两侧挡板

图 4.54　龙门式玻璃容器贴标机示意图

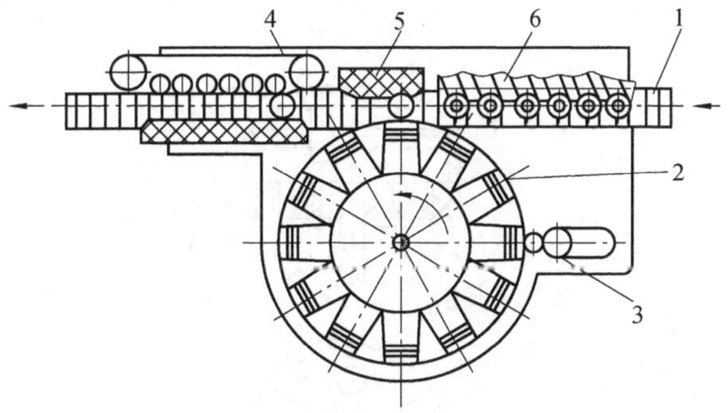

1—卷盘标签；2—导辊；3—打印装置；4—输送装置；5—裁切装置；6—真空转鼓；

图4.55　多标盒转鼓贴标机示意图

4.5　粉粒料供料机构

粉粒料供料主要问题是分离——定量。常用定量方法有两种：第一种是按体积定量法，即定容定量，其定量机构的结构较简单，调节方便，但定量精度不高，误差一般只能控制到2%~3%，适宜于小定量、微细粉体料供料后的再加工。第二种是重量定量法，误差可控制到

0.1%，但供料机构的结构比较复杂，一般适宜于视密度不稳定、易受潮结块的颗粒料的定量包装，对昂贵物料或加工工艺严格（如精确配方、精确用料量）的粉粒料应采用重量定量法。

4.5.1 定容定量的粉粒料供料机构

按定量物料的容腔的可调性可将定容定量机构分为固定容积定量机构和可调容积定量机构：按定容定量机构的结构特点，又可将定容定量机构分为量杯式、转鼓式、螺杆式及柱塞式定量机构。

（1）量杯式定量供料机构

如图 4.56 所示。转盘 6 上装有四个圆筒状容杯 7，用活门 3 封底口，护圈 8（固结有刮板 5）、有机玻璃罩 2、转盘组成容料室。工作时，料由料斗 1 落入容料室，转盘在转动中由刮板 5 将料拨入容杯并刮去溢出部分，装满料的容杯，随转盘转到卸料工位时，顶杆拨开活门底盖，粉粒料倒落，完成供料过程。

当需要调节定量时，可换装容杯，或者在原容杯中套容杯。图 4.57 所示为一种可调容杯式供料机构，上容杯 2 装在上转盘 1 上，下容杯 3 装在下转盘 4 上，当需要调节定量时，通过调节机构 6 使下转盘上下移动靠近或离开上转盘，使上下容杯重叠部分变化、从而改变其定量容积。活门 5 采用张开式打开，在图中左边位置，活门闭合；在右边位置，活门张开，容杯中的料通过漏斗落入容器内。

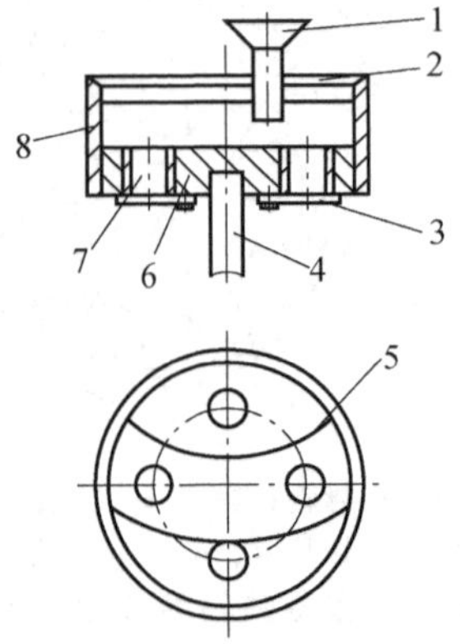

1—料斗；2—有机玻璃罩；3—活门；4—转轴；5—刮板；6—转盘；7—容杯；8—护圈

图 4.56 转盘容杯式供料机构

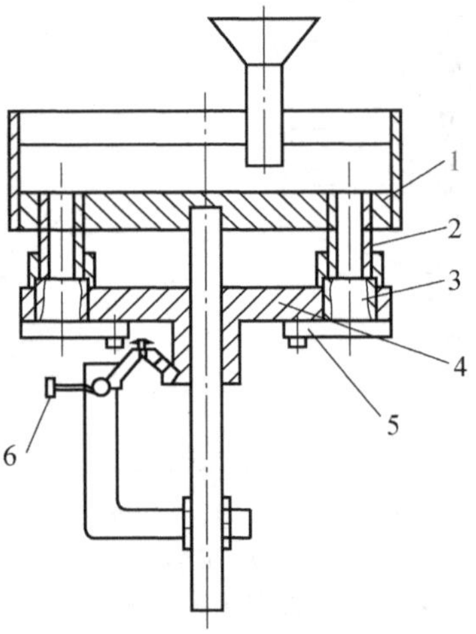

1—上转盘；2—上容杯；3—下容杯；4—下转盘；5—活门；6—调节机构

图 4.57 可调容杯式供料机构

量杯式供料机构的生产能力按下式计算：

$$Q=V\rho mn \tag{4.1}$$

式中：V 为定量杯容积，cm^3，对于可调容杯为其组合容积；

ρ 为物料视密度，kg/cm^3；

n 为转盘转速，r/min。一般为间歇转动；

m 为容杯数。

（2）转鼓式定量供料机构

转鼓式定量供料机构由鼓体和转鼓两部分组成，如图 4.58 所示，鼓体上有装料斗和落料斗，转鼓上开有容料槽，可在鼓体中转动，当容料槽口对准装料斗时，料斗中物料填充进容料槽，鼓继续转动，鼓体内壁刮去多余的物料；当鼓转动使容料槽口对准落料斗时，物料倒落入容器，完成供料过程。通过调节螺钉 3 可改变容料槽的容积。容料槽形状有圆柱、长直槽、圆锥、锥柱、凹弧等，其中圆锥、锥柱、凹弧等敞口型便于物料的填充和倒落。

图 4.59 为凹弧转鼓式供料机构，物料由料斗填入凹弧容料槽，随转鼓 1 转动，物料经引导管 3 落入袋中，两条塑料（或纸）带 2 由压边器 4 黏合，由牵引、切断器 5 封袋的上下口并切断。

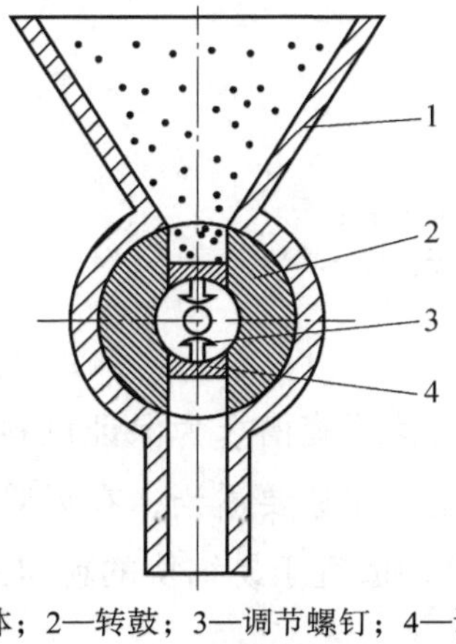

1—鼓体；2—转鼓；3—调节螺钉；4—调节片

图 4.58　转鼓式定量供料机构

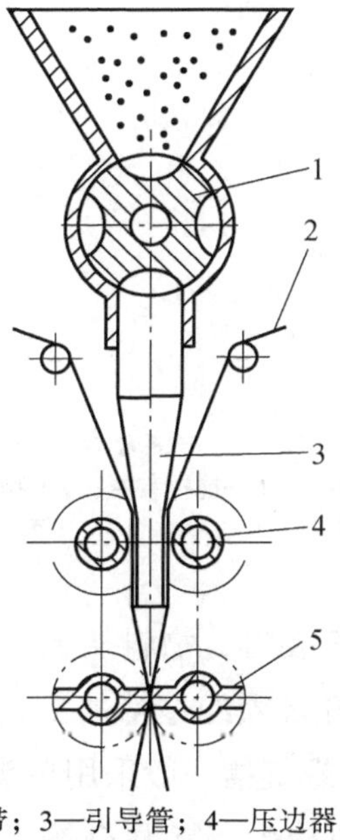

1—转鼓；2—塑料带；3—引导管；4—压边器；5—牵引、切断器

图 4.59　凹弧转鼓式供料机构

转鼓式供料机构的生产能力按下式计算：

$$Q=KV\rho nm \tag{4.2}$$

式中：*K* 为充满系数，一般 *K* 取 0.6~1；

V 为容料槽体积，cm^3；

ρ 为物料视密度，kg/cm^3；

n 为转鼓转速，r/min，一般为间歇转动；

m 为容料槽数。

（3）螺杆式定量供料机构

螺杆螺旋槽的每个螺距之间具有一定的理论体积，螺杆式定量供料机构就是利用螺旋槽的这一特性实现定量的。螺杆式供料机构如图 4.60 所示，螺杆 3 设置在料斗 2 导管中，由离合器 1 实现其与驱动装置的接合与脱开。当螺杆转动时，物料填充进入定截面螺旋槽中，随着螺杆的转动，物料不断填充、输送，最后由出料口落入容器中。只要控制螺杆的转数（时间），即可完成定量供料。螺杆 3 和搅拌器 4 可将结块物料破开。

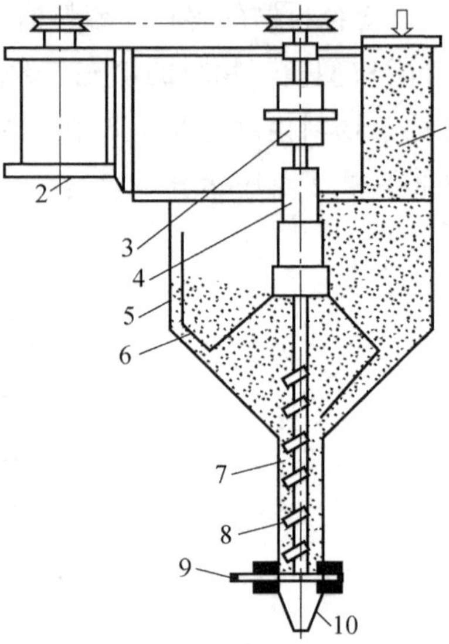

1—离合器；2—料斗；3—螺杆；4—搅拌器；5—电动机；
6—搅拌装置；7为物料；8—导向杆；9—直线往复塞子；10—端部

图 4.60　螺杆式定量供料机构

当螺杆垂直安装时，物料从上向下受螺杆推挤作用易于充满螺旋槽。为保证供料的准确度和稳定性，螺杆必须经过精加工，螺杆外径与导管内径间配合间隙要适当，在导管内的螺距数应大于 5 个。螺旋槽一般采用单头矩形截面。螺杆式供料机构适宜于易结块的粉料的供料。

螺杆式供料机构生产能力 Q 按下式计算：

$$\left.\begin{aligned} Q &= Gn \\ G &= V\rho n_0 \\ V &= stL/2 \\ L &= \pi D_t/\cos\alpha_t \end{aligned}\right\} \qquad (4.3)$$

式中：G 为螺杆一次供料量，kg；

n 为螺杆转速，r/min；

V 为每圈螺旋槽的容积，cm^3；

ρ 为物料视密度，kg/cm^3；

n_0 为供料一次螺杆的转数（或供料时间）；

s 为螺距，cm；

t 为槽深，cm；

L 为圈螺旋周长，cm；

D_t 为螺旋中径，cm；

α_t 为对应中径的螺旋升角。

（4）柱塞式定量供料机构

这种供料机构的主体是由缸体和柱塞组成，如图 4.61 所示。当柱塞 4 向左移动时，吸动活门 2 闭合，料斗 1 中的物料填充缸内；当柱塞 4 向右移动时，推动物料、打开活门使料由出料斗 3 落入容器中。柱塞式定量供料机构适宜于流动性较差的物料，结构也比较简单，但定量准确度较低。

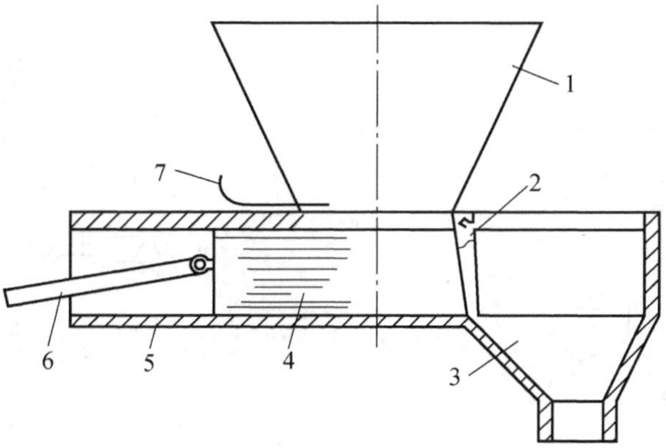

1—料斗；2—活门；3—出料斗；4—柱塞；5—缸体；6—连杆；7—进料活门

图 4.61　柱塞式定量供料机构

柱塞式供料机构的生产能力按下式计算：

$$Q=KFsn\rho \qquad (4.4)$$

式中：K 为充满系数，一般 K 取 0.8~1；

F 为柱塞面积，cm^3；

s 为柱塞行程，cm^3；

n 为柱塞往复次数；

ρ 为物料视密度，kg/cm^3。

除了上述几种按体积定量的粉粒料供料机构外，还有插管式、滑板式、可移动料斗式、输送带式等。输送带式是一种连续式供料机构，往往和其他供料机构配合使用。

4.5.2　按重量定量的粉粒料供料机构

按重量定量的供料机构是利用秤对物料秤取其质量值而实现定量的方法。即在按体积定量的供料机构基础上，增设称量装置，如天平秤、电子皮带秤等。

称重定量法按工作原理的不同可分为两类：一类是基于杠杆力矩平衡原理的间歇式称量

法，另一类是基于瞬时物流闭环控制原理的连续称量等分截取计量法。

（1）间歇式称量法供料机构

图 4.62 为天平秤供料机构原理示意图。料斗 1 中的物料经电磁振动供料器 2 加到秤盘 3 中，当达到所需重量时，天平秤一端的触点开关 6 断开，使电磁振动供料器停止上料，而秤盘中已计量的物料则经漏斗 4 倒入容器中，完成供料过程。改变砝码 5 的位置即可调节定量值。

图 4.63 为制袋、充填包装机用的天平秤和容积式定量组合供料机构。料斗 1 中的物料先加到称量斗 2 中，用天平秤 3 称重，达量后由电磁阀 4 发出信号，停止给料斗 1 中加料。在天平秤下面是一个由分离盘 5 和格子盘 6 组成的转盘，当其匀速转动时，称量斗 2 中的物料等份地落入各个格子中（相当于定量容杯），再由分料斗 7 装入塑料袋中。

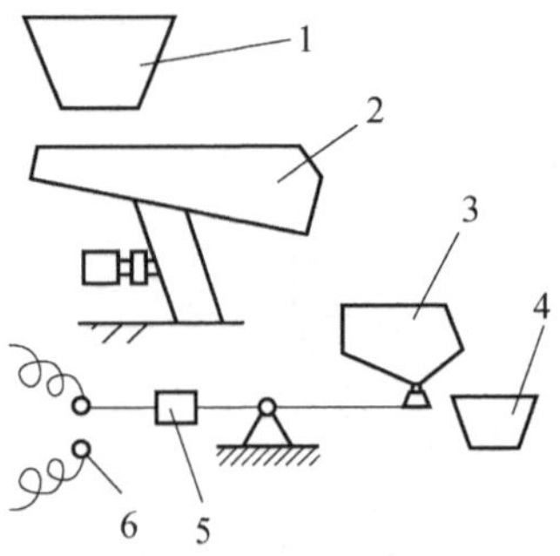

1—料斗；2—供料器；3—秤盘；
4—漏斗；5—砝码；6—开关

图 4.62　天平秤供料机构原理示意图

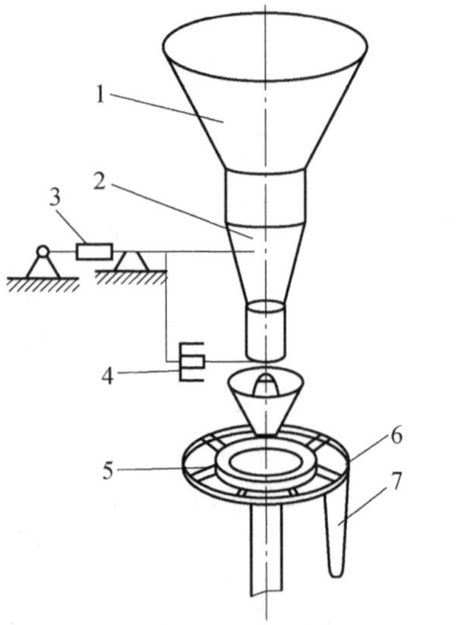

1—料斗；2—称量斗；3—天平秤；4—电磁阀
5—分离盘；6—格子盘；7—分料斗

图 4.63　组合供料机构

（2）连续式称量法供料机构

如图 4.64 所示，物料由料斗落在输送带上形成连续的物料流，检测装置感测到输送带上物料重量变化后，通过差动变压器将重量变化转换成电信号，信号经检波、对比校正、放大等综合处理后，控制可逆电动机来调节闸门的开合度，从而控制输送带上物料层厚度，以保证物料以恒定重量被输送。物料从输送带上落下时，被匀速转动的等分格圆盘截取相等重量的物料，经圆盘分格，通过落料斗装入容器中，完成供料过程。只要调配好输送带的速度与等分格圆盘的转速，即可达到所需要的定量。

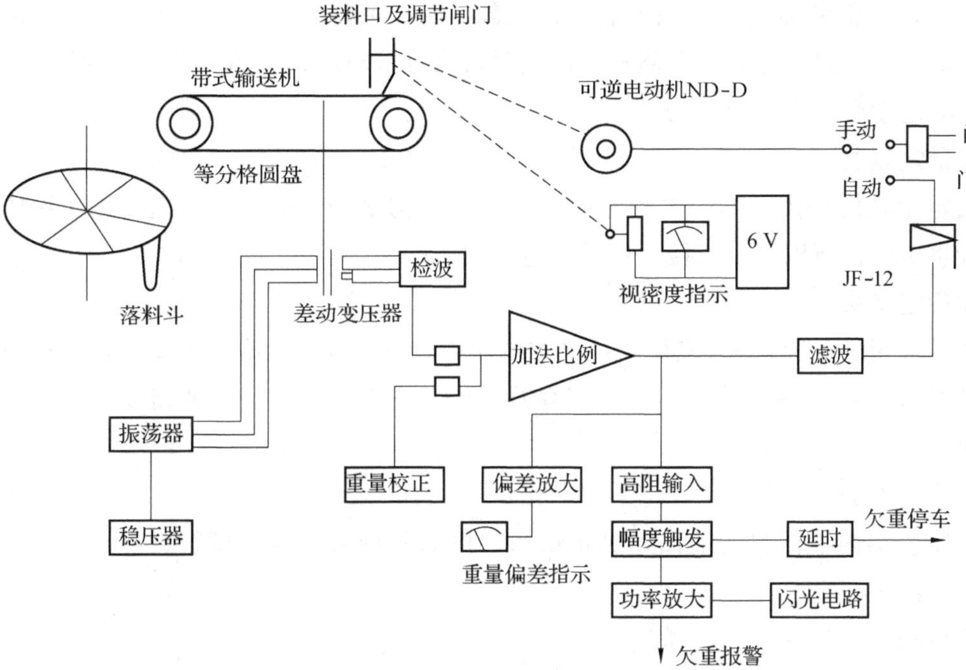

图 4.64　电子输送带秤供料原理

除上述按重量定量的供料机构外，还有振动供料双杠杆自动秤、输送带杠杆组合秤、螺旋供料电子秤等。

粉粒料可按流量来定量，如可使物料从定截面的料口流出，根据流速和活门开闭时间（供料时间）就可确定供料量，但物料的视密度、流量、流速等必须稳定。

4.6　液体物料供料机构

液体料是液态物料的统称。呈液态的物料很多，一般把黏度在 1 Pa · s 以下的液体料称为低黏度液体料，例如酒类、饮料、各种化学溶液、牛奶等。把黏度在 1 Pa · s 以上的液体称为黏稠性液体料，例如冷霜、牙膏、鞋油、糨糊等。有一些液体的黏度受温度影响较大，温度高时黏度下降成为低黏度液体，温度低时黏度增高成为黏稠性液体，可以称之为半液体，例如食用油、果酱等。还有些液体中含有少许固体微粒，例如果汁。液体料供料一般是将其作为产品装入容器中（包装），所以供料就是最后操作。

液体料的特点为：① 流动性比较好。低黏度液体流动性好，一般靠自重力就可以一定流速流动。黏稠性液体流动性相对比较差些，要在一定外力作用下才能达到一定流速。② 有体积无形体。

这两个显著特点决定了供料的基本形式就是使其沿料道自流，可以料后加压或料前减压，不存在定向问题。但液体料是容积（盛）在一起，所以关键问题是分离出一定量。液体料有一定的黏附能力，所以料道要尽可能短，使出料口靠近接料口，以减少定量后的损失。

液体料的定量有下列几种方法。

（1）重量定量法

该方法定量精度较高。但需要称重装置，因而结构复杂、成本高、速度慢。液体料一般以体积为计量单位，所以很少直接采用重量定量法。

（2）体积定量法

是液体料常用的定量方法：其供料机构结构简单、速度较高，但准确性受各种因素（如气泡）影响而有所差异。一般是设计一个定容积容器，用它从大容器中舀出所需要的量，分离和定量一次完成。

（3）液位定量法

通过控制容器内液体料的液面达到定量目的例如各种有刻度的试管、容器等，是液体料常用的定量方法之一。

（4）流量法

在液体料流量一定时，通过控制灌装时间达到定量目的。供料速度比较高，但准确度低，一般适合于低黏度液体料的供料。

液体供料机构的基本工艺操作是：定量地分离出来所需要量的液体料，再将其灌入瓶、罐、袋等容器内。供料机构往往同时完成定量→分离→灌装三个动作，所以液体料供料机构也称为灌装机构、灌装阀等。

4.6.1 常压灌装机构

图 4.65 所示为旋塞式灌装机构。它由计量筒 1、细管 2、储液罐 3、液管 4、旋塞 5 等组成。在图 4.65（a）中，三通旋塞 5 接通储液罐和计量筒，储液罐内的液体料因压力差经液管 4 流入计量筒，计量筒中的空气因受液体料的排挤由细管 2 排出（与进入液体等体积）。当计量筒中的液体升高使液面遮住细管下端口时，筒内空气通路被隔断，液体沿细管继续上升而筒内液面变化甚微，直到细管内液面与储液罐液面持平，液体流动停止，定量结束。而后旋塞转动 90°，堵住进液管口，接通计量筒和灌装口 6，如图 4.65（b）所示，筒内液体料就灌入容器中，分离、灌装同时完成。

计量筒内液位高度通过细管在筒内的插入深度来改变。将细管往下插，液位降低，如图 4.65（c）所示，反之液位升高，依此实现定量。灌装的液体量可根据计量筒内液位高度来计算，误差大小取决于细管和旋塞内液体的量。定时靠旋塞驱动机构来控制，灌装时间取决于液体料的流动速度。

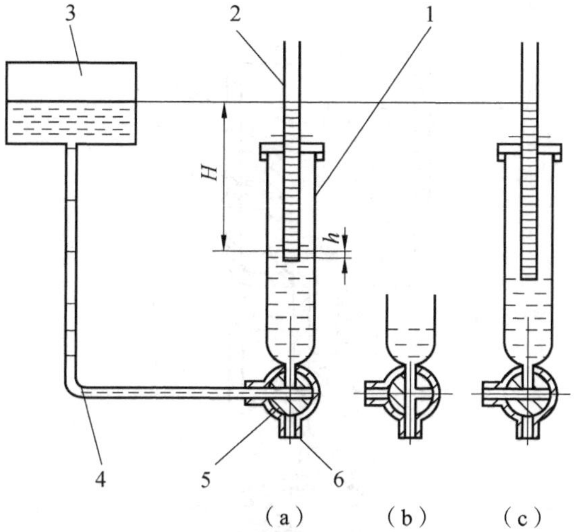

1—计量筒；2—细管；3—储液罐；4—液管；5—旋塞；6—灌装口

图 4.65 旋塞式灌装机构

图 4.66 所示的灌装机构由排气管 1、弹簧 2、套筒 3、橡皮环（拢瓶罩、定心锥、瓶口座）4、碟阀 5 等组成。在图 4.66（a）中，套筒和橡皮环受弹簧作用使碟阀堵住套筒的灌装口；在图 4.66（b）中，瓶托机构使瓶子升起，瓶口压紧橡皮环同套筒一起上升，碟阀与灌装口脱开，储液罐内液体料流入瓶中，而瓶内空气由排气管排出，当瓶内液体升高遮住排气口 6 时，瓶内残留空气被灌入的液体略微压缩，液面高出排气口少许，液体流动停止，灌装结束。改变排气管高低位置（即在瓶中插入深度），瓶内液位就变化，从而实现定量，其定量精度取决于容器有效容积精度，但能保证容器内的液面，高度一致。定时靠碟阀开、闭时间，即瓶托机构来控制，该时间应大于碟阀打开后液体料流够所需量的用时。

1—排气管；2—弹簧；3—套筒；4—橡皮环；5—碟阀；6—排气口；7—贮液罐

图 4.66 灌装机构

在图 4.67 所示为滑阀式灌装机构。定量杯 2 和滑阀 5 固结，储液罐 1 和套筒 3 固结，灌装管 4 插在套筒中。在图示位置，定量杯和滑阀处于最低点，储液罐中液体料注满定量杯。当瓶口对准灌装管出口时，凸轮 7 使滑阀升起，定量杯高出储液罐液面，完成定量分离。与此同时，滑阀中空侧口对准灌装管进口，定量杯内液体料流入瓶中，完成灌装。定量杯容积即灌装液体料量。

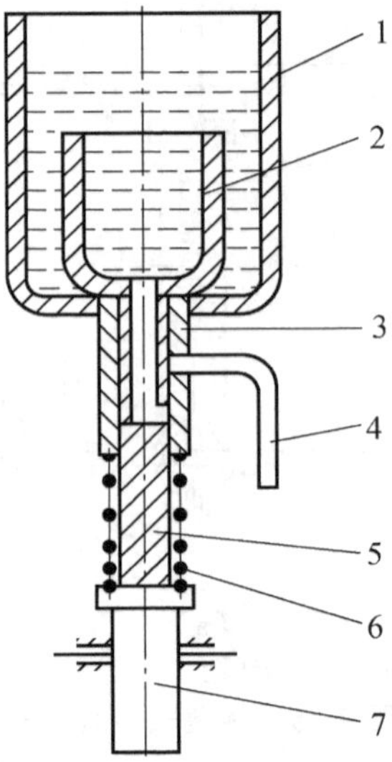

1—储液罐；2—定量杯；3—套筒；4—罐装管；5—滑阀；6—弹簧；7—凸轮

图 4.67　滑阀式灌装机构

如图 4.68 所示为截止阀式灌装机构。当定心锥 10 下无瓶时，在外弹簧 9 作用下，通过拉杆 4 使横梁 3 下降，横梁压下套杆 2、截止阀 5，又通过内弹簧 6 使心杆 1 下端的凸锥 7 关闭锥阀。这时，贮液箱中的液体料通过阀座与套杆 2 之间的环缝隙注入阀腔。当瓶子顶起定心锥时，横梁升起，通过定位箍使心杆上升打开锥阀，阀腔中的液体料就可灌入瓶中，灌装量取决于截止阀及锥阀开闭时间。

以上几种灌装机构都是通过阀的开、闭，靠液体料自重力自流完成灌装，所以也称为常压（重力）灌装法，适应各种低黏度普通液体料（如白酒、牛奶、酱油）的灌装。

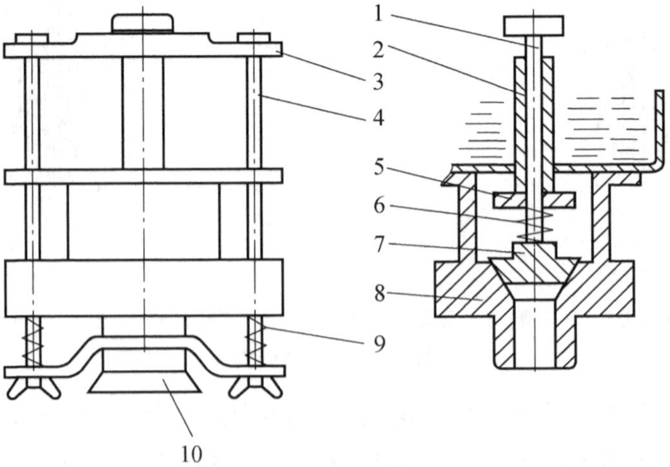

1—心杆；2—套杆；3—横梁；4—拉杆；5—截止阀；6—内弹簧；7—凸锥；8—阀座；9—外弹簧；10—定心锥

图 4.68　截止阀式灌装机构

4.6.2　等压灌装机构

有些物化性质特殊的液体料不适宜采用上述的常压灌装法。例如，对于含有气体的汽水、啤酒、香槟酒等，为减少二氧化碳的损失和防止灌装时产生过量气泡而影响定量，可采用使瓶内与储液罐中保持相等压力的等压（正压或负压）灌装法。在常压灌装机构的基础上增加加压装置，就可以完成等压灌装。

如图 4.69 所示。储液罐液面以上空腔加有一定压力，当瓶口贴紧拢瓶罩后，先打开充气阀，通过插在灌装阀中的气管 4 使储液罐与瓶内压力相等，然后打开灌装阀进行灌装。瓶内气体又被挤排入储液罐中，当瓶内液面上升遮住气管口时，灌装基本结束。泄压口 5 用于瓶子在脱离拢瓶罩前，排除瓶子上部被压缩的气体，以防脱离后瓶中液体喷出。等压灌装法为料后加压灌装，缺点是瓶中气体被压回到储液罐中而造成液体料的氧化和污染。

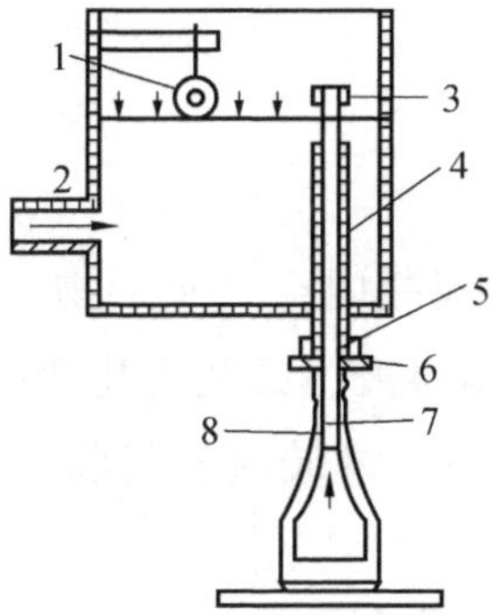

1—浮子；2—供液口；3—密封关；4—灌装阀的气管；5—泄压口；6—充气阀；7—排气口；8—灌装液位

图 4.69　等压灌装机构

4.6.3　真空灌装机构

对于含维生素较高的蔬菜汁、果子汁等，为减少瓶中的含氧量（防氧化），可采用负压（真空）灌装法；对于有毒易挥发类液体（如农药），为防止泄漏污染环境，也应采用真空灌装法。在常压灌装机构的基础上增加减压装置，就可以完成真空灌装。

图 4.70 为真空灌装机构。真空泵 3 通过真空管 6 在储液罐 2 上部建立真空区，当瓶口贴紧拢瓶罩后，通过气管 5 使瓶内亦保持一定真空度，然后打开灌装阀 4 进行灌装，当瓶内液面上升遮住气管口时，灌装基本结束。真空灌装法为料前减压灌装，当瓶中气体及杂物被抽进储液罐中会造成液体料的污染，但含氧量大大降低，液体料保质期长。若瓶子有破损，则因漏气而不能灌装，可防止产生灌装废品。

图 4.71 为真空室和储液罐分开的双室真空灌装机构。当瓶口贴紧拢瓶罩后，真空泵通过气管 2 使瓶内成真空。当打开灌装阀后，储液罐 7 中的液体料通过吸管 6 被吸进瓶中完成灌装。瓶中气体及杂物不接触储液罐中的液体料，因此基本无污染，卫生性好。

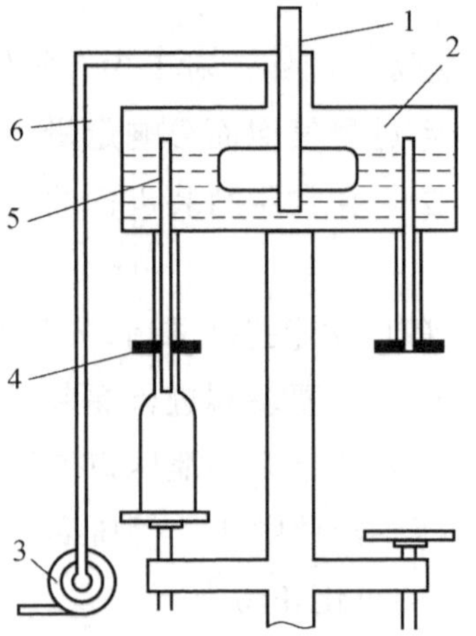

1—进液管；2—储液罐；3—真空泵；
4—灌装阀；5—气管，6—真空管

图 4.70 真空灌装机构

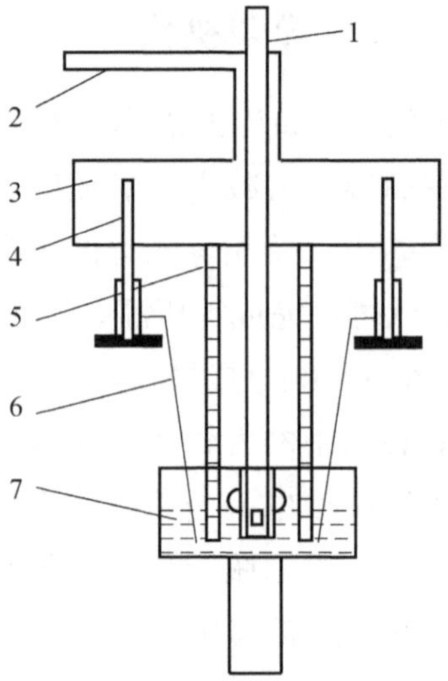

1—进液管；2—气管；3—真空室；
4—气管；5—回液管；6—吸管；7—储液罐

图4.71 双室真空灌装机构

有些灌装机构先对瓶抽真空（排掉瓶内空气及杂物），再给瓶中通入有益气体（如二氧化碳），以实现等压灌装，可以防止液体料被污染及氧化变质。

等压灌装法的料后加压的压力和真空灌装法的料前减压的真空度一般都比较低。

4.6.4 压力灌装机构

压力泵及定量泵灌装时的压力或真空度一般比较高，目的是加快液体料流速以改变其流动性，适宜于黏稠液体料的灌装。泵的形式比较多，如齿轮泵、叶片泵、活塞泵、螺杆泵等。

图 4.72 所示为一种压力泵灌装机构。当瓶口贴紧拢瓶罩 6 打开灌装阀后，由液料泵 5 将储液罐 4 中的液体料泵进瓶中，瓶中空气可由溢流管 3 排除，当瓶灌满时，溢流管可溢出液体料，当储液罐中液面下降后，通过浮子打开供料阀 2，供料槽 1 中的液体料可补入储液罐。定量是通过控制定流量液料泵的灌装时间实现的（流量法定量）。

图 4.73 为活塞式定量泵灌装机构。锥头 2 与活塞杆 6 固结，活塞体 3 和锥头构成锥阀，活塞架 4 为四片花瓣式结构（如图中 *A*–*A* 剖视），活塞杆可在其中滑动。当活塞杆上移而杆上定位套 5 未触及活塞架时，锥头脱离活塞体，这时缸体 1 上腔（接料箱）中的液体料流入活塞架，并进入缸下腔；当定位套触及活塞架时，活塞架、活塞体以及活塞杆和锥头一起上移，液体料不断流入缸下腔；当活塞杆下移时，锥头先触及活塞体关闭锥阀，完成液体料的分离，随后活塞架、活塞体以及活塞杆和锥头一起下移，挤压缸下腔中的液体料，经料管 7、灌装头注入容器中，完成一次灌装。定量是通过控制活塞杆的行程来实现的，定位套在杆上的位置决定锥阀的开启程度，从而影响液体料的流动性、流速及供料量。这种定量泵适宜于冷霜类黏稠液体料的灌装。

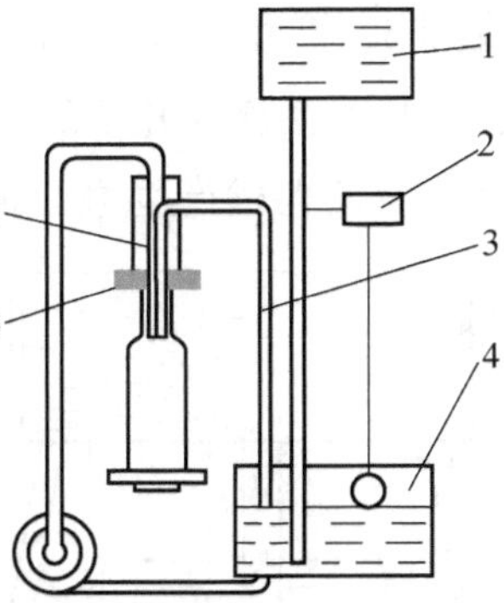

1—供料槽；2—供料阀；3—溢流管；
4—储液罐；5—液料泵；6—拢瓶罩；7—阀体

图 4.72　压力泵灌装机构

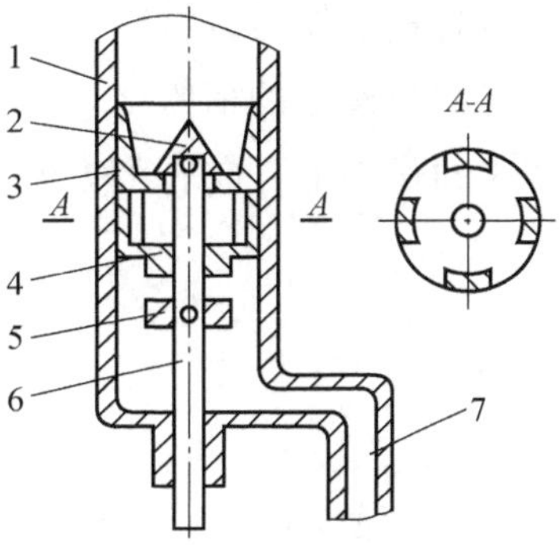

1—缸体；2—锥头；3—活塞体；4—活塞架；
5—定位套；6—活塞杆；7—料管

图 4.73　活塞式定量泵灌装机构

4.7　电磁振动供料机构

电磁振动供料机是由电磁激振器驱动的一种振动机械，它是一种高效的供料装置。它的结构简单，能量消耗小，工作可靠平稳，工件间相互摩擦力小，不易损伤物料，改换品种方便，供料速度容易调节。它的用途很广，例如，用来向带式运输机、斗式提升机给料以及为工业窑炉定量配料等。在轻工业机械中电磁振动机也有广泛的应用，例如在糖果包装、钟表元件加工、铅笔橡皮头装配等生产环节中均有应用。

4.7.1　振动供料机构的分类和组成

目前，轻工业生产中应用的振动供料机构主要有直线料槽往复式和螺旋料槽扭动式，分别如图 4.74（a）和图 4.74（b）所示。前者料槽做往复直线运动，适合于不需定向排队的轻小物料的供送，或用于对物料进行清洗、筛选、烘干、加热或冷却的操作机；后者简称振动料斗，带有螺旋槽的圆形料斗做扭转振动，适合于不需定向排队的单件物品的供送。

如果从激振方式来区分，振动供料机构可分为电磁激振式、机械激振式和气动激振式等。其中电磁激振式应用较为广泛。

振动供料机构一般由 3 个主要部分组成（见图 4.74）：

（1）槽体部分：包括料槽或料斗 1、衔铁 2、主振弹簧 3。

（2）电磁激振器部分：包括激振器壳体 4、铁心及线圈 5、配重等。

（3）减振器部分：包括芯座支撑弹簧或悬挂弹簧 6。

4.7.2　电磁振动供料装置的工作原理

如图 4.74（b）所示，物料放在由主振弹簧 3 支撑的料槽 1 上，衔铁 2 与主振弹簧连成一体。

电磁振动供料装置工作时，将交流电经半波整流后，接通线圈 5，产生频率 50 Hz 的脉冲电磁力，吸引固定在料槽上的衔铁 2，使料槽向左下方运动。电磁力迅速减少并趋近于零时，料槽在主振弹簧 3 的作用下，向右上方做复位运动，如此周而复始便使料槽产生微小的振动。

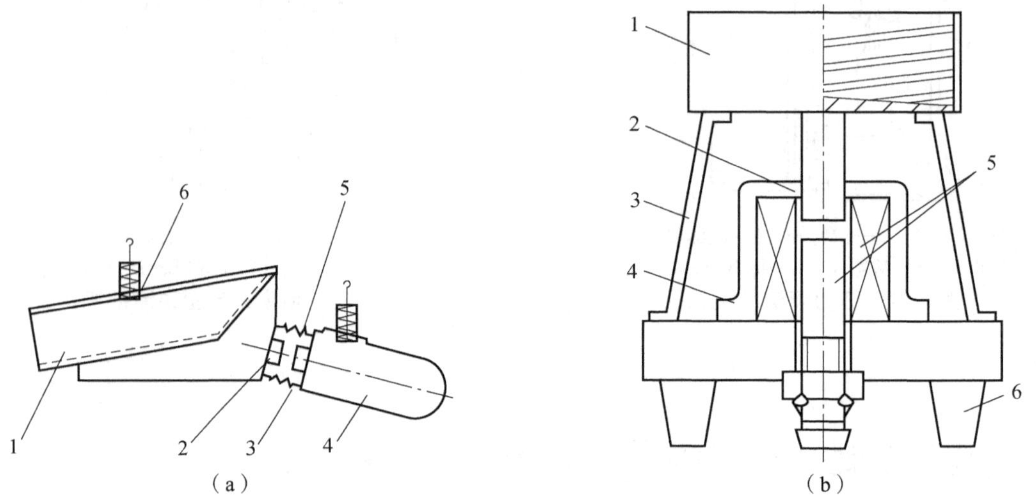

1—料槽；2—衔铁；3—主振弹簧；4—激振器壳体；5—线圈；6—弹簧

图 4.74　电磁振动给料机

为了分析物料运动情况，可以把物料在槽式电磁振动供料装置上的运动，看成是在斜面上的运动（如图 4.75 所示）。物料在槽体工作面上的基本运动形式有 4 种：

（1）相对静止物料随工作面一起运动。

（2）正向滑动物料与工作面保持接触，同时沿输送方向对工作面有相对运动。

（3）反向滑动物料与工作面保持接触，同时逆输送方向对工作面有相对运动。

（4）抛掷运动物料在工作面上被轻微抛起，腾空沿工作面向前做抛物线运动。

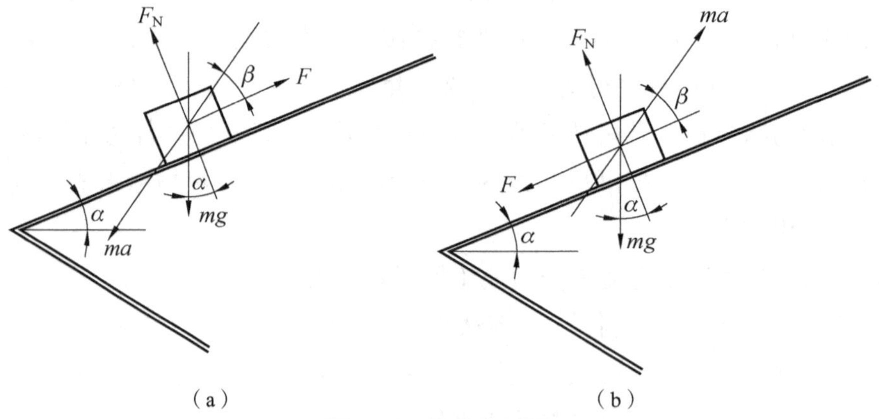

图 4.75　运动分析图

当电磁铁吸力为零时，料槽将在弹簧反力作用下，带动物料以加速度 a 向上方升移，物料受到的惯性力为 ma，受力图如图 4.75（a）所示。F_N 为正压力，F 为摩擦力。设料槽与水

平方向的夹角为 α，升移方向与料槽方向的夹角为 β，可列出力的平衡方程如下：

$$\begin{aligned} F_N &= mg\cos\alpha + ma\sin\beta \\ F &= mg\sin\alpha + ma\cos\beta \end{aligned} \tag{4.5}$$

当电磁铁存在吸力时，料槽在吸力作用下，带着物料以加速度 a 向下方运动，物料受到的惯性力为 ma，受力图如图 4.75（b）所示。F_N 为正压力，F 为摩擦力。力平衡方程为：

$$\begin{aligned} F_N &= mg\cos\alpha - ma\sin\beta \\ F &= ma\cos\beta - mg\sin\alpha \end{aligned} \tag{4.6}$$

现就物料在槽体工作面上的基本运动形式讨论如下：

（1）物料在工作面上被抛起的条件

在式（4.6）中令 $F_N=0$，即：$mg\cos\alpha=ma\sin\beta$

亦即
$$a = \frac{\cos\alpha}{\sin\beta}g \tag{4.7}$$

故当 $a \geqslant \dfrac{\cos\alpha}{\sin\beta}g$ 时，物料可腾空。

（2）物料在工作面上可克服摩擦力正向滑动条件

在式（4.6）中，$F \leqslant ma\cos\beta - mg\sin\alpha$

设摩擦系数为 μ，则 $\mu(mg\cos\alpha - ma\sin\beta) \leqslant ma\cos\beta - mg\sin\alpha$

整理得
$$a \geqslant \frac{\mu\cos\alpha + \sin\alpha}{\cos\beta + \mu\sin\beta}g \tag{4.8}$$

（3）当电磁铁吸力为零，料槽向上运动而物料不向下反向滑动的条件

在式（4.5）中，$F \geqslant ma\cos\beta + mg\sin\alpha$

即 $\mu(mg\cos\alpha + ma\sin\beta) \geqslant ma\cos\beta + mg\sin\alpha$

整理得
$$a \leqslant \frac{\mu\cos\alpha - \sin\alpha}{\cos\beta - \mu\sin\beta}g \tag{4.9}$$

为使物料在料道上达到最佳运动状态，加速度应在下式范围：

$$\frac{\mu\cos\alpha + \sin\alpha}{\cos\beta + \mu\sin\beta}g \leqslant a \leqslant \frac{\mu\cos\alpha - \sin\alpha}{\cos\beta - \mu\sin\beta}g \tag{4.10}$$

调整板弹簧的频率、振幅可满足上述加速度要求，达到连续滑移送料的目的。

4.7.3　电磁振动供料装置的主要参数与设计计算

4.7.3.1　主要参数

（1）振动频率

由振动学理论可知，料槽振动频率也是系统受到的激振频率。为了减少重大供料装置的质量和结构尺寸，使振动系统具有较大的固有频率，常选取较低的激振频率，且使振动系统在近低共振状态下工作。电磁激振系统中，常用的激振频率为：f_j=50 Hz 和 f_j=100 Hz。

（2）固有频率

为使振动系统在近低共振状态下工作，应使激振角频率 ω_j 与固有频率 ω_o 之比满足近低共振式，即 $\lambda=\omega_j/\omega_o\approx1$。一般根据选定的振动频率 λ 值来确定系统的固有频率。常取 λ 为 0.8~0.95，则系统的固有频率为 $\omega_o=2\pi f/\lambda$，单位是 rad/s。

（3）振幅

振动体的振幅 A 较大时，可提高供料速度，但动载荷较大，运动不平稳。常据经验选取振幅，且使振幅大小由结构上保证可调，以控制给料速度。电磁振动供料装置的振动体的振幅可在 0.5~1.5 mm 范围内选取。

（4）料槽升角 α

α 角由料斗升程及中径大小确定，料槽升角 α 的大小影响上料速度。α 角太大会降低上料速度，甚至无法上料。α 角小些，则上料速度提高，但升程减小。一般取 α 为 1°~3°。

（5）振动升角 β

一般来说，振动升角 β 由弹簧的安装角及料槽的升角确定。β 角大小直接影响着作用在物料上的惯性力在垂直和水平两个方向上分量的比例。因此 β 角的选取应保证在其他条件相同的情况下，使物料沿料槽前进的速度为最大。一般当激振频率 f_j=100 Hz 时，β 为 10°~16°；当 f_j=50 Hz 时，β 为 20°~25°。

4.7.3.2 **设计计算**

（1）输送物料的平均速度

由上述分析可知，物料的运动情况较复杂，其运动速度随时变化。输送物料的平均速度与所送物料的物理特性、振动频率、振幅及振动升角等有关。可用下式近似计算：

$$v_p=\eta_v g n_p^2\cos(\alpha+\beta)/(2f\sin\beta)(\mathrm{m/s}) \tag{4.11}$$

式中：η_v 为速度修正系数，η_v 一般取 0.6~1.0，粗略计算时，取 η_v=0.8；

η_p 为跳跃系数，即物料的腾空时间与料槽振动周期之比，η_p 一般取 0.7~0.9。

（2）振动系统中质量的设计计算

电磁振动供料装置可简化为图 4.76 所示的双自由度双质点强迫振动系统，m_1 为有效质量，包括料槽、衔铁、连接件及槽内被送物料的质量。m_2 为平衡质量，包括激振电磁铁的铁心、线圈、底座等的质量。k_1 为主振弹簧的刚度，k_2 为减振弹簧的刚度。通常取 m_2 ：m_1=（2~4）：1。如果 k_2 较大，振动系统可进一步简化为图 4.77 所示的单自由度单质点振动系统。其中的 m 为折算质量，k 为折算弹簧刚度。

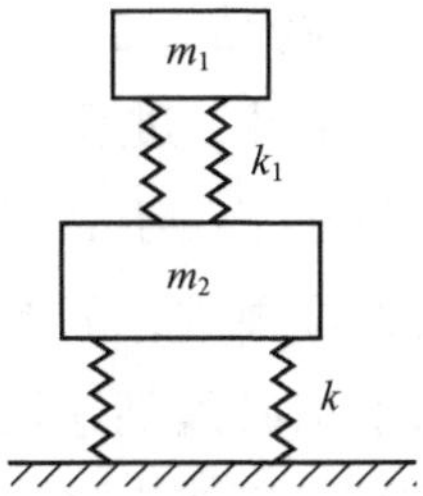

图 4.76　双自由度双质点强迫振动系统模型

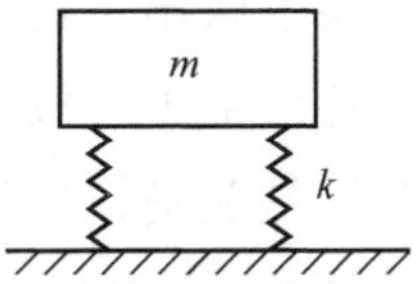

图 4.77　单自由度单质点振动系统模型

为使结构简单，易于起振，所需激振力及功耗小，应尽可能使 m_1 较小。m_1 的具体数值由实际结构情况而定。

（3）主振弹簧刚度计算

电磁振动供料装置的主振弹簧一般由若干板弹簧组分布于振动体下方组合而成。各板弹簧组刚度进行适当的折算而构成主振弹簧刚度低的值。由振动学理论可知，主振弹簧刚度 k_1 与系统的折算质量 m 及系统固有频率 ω_0 之间有以下关系：

$$k_1 = \omega_0^2 m \ (\mathrm{N/m}) \tag{4.12}$$

一般由式（4.12）确定 k_1 值，然后由此值设计板弹簧组的组数及各组的刚度值，进而选定板弹簧的结构形式。

（4）基座和减振器

振动料斗如果直接安装在主机上，则由于振动惯性力的传递，将影响主机及其他机械设备的正常工作。可采取以下方法减振：① 将电磁振动供料器安装在质量较大的刚性底座上，底座以使用具有较好吸振性能的铸铁等材料为好。② 通过隔振橡胶或软弹簧与底座相连。

使用软弹簧进行隔振，即将振动系统支承在隔振弹簧 m_2 上（如图 4.76 所示），再通过隔振弹簧与机座相连接。只要隔振弹簧的质量 m_2 和其刚度 k_2 选择合适，就可以使传递到机座上的惯性力减小到直接连接时的千分之几。例如，当 k_1/k_2=0.1，m_1/m_2=0.2 时，传递到基座的力只有直接连接的 0.36%，但由于整体弹簧刚度降低，这时振动供料器的固有频率降低 9.5%，振幅降低 28%。理论和实验结果认为，隔振装置选用下列参数为宜：k_1/k_2 为 0.1~0.2，m_1/m_2 为 0.2。

4.8　送料机械手及机器人

4.8.1　概述

随着自动机、自动生产线的高速高度自动化，对供料机构的生产率、供料准确性等提出了更高的要求，同时也要求供料机构更加灵活、柔性化，以适用供送不同的物品，这使得供送料机械手及机器人在自动机、自动生产线上得到愈来愈广泛的应用。供送料机械手可看作是一种无料槽、滑道的供送料机构。它在一个位置（料槽）抓取物品（工件），然后将其搬运到另一个位置。在自动机、自动生产线中，物品供送（上料、卸料）过程中的基本动作是：上料时，先从料槽中取出工件，带着工件到指定工位，将工件放在工位上，返回；卸料时则从工位上取下工件，带走、放到料箱中。上料时一般有位置及方位要求，而卸料时一般无严格要求，所以上料是关键，要完成上述动作，供送料机械手的手爪必须到达两点（取料点→料槽；放料点→加工工位），这可通过机械手的立柱和手臂来实现；手爪必须做两个动作（抓取料和放下料），这可通过机械手的手爪闭合、张开来实现；方位要求一般通过机械手的手腕来满足。供送料机械手满足供送料要求的运动轨迹应该是：直线下降（对正料槽）→直线升起（取出工件）→平面圆弧摆动（最合理，亦可用其他）→直线下降（对正工位）。所以，供送料机械手广泛采用圆柱坐标。

供送料机械手（图 4.78）是一种专用的工业机械手，其执行程序一般是固化好的或只能进行简单编程，所以机械手的动作是固定的，一种机械手只能供送一种或有限的几种物品，程序控制系统相对比较简单。机器人的机械系统和机械手相差无几，但机器人可根据需要，编制不同的执行程序，就能完成各式各样的动作，供送不同的物品，适用范围更广，但控制系统复杂。

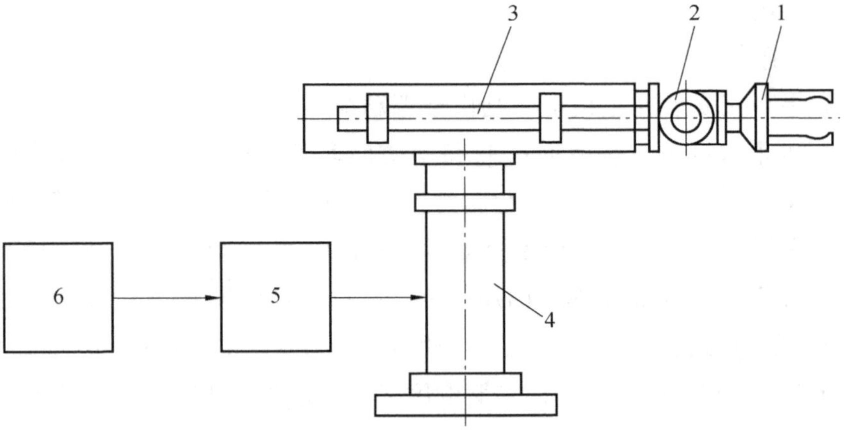

1—手爪；2—手腕；3—手臂；4—立柱；5—驱动部件；6—控制系统

图 4.78　供送料机械手的组成

4.8.2　供送料机械手的组成和分类

4.8.2.1　供送料机械手的组成

供送料机械手主要由执行机构、驱动机构、控制机构和机座四部分组成。

执行机构包括以下几部分：

（1）手爪。它是直接抓取（夹紧或放松）工件（或工具）的构件。常用的有钳爪式、吸盘式和万能式。

（2）手腕。它是连接手爪和手臂的构件（见图 4.79），起到支持手爪和扩大手臂动作范围的作用。它可以实现回转与摆动运动，其作用是调整或改变工件的方位（即姿态），因而它具有独立的自由度，以使机械手适应复杂的动作要求。

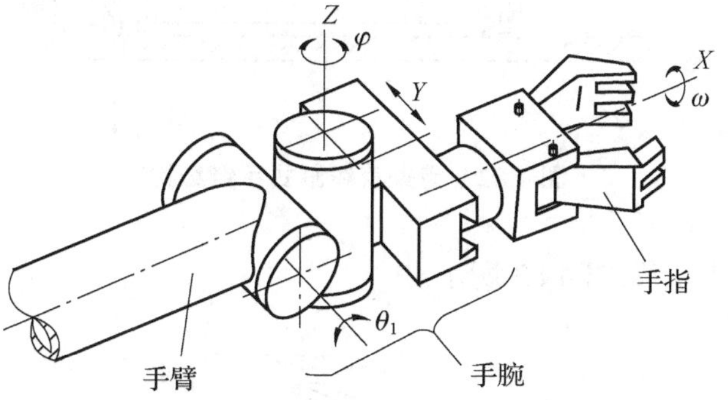

图 4.79　手腕运动示意图

（3）手臂。它是支撑手腕、手爪的构件。一般可实现伸缩、升降及回转摆动等运动。机械手的手臂一般有 3 个自由度，即手臂伸缩、左右回转和升降（或俯仰）运动。

（4）直线（伸缩、升降）式结构。实现手臂直线（伸缩、升降）往复运动式结构，以气（油）缸为主，其驱动源可以是液压或气压。如图 4.80、图 4.81、图 4.82 所示。

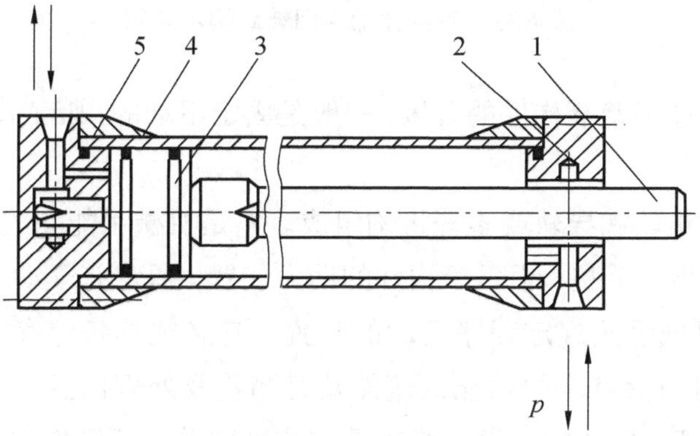

图 4.80　往复直线缸

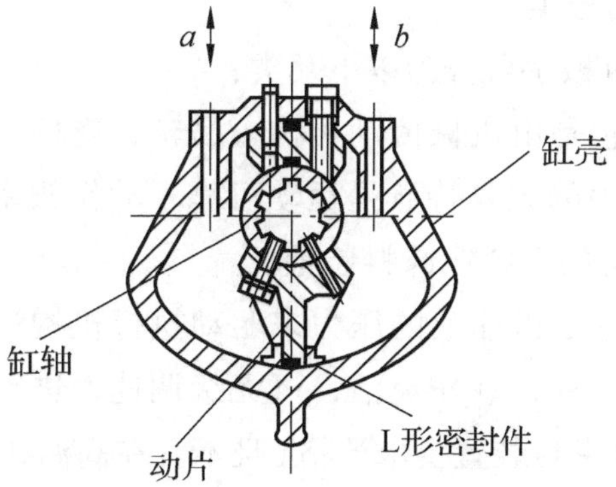

图 4.81　回转液压缸式手臂结构

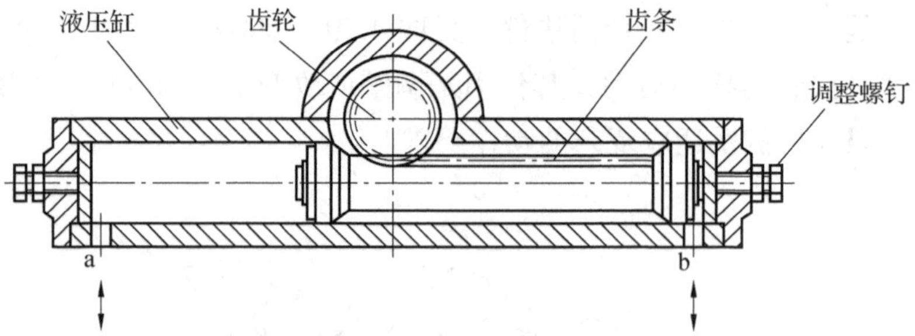

图 4.82　齿条直线缸式手臂结构

（5）回转摆动式结构，如图 4.83 所示。

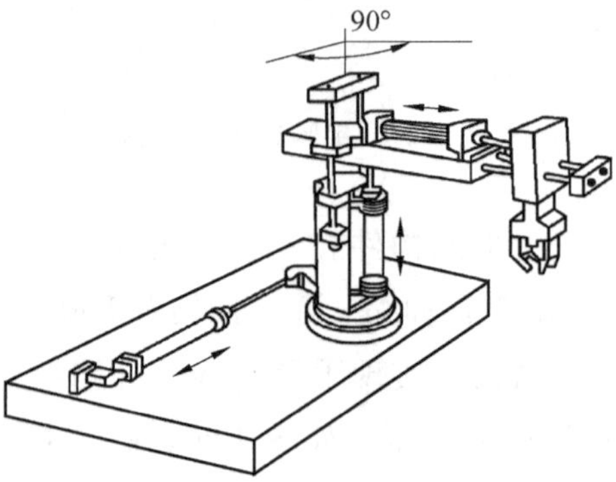

图 4.83　手臂伸缩 - 回转结构示意图

（6）立柱。它是支撑手臂等构件的装置，一般是固定不动的，因工作需要也有做横向移动，常称可移动立柱。

（7）行走机构。由滚轮和导轨或多杆机构组成。它是机械手能完成远距离操作的装置。

驱动机构是驱动手臂、手腕、手爪等构件的动力装置，通常有气动、液压、电动三种形式。

控制机构是支配机械手按规定程序运动的装置。它必须具备保存或记忆指令信息（如动作顺序、到达位置和时间信息）的功能，还能及时测量及处理信息，对机械手的执行机构发出控制指令，必要时还可发出故障报警。机座是安装机械手执行机构、驱动机构等的基础部件。

4.8.2.2　供送料机械手的分类

按照驱动方式，供送料机械手可分为以下几类：

（1）机械传动机械手。它是由机械传动机构（凸轮、连杆、齿轮、齿条等）驱动执行机构运动的机械手。这类机械手的主要特点是运动可靠、动作频率高，但结构尺寸较大，动作程序不可变。一般用作自动机的上料或卸料装置。

（2）液压传动机械手。它是以油液的压力来驱动执行机构运动的机械手。特点是抓重能力强，结构小巧轻便，传动平稳，动作灵活，可无级调速，进行连续轨迹控制。但因油的泄漏对工作性能影响较大，故对密封装置要求严格，且不宜在高温或低温下工作，如图 4.84 所示。

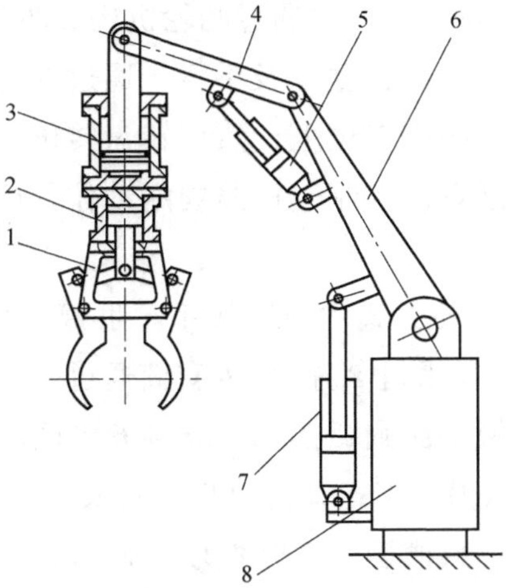

1—手部；2—夹紧油缸；3—升降油缸；4—小臂；5，7—直线油缸；6—大臂；8—立柱

图 4.84　液压驱动机械手

（3）气动传动机械手。它是利用压缩空气的压力，驱动执行机构运动的机械手。其主要特点是介质来源方便，气动动作迅速，结构简单，成本低，能在高温、高速和粉尘大的环境中工作。但由于空气具有可压缩的特性，工作速度的稳定性较差，且因气源压力低，只宜轻载下工作。

（4）电力传动机械手。它是由特殊设计的电动机、直线电动机直接驱动执行机构运动的机械手。因不需中间转换机构，故结构简单，其中直线电动机机械手的运动速度快，行程长，使用和维护方便。

4.8.3　供送料机械手

图 4.85 为圆柱坐标吸盘式供料机械手。

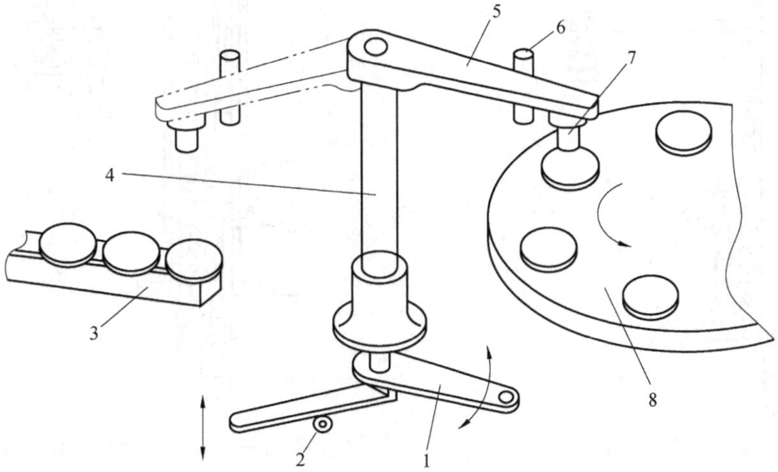

1—摆杆；2—凸轮机构；3—料槽；4—立柱；5—手臂；6—挡销；7—手爪；8—转盘

图 4.85　圆柱坐标吸盘式供料机械手

机械手手臂 5 转至料槽 3 上部，立柱 4 通过凸轮机构 2 驱动而下降，使手爪 7 抓住（通过抽气）料槽中的一个工件；立柱升起，立柱及手臂 5 通过摆杆 1 作用而转至转盘 8 上部，对正工位后下降，将工件放在转盘相应工位上，然后转盘转位。机械手立柱的升降、手臂摆动以及抽气系统必须由机械手控制系统控制，按照规定动作程序工作。挡销 6 限制手爪的活动范围，以保证手爪能对正工件。

图 4.86 所示为圆柱坐标弹性夹头式供料机械手。手臂 4 和外套筒 5 结为一体，内套筒 7（空套在立轴 6 上）和外套筒 5 采用滑键 8 连接，内套筒通过凸轮机构、齿轮 10、齿条 11 而摆动，从而使外套筒、手臂以及手爪做平面圆弧摆动；立轴 6 由凸轮机构通过摆杆 12 作用而升降，从而带着外套筒、手臂以及手爪做上下运动。手爪由夹头 1、推杆 3、弹簧 2 等组成，其中夹头是一个弹性夹头。当手爪对正料槽后，下降抓取工件时，通过工件的反作用力，使弹性夹头张开，工件即进入夹头内；当机械手摆动到自动机转盘上方，并使手爪下降时，通过推杆 3 将工件顶出夹头而放置在转盘工位上（或装入另一个工件内）。

如图 4.87 所示为圆柱坐标抓钩式供料机械手。手爪由抓钩 1、压簧 2、顶柱 3 和杠杆 5 组成。当手爪触及工件时，工件通过抓钩头部的斜面使抓钩张开。工件进入抓钩内后，压簧 2 使抓钩复位从而夹持住工件。手臂 4 和升降套筒 6 为一体，心轴 12 穿过升降套筒的孔、固定立柱 8 的螺旋槽（凸轮槽）和中心轴 7 的孔。当中心轴由气缸 13 驱动而升起时，心轴 12 上的滚子 11 在固定立柱 8 的螺旋槽中盘旋上升，从而使托在压簧 9 上的升降套筒 6、手臂 4 以及手爪既升降又转动，直到升降套筒与固定立柱内凸肩接触后，手臂即升、转到位。这时中心轴再上升少许，顶起杠杆 5 而压下顶柱 3，使抓钩张开将工件放下。

设计固定立柱上的凸轮槽时，其下部一段应是铅直的，以保证抓取工件时手爪能垂直升降。

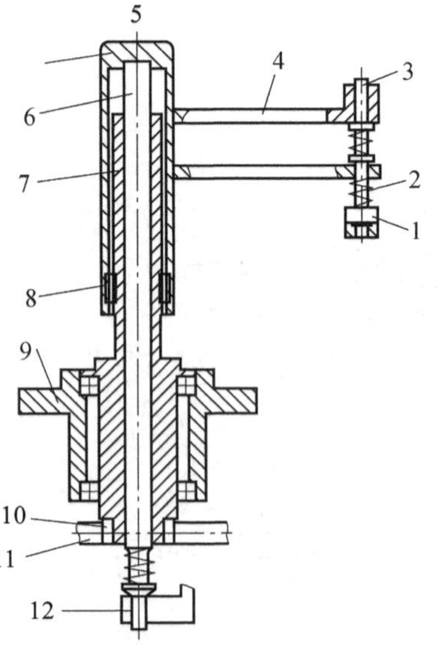

1—夹头；2—弹簧；3—推杆；4—手臂；
5—外套筒；6—立轴；7—内套筒；8—滑键；
9—机座；10—齿轮；11—齿条；12—摆杆；

图 4.86 圆柱坐标弹性夹头式供料机械手

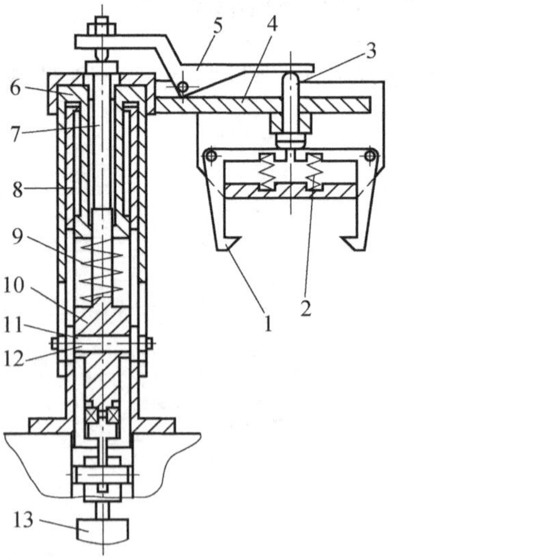

1—抓钩；2—压簧；3—顶柱；4—手臂；5—杠杆；
6—升降套筒；7—中心轴；8—固定立柱；
9—压簧；10—中心轴大端；11—滚子；12—心轴；13—气缸

图 4.87 圆柱坐标抓钩式供料机械手

4.8.4　供送料及装配机器人

如图 4.88 所示为精密插入装配机器人。该装配作业的任务是由一台直角坐标机器人 1 和圆柱坐标机器人 4，将基座零件、轴套和小轴装配在一起。基座零件 7 先由基座供料机构 6 传送并定位，然后机器人 4 的手爪从轴套供料机构 5 中取出一个轴套并装入基座孔中，再由机器人 1 从小轴供料机构 3 中取出一个小轴并装入轴套中。机器人 1 的手爪具有视觉和触觉功能，视觉传感器为一台电视摄像机，而其手腕 2 的触觉用 4 个应变片传感器制成力反馈手爪，用弹簧片制成柔性手腕，手爪抓取小轴后，逐渐接触到轴套，施以微小的作用力，使两个零件进行装配，在装配作业中，沿 x，y，z 方向的力传感器输出的力变化信号，就成为装配过程的控制信号，插入装配完成后，由行程开关发出结束信号。该机器人不仅可以用于轴套类零件的装配，而且也可用于自动生产线上电子元器件、集成电路板上芯片、家用电器零部件以及汽车发动机的在线组装。

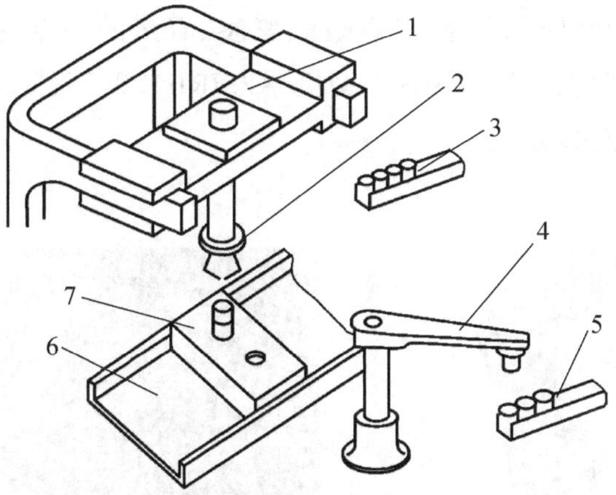

1—直角坐标机器人；2—手腕；3—小轴供料机构；4—圆柱坐标机器人；
5—轴套供料机构；6—基座供料机构；7—基座零件

图 4.88　精密插入装配机器人

如图 4.89 所示为堆垛搬运机器人。该系统由机器人 3、板式输送机 1、滚轴式输送机 4 等组成。货物由滚轴式输送机 4 连续、依次并以一定间隔输送到机器人工作位置，然后由机器人 3 的手爪抓取一定的货物，并按照一定的模式堆列在板式输送机的货板 2 上，完成装货操作；板式输送机再将已装货的货板向卸载输送机传送，等待二次包装或直接入库。控制系统 5 主要由计算机、操作工作台等组成，计算机内已存储货物在货板上的各种堆列模式，可供调用，控制机器人、各个输送机协同工作，完成货物的自动堆垛搬运，并且还可以采用示教输入的方式存储机器人的动作指令，完成给定示教模式下的货物自动堆列与搬运操作。

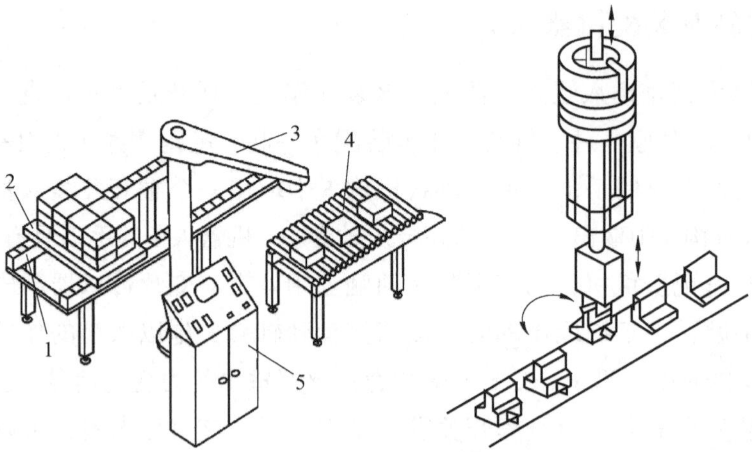

1—板式输送机；2—货板；3—机器人；4—滚轴式输送机；5—控制系统

图 4.89　堆垛搬运机器人

ABB 机器人（如图 4.90 所示）系列有敏捷、紧凑、轻量的特点，控制精度与路径精度俱优，是物料搬运与装配应用的理想选择。ABB 小型机器人 IRB120 广泛适用于电子、食品饮料、机械、太阳能、制药、医疗、研究等领域。

图 4.90　ABB 机器人

第 5 章　皮带输送线结构原理与设计应用

皮带输送系统是最基本、应用非常广泛的输送方式，广泛应用于各种手工装配流水线、自动化专机、自动化生产线中，尤其在各种手工装配流水线及自动化生产线中大量应用，与各种移载机械手相配合，可以非常方便地组成各种自动化生产线。

在自动机械设计中，需要大量使用皮带输送线，对于大型的皮带输送线通常向专业制造商配套订购，而用于自动化专机上的小型皮带输送机构通常则需要自行设计制造。皮带输送机构属于自动机械的基础结构，而且在其设计中还包括了电机的选型与计算这一重要内容，因此，熟练地进行皮带输送机构的设计是进行自动机械设计的重要基础，本章将对皮带输送线的典型结构及设计方法进行介绍。

5.1　皮带输送线的特点及工程应用

5.1.1　皮带输送线主要特点

（1）制作成本廉价

皮带输送线结构简单，制造成本低廉，是自动化工程设计中最优先选用的连续输送方式。之所以制造成本低廉，是因为组成皮带输送线的各种材料和部件都已经标准化并大批量生产，如铝型材及专用连接附件、电机、减速器、调速器、各种工业皮带、链条、链轮等，上述材料和部件都可以通过外购获得，因而制造周期大为缩短。如图 5.1 所示为矿山设备用皮带运输机运输碎石。

图 5.1　矿山设备用皮带运输机

（2）使用灵活方便

由于广泛采用标准的铝型材结构，铝型材表面专门设计有供安装螺钉螺母用的各种型槽，因而铝型材在装配连接方面具有高度的柔性。通过对铝型材进行切割加工，既可以方便地组成各种形状与尺寸的机架，也可以非常方便地在皮带输送线上安装各种传感器、分隔机构、挡料机构、导向定位机构等，并可以非常方便地对上述机构的位置进行调整。

皮带输送线的灵活还体现在以下几个方面：

① 皮带的运行速度可以根据生产节拍的需要进行调整。

② 皮带的宽度与长度可以根据需要灵活选用。

③ 不仅可以在水平面内输送，还可以在具有一定高度差的倾斜方向上实现倾斜输送。

④ 既可以采用单条的皮带输送线，也可以同时采用 2 条或 3 条平行的皮带输送线并列输送而共用电机驱动系统；各条输送线的方向既可以相同也可以相反，以将不合格的产品反方向送回。

⑤ 既可以作为大型的输送线用于生产线，也可以作为小型或微型的输送装置用于通常对空间非常敏感的自动化专机上。

⑥ 如果将皮带输送线委托给专业制造商制造，只需要向对方提出具体的尺寸及技术要求即可，方便自动化生产线的快速集成。

（3）结构标准化

皮带输送线的结构相对比较简单，目前基本上已经是标准化的结构，大部分元件与材料都已经实现标准化并可以通过外购获得，这样就可以实现快速设计、快速制造、低成本制造，提高企业的市场竞争力。

5.1.2　皮带输送与皮带传动的区别

对初学者而言，很容易将皮带输送与皮带传动混淆，为了帮助读者加深理解，现将两者的联系与区别进行对比说明如下：

（1）皮带传动

皮带传动是指动力的传递环节，通过皮带轮与皮带之间的摩擦力来传递电机的扭矩。

皮带传动的皮带可以采用多种形式，如平皮带、V形带、同步带、O形带等，但在皮带输送中采用的皮带一般都是平皮带，因为皮带表面要放置被输送的物料。

（2）皮带输送

皮带输送是一种物料输送机构，是指将工件或物料放置在皮带上，依靠皮带的运行将工件或物料从一个地方传送到另一个地方。例如在手工装配流水线上用来实现物料或产品的传送，或在自动化专机上配合实现工件或物料的上下料功能，在自动化生产线上也大量采用皮带输送线来实现各单元之间的工件传送。

皮带输送包含了皮带传动，因为皮带输送系统必须对皮带施加牵引力，这种牵引力来自两个环节：

① 皮带输送系统中的皮带是根据皮带传动的原理直接通过与皮带接触的皮带轮来驱动的，皮带轮与皮带之间的摩擦力牵引皮带运行。

② 皮带轮的驱动有可能通过皮带传动来实现。

皮带输送线最终必须通过电机来驱动，电机的输出扭矩要传递到皮带轮上才能驱动输送皮带运动，电机的输出扭矩通常通过齿轮传动、链传动、带传动3种方式传递到皮带轮上：

由于采用齿轮传动时加工装配都较麻烦，所以目前工程上大量采用带传动与链传动；由于在带传动方式中同步带传动具有一系列突出的优点，所以目前大量采用同步带传动方式。在小型输送线上也经常省去上述传动环节，将电机经过减速器后直接连接到皮带主动轮上，节省空间，简化机构设计。

5.1.3　皮带输送线主要工程应用

由于皮带输送是依靠工件与皮带之间的摩擦力来进行输送的，所以皮带输送线的功率一般不大，输送的物料包括单件的工件及散装的物料，主要应用在电子、通信、电器、轻工、食品等行业的手工装配流水线及自动化生产线上，尤其是在国内珠江三角洲地区、长江三角洲地区的电子制造行业大量采用皮带输送线组成手工装配流水线，所输送的工件多为小型、重量较轻的单件产品。也有少数皮带输送线应用在负载较大的特殊场合，例如矿山、建筑、粮食、码头、电厂、冶金等行业，用于散装物料的自动化输送。

图5.2为用于手工装配流水线上的大型滚杠及皮带输送线实例，图5.3为煤矿用输送线实例。

图 5.2　用于手工装配流水线上的大型滚杠及皮带输送线实例

图 5.3　煤矿用输送线实例

在图 5.3 所示的输送线实例中，还可以根据实际需要将输送线从水平方向调整为一定的倾斜方向，实现倾斜方向的物料输送。

5.1.4　皮带输送线的分类

皮带输送线的动力机械是皮带输送机，其工作原理主要由两个端点滚筒及紧套其上的闭合输送带组成。带动输送带转动的滚筒称为驱动滚筒（或传动滚筒）；另一个仅在于改变输送带运动方向的滚筒称为改向滚筒。驱动滚筒由电动机通过减速器驱动，输送带依靠驱动滚筒与输送带之间的摩擦力拖动。驱动滚筒一般都装在卸料端，以增大牵引力，有利于拖动。物料由喂料端喂入，落在转动的输送带上，依靠输送带摩擦带动运送到卸料端卸出。

5.1.4.1　按照用途分类

其分类如图 5.4 所示。

（a）直行

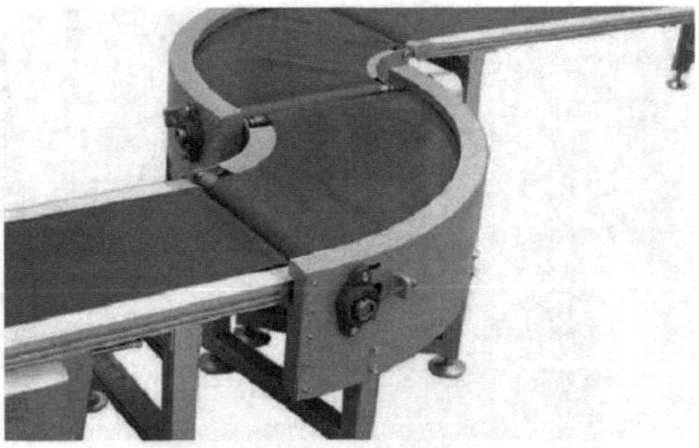

（b）转弯

（c）爬坡

（d）45 度

（e）扇形

（f）轻型

（g）窄式

（h）装卸

（i）钢带

（j）伸缩式输送线

图 5.4　皮带输送线的分类

5.1.4.2　按照结构分类

（1）无螺栓连接机架落地式带式输送机，如图 5.5 所示。它的主要特点是机身结构用钢管作为纵梁，用柱销架设在“H”型支架的地槽中，柱销固定在钢管上。上托辊两端的弧形挂钩分别挂在两侧长梁的弹性柱销上，下托辊直接架设在“H”站脚的托辊架上。站脚和底板不固定。

图 5.5　无螺栓连接机架落地式带式输送机

（2）绳架吊挂式带式输送机，如图 5.6 所示。它的主要特点是机身结构用两根纵向平行布置的钢丝绳为机架，机身吊挂在巷道支架上，机身高度可以调节。绳架吊挂式带式输送机是各种类型带式输送机中拆卸和调节最省工省力的。

图 5.6　绳架吊挂式带式输送机

（3）可伸缩带式输送机，如图 5.7 所示。它的主要特点是比普通带式输送机多一个储带装置，可以储存一卷输送带，机身可以很方便地伸缩。目前这种输送机已成为综合机械化采区的顺槽配套设备之一。

图 5.7　可伸缩带式输送机

5.2　皮带输送线的结构原理与实例

5.2.1　皮带输送线结构原理

各种皮带输送线虽然在形式上有些差异，但其结构原理是一样的。皮带输送线的结构原理如图 5.8 所示。

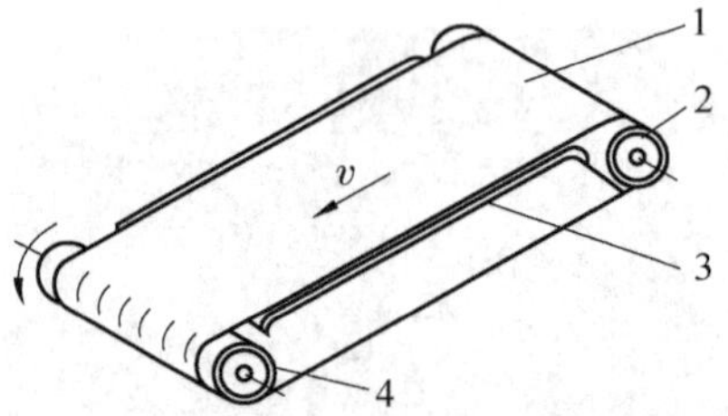

1—输送皮带；2—从动轮；3—托板或托辊；4—主动轮

图 5.8　皮带输送线结构原理示意图

最基本的皮带输送线由以下部分组成，各部分的作用分别为：

（1）输送皮带

输送工件或物料。输送皮带运行时，工件或物料依靠与皮带之间的摩擦力随皮带一起运动，使工件或物料从一个位置输送到另一个位置。上方的皮带需要运送工件，为承载段；下方的皮带不工作，为返回段。

（2）主动轮

直接驱动皮带，依靠轮与带之间的摩擦力驱动皮带运行。

（3）从动轮

支承皮带，使皮带连续运行。

（4）托板或托辊

直接支承皮带及皮带上方的工件或物料，不使皮带下垂。对于要求皮带运行时保持高度平整的场合，通常在皮带输送段的下方采用板状的托板，否则就简单地采用能够自由转动的托辊。由于皮带返回段上没有承载工件，通常都间隔采用托辊支承。

除此之外，完整的皮带输送系统还包括：

（5）定位挡板

由于输送工件时一般都需要使工件保持一定的位置，所以通常都在输送皮带的两侧设计定位挡板或挡条，使工件始终在直线方向上运动。

（6）张紧机构

由于皮带在运动时会产生松弛，因此需要有张紧机构对皮带的张力进行调整，张紧机构也是皮带安装及拆卸必不可少的机构。

（7）电机驱动系统

主动轮的运动必须通过电机驱动系统来驱动，通常是由电机经过减速器减速后再通过齿轮传动、链传动或同步带传动来驱动皮带主动轮。也有部分情况下将电机经过减速器减速后直接与皮带主动轮连接，节省空间，如图 5.9 所示。

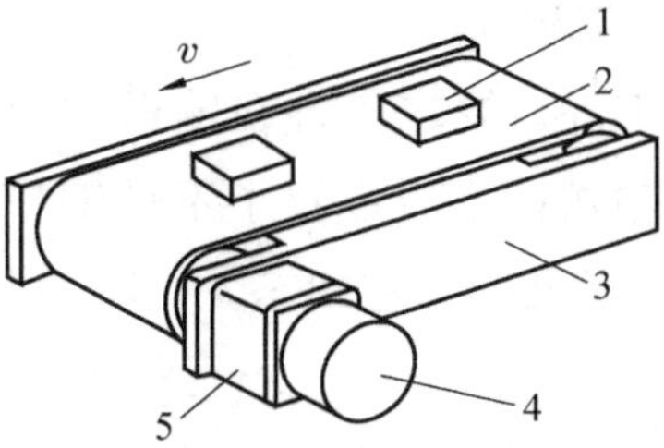

1—工件；2—皮带；3—挡板；4—电机；5—减速器

图 5.9　电机及减速器直接与主动轮连接组成的皮带输送系统

通常一套电机驱动系统能够驱动的负载是有限的，对于长度较长（例如数十米）的皮带输送线，通常采用多段独立的皮带输送系统在一条直线上安装在一起拼接而成，也就是将多段独立的皮带输送系统按相同的高度固定安放在一条直线方向上。

5.2.2　皮带输送线典型结构实例

虽然皮带输送系统在形式上各有差异，但主要的结构是相似的，下面以一种用于某纽扣式电池装配检测生产线的皮带输送系统为例说明其结构组成。

（1）总体结构

图 5.10 为工程上用于自动化装配生产线的皮带输送系统总体结构。

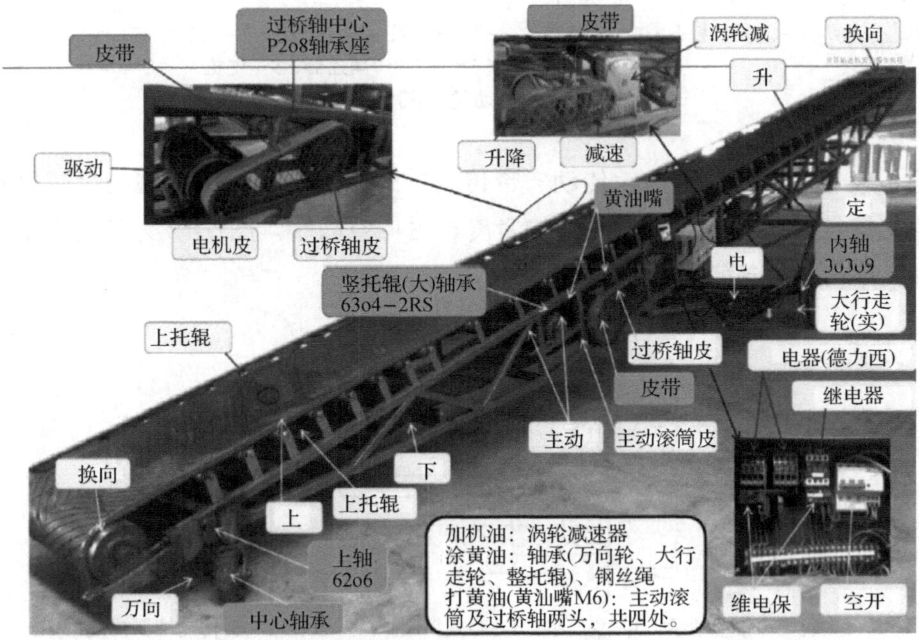

图 5.10　皮带输送系统总体结构

皮带输送线主要由输送皮带、托板、辊轮、主动轮、张紧轮组成，为了最大限度地简化结构，其中张紧轮的主要作用是对皮带的张紧力进行调整，辊轮则仅起到支承的作用，也就是通常所说的从动轮。主动轮直接驱动皮带运动。

由于输送线用于输送单件的工件，要求工件在输送过程中沿直线方向运动而且要求具有一定的位置精度，所以在皮带的输送段下方设置了不锈钢托板，支承皮带及工件的重量，而下方的返回段则由于皮带长度不长而处于悬空状态。

（2）主动轮

主动轮是直接接受电机传递来的扭矩、驱动输送皮带的辊轮。它依靠与皮带内侧接触面间的摩擦力来驱动皮带，因为要传递负载扭矩，所以辊轮与传动轴之间通过键连接为一个整体，没有相对运动。图 5.10 所示实例中主动轮及其驱动机构的详细结构如图 5.11 所示。

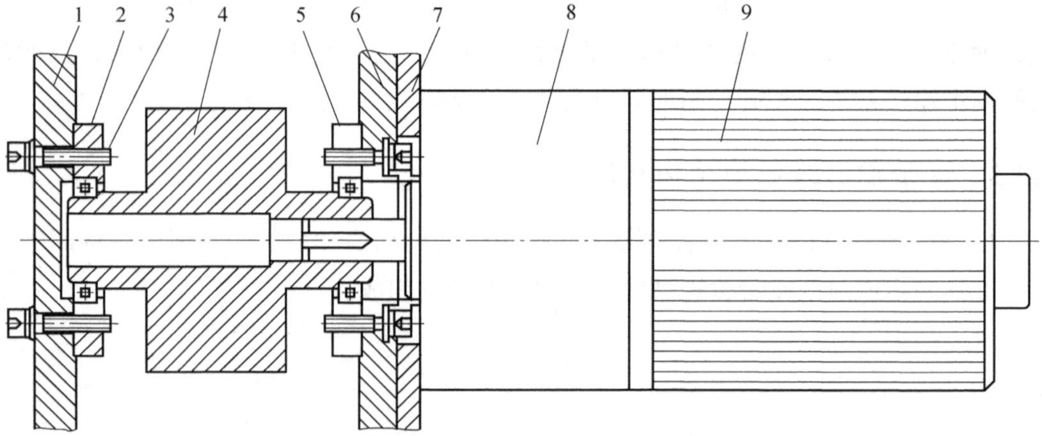

1—左安装板；2—左轴承座，3—滚动轴承；4—主动轮，5—右轴承座；
6—右安装板，7—电机安装板；8—减速器；9—电机

图 5.11　主动轮及其驱动机构

主动轮一般通过链传动、齿轮传动、带传动方式来驱动，也可以将电机减速器的输出轴与主动轮直接连接来驱动，其特点是结构紧凑，占用空间小。图 5.12 为某生产线皮带输送系统上另一种采用齿轮传动的主动轮结构实例。

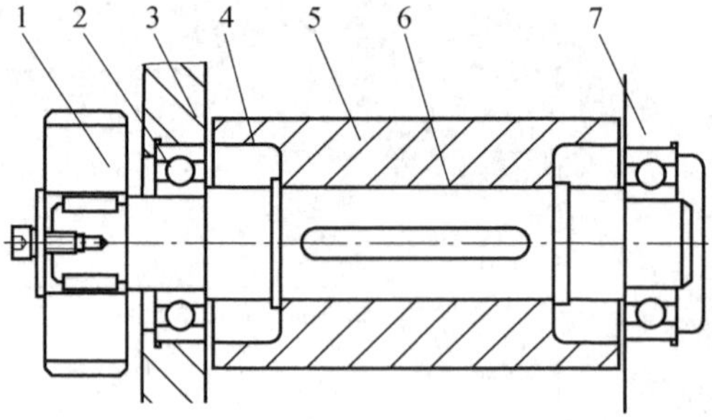

1—齿轮：2—滚动轴承；3—左支架；4—弹簧挡圈；5—主动轮；6—传动轴；7—右支架

图 5.12　主动轮结构实例

（3）从动轮

从动轮是指不直接传递动力的辊轮，仅起结构支撑及改变皮带方向作用，与皮带一起随动，

通常也称为换向轮。从动轮与主动轮的最大区别为从动轮的轴与轮之间是通过轴承连接，因而轴与轮之间是可以相对自由转动的，而主动轮的轴与轮是通过键联结成一体的。从动轮结构如图 5.13 所示。

（4）张紧机构

张紧轮是指辊轮中可以调节其位置的一个辊轮。为了简化结构设计及制造，通常张紧轮与从动轮的结构设计完全一样，只是将各从动轮中的其中一个辊轮位置设计成可以调整，一般都通过调节张紧轮的位置来调节皮带的张紧程度，而其他从动轮的位置一般是固定的。张紧轮结构如图 5.14 所示。

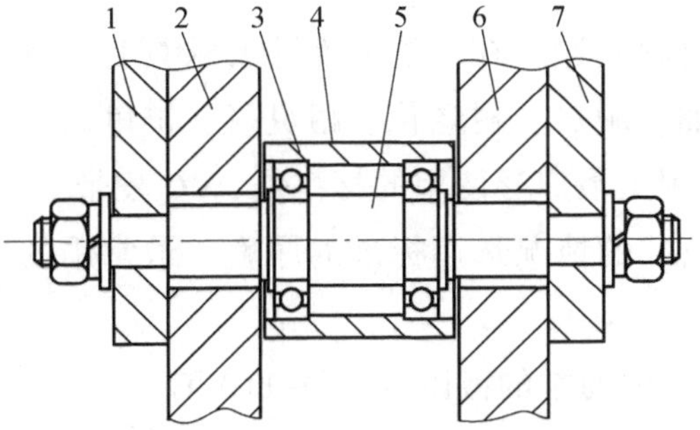

1—左安装板；2—左支架；3—滚动轴承；
4—从动轮；5—轮轴；6—右支架；7—右安装板

图 5.13　从动轮结构

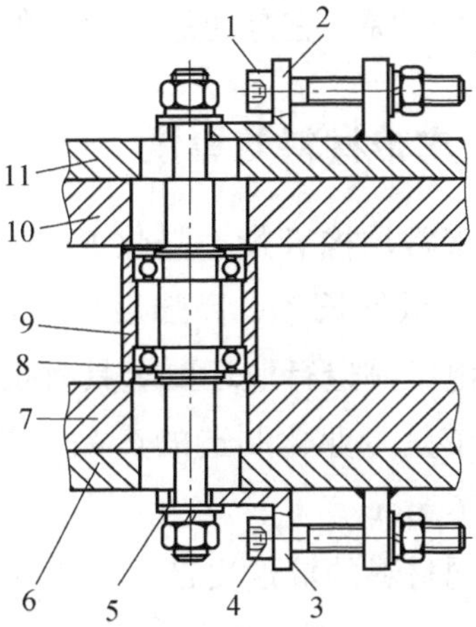

1—后调节螺钉；2—后调节支架；3—前调节支架；
4—前调节螺钉从动轮；5—轮轴；6—前安装板；
7—前支架装板；8—滚珠；9—从动轮；
10—后支架装板；11—后安装板

图 5.14　张紧轮结构

在某些小型或微型的皮带输送机构上，全部辊轮就只有主动轮及从动轮两只辊轮，为了简化结构，直接将从动轮设计成可以调整的结构，这样从动轮既是从动轮又是张紧轮。

5.3　皮带输送线设计要点

5.3.1　皮带速度

皮带输送线中皮带的速度一般为 1.5~6 m/min，可以根据生产线或机器生产节拍的需要通过速度调节装置进行灵活调节。

根据皮带运行速度的区别，实际工程中皮带输送线可以按以下 3 种方式运行：

（1）等速输送

等速输送就是输送皮带按固定的速度运行。通过调节与电机配套使用的调速器将皮带速度调整到需要值，调速器由人工调节设定后，皮带就以稳定的速度运行。

（2）间歇输送

间歇输送是指当需要输送工件时输送皮带运行，当输送皮带上暂时没有工件时皮带停止运行。其主要目的是根据生产节拍的需要，减少空转时间，节省能源。

（3）变速输送

变速输送是指根据输送皮带上工件的数量多少来灵活调节输送皮带的运行速度，例如在用皮带输送线输送工件的生产线上，当某一专机的待操作工件短缺时则加快输送皮带的速度，反之当某一专机的待操作工件较多时则降低输送皮带的速度。其主要目的也是根据生产节拍的需要，节省能源，它是通过对电机的变频控制来实现的。

5.3.2 皮带材料与厚度

输送皮带常用橡胶带、强化 PVC、化学纤维等材料制造，在性能方面除要求具有优良的耐屈绕性能、低伸长率、高强度外，还要求具有耐油、耐热、耐老化、耐臭氧、抗龟裂等优良性能，在电子制造行业还要求具有抗静电性能。工程上最广泛使用的材料是 PVC 皮带。

输送皮带是专业化制造的产品，需要根据使用负载的情况选用标准的厚度，最常用的皮带厚度为 1~6 mm。

对于不同材料的输送皮带，其工作温度各有区别，但通常的范围为 -20~110 ℃。

5.3.3 皮带的连接与接头

一般情况下输送带的形状都是环形的，环形带是由切割下来的带料通过接头的形式连接而成的，连接的方式主要有机械连接、硫化连接两种。对于橡胶皮带及塑料皮带工程上通常采用硫化连接接头，对于内部含有钢绳芯的皮带则通常采用机械式连接接头。

5.3.4 托辊（或托板）

输送带要实现的是一定距离内的物料输送，但由于输送带自身具有一定的质量，加上运送物料（或工件）的质量，使得输送段及返回段的输送皮带都会产生一定的下垂，因此必须在输送带的下方设置托辊（或托板），将输送带的下垂量控制在可以接受的范围内 .

（1）输送段输送皮带的支承

以水平输送情况为例，因为上方输送段的输送皮带直接输送工件或产品，在很多生产线上要求输送线上各个位置的工件都具有相同的高度，不允许皮带下垂，因此，在这种要求对工件实现等高输送的场合一般都采用托辊支承，保证上方的输送皮带及工件在一个水平面内运行。

（2）返回段输送皮带的支承

下方返回段的输送皮带因为只起到循环作用，不承载工件，所以对下垂量通常无特殊要求。这一部分输送皮带一般直接采用结构简单的托辊支承，以减少皮带因摩擦产生的磨损，采用托辊也会简化结构，降低制造成本。

在某些对皮带的下垂量无特殊要求的场合，有时也将输送段及返回段的输送皮带都采用托辊支承，而且由于在下方的返回段皮带仅包括皮带的自重，因此，下方皮带支承托辊的间距可以比上方托辊的间距更大。

根据所输送物料类型的区别，在散料的输送线上托辊也可以采用分段倾斜安装，使皮带呈两侧高、中部偏低的形状，保证散料集中在皮带的中部而不会向外散落。

5.3.5　辊轮

辊轮是皮带输送系统中的重要结构部件之一，前面已经介绍，在典型的皮带输送系统中通常包括主动轮、从动轮、张紧轮。在小型的皮带输送装置中，为了简化结构，节省空间，经常将从动轮与张紧轮合二为一，直接采用两个辊轮即可。

5.3.6　包角与摩擦系数

由于皮带传动在原理上属于摩擦传动，电机是通过主动轮与皮带内侧之间的摩擦力来驱动皮带及皮带上的负载的，因此主动轮与皮带内侧之间的摩擦力是非常重要的因素，直接决定了整个输送系统的输送能力。

显然，主动轮与皮带内侧之间的摩擦力取决于以下因素：皮带的拉力、主动轮与皮带之间的包角和主动轮与皮带内侧表面之间的相对摩擦系数。

（1）包角

皮带工作时，主动轮表面与皮带内侧的接触段实际上为一段圆弧面，该段圆弧面在主动轮端面上的投影为一段圆弧，该圆弧所在区域对应的圆心角即为主动轮与皮带之间的包角，如图 5.15 所示，一般用 α 表示。从后面的分析可以知道，包角直接决定了主动轮与输送皮带之间的接触面积，对整个输送系统的输送能力至关重要，通常要尽可能增大皮带的包角。

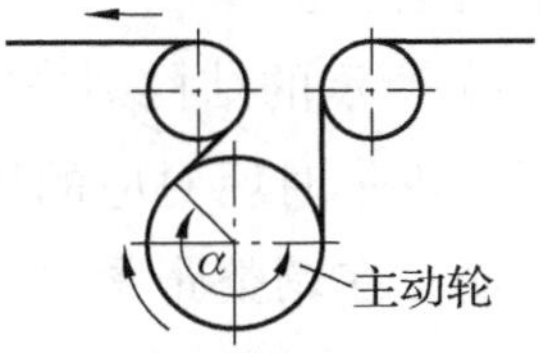

图 5.15　皮带包角示意图

（2）摩擦系数

摩擦系数指主动轮外表面与输送皮带内侧表面之间的摩擦系数，它决定了在一定的接触压力下单位接触面积上能产生的摩擦力大小，一般用 μ_0 表示。

该摩擦系数越大，在一定的包角 α、一定的皮带张力下所产生的摩擦力也越大，该摩擦力也就是传递扭矩、驱动皮带及其上工件的有效牵引力。从后面的分析可以知道，工程上希望该摩擦系数尽可能大。

5.3.7 合理的张紧轮位置及张紧调节方向

张紧轮不仅可以调节输送皮带的张紧力，还可以同时达到增大皮带包角的目的。在皮带输送系统的设计中，如果皮带的包角太小而且又是不能改变的，则这种设计就是一个有缺陷的设计，可能会出现后面要介绍的皮带打滑现象。

（1）张紧轮调节方向与皮带包角的关系

良好的设计方案应该是皮带具有足够大的包角，而且张紧轮在加大皮带张紧力的同时还应能增大皮带的包角，因此张紧轮的调整方向在设计时具有一定的技巧。

（2）张紧轮调节方向对皮带长度的影响

张紧轮的位置设计不仅与皮带包角的调整有关，而且还与皮带的长度有关，并直接影响皮带的订购及装配调试。

在安装皮带时通常是通过张紧轮的位置变化来调整皮带的松紧程度的，而张紧轮位置的调整具有一定的范围，在张紧轮的两个极限位置之间，所需要的皮带理论长度是不同的，上述两个极限位置对应的皮带理论长度分别为最大长度与最小长度。

假设张紧轮在上述两个极限位置之间调整时，皮带的理论长度差别很小，那么有可能造成以下问题：由于皮带长度在订购时存在一定的允许制造误差，调整张紧轮时可能出现理论上皮带应该最紧的位置皮带却仍然无法张紧，而在理论上皮带应该最松的位置皮带却不够长导致皮带无法装入，这种情况是不允许出现的。图 5.16 表示了两种张紧轮的设计方案实例及其效果对比。

在图 5.16（a）所示结构中，张紧轮位置的调节方向为垂直于皮带输送方向。在调整张紧轮的过程中，张紧皮带时所对应的皮带理论长度变化实际上较小。如果皮带理论长度变化量过小或接近皮带长度的制造公差值，尤其是当皮带长度较大时，就有可能出现调整时皮带长度偏短或偏长，导致皮带无法正常调节的情况。

如果将张紧轮设计成如图 5.16（b）所示的结构则非常有利，张紧轮的调整方向与皮带输送方向平行，张紧轮在不同的位置张紧皮带时所对应的皮带理论长度变化较大，这样就不会出现前面所讲述的调整困难的情况，而且在调整张紧轮使皮带变紧的过程中，皮带的包角也在明显加大，因而有利于提高皮带与主动轮之间的摩擦力。

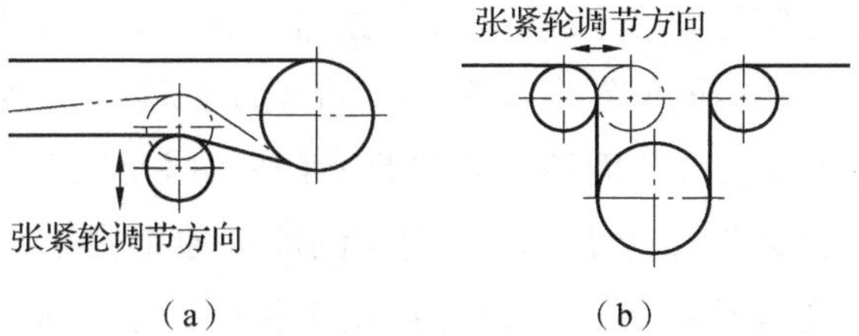

图 5.16　张紧轮调节方向对比实例

工程上通常将张紧轮调节方向尽可能设计为对皮带长度影响最大的方向，即在张紧轮的两个极限位置之间所需要的皮带理论长度差别最大，这一方向实际上就是图 5.16（b）所示的与皮带输送方向平行的方向。

（3）张紧轮的位置

张紧轮通常设计在皮带的松边一侧，这样可以避免不必要地增大皮带的负荷与应力，确保皮带的工作寿命，这与同步带传动及链传动设计中张紧轮的位置是类似的。即可以在皮带的内侧进行张紧。

5.3.8　皮带长度设计计算

设计皮带输送系统时一项很重要的工作就是按一定的规格向皮带的专业制造商订购皮带。皮带的订购参数包括：材料种类、皮带的长度、宽度、厚度、颜色等。

其中：皮带的宽度根据所需要输送工件的宽度尺寸来设计；皮带的材料种类主要根据输送物料的类型、使用环境温度来选取；颜色则根据需要的外观效果来选取。

皮带的长度需要根据实际结构中各辊轮的位置、直径进行仔细的数学计算与校核。由于皮带的连接需要采用专门的设备和工艺，如果计算的长度有错误或因其他原因更改设计长度，虽然可以重新加工连接改变皮带的长度，但一般只将皮带长度改短而不加长，改短可以避免材料浪费，加长则增加了连接接头。这种重新加工一般要将皮带退回给供应商返工，实际经验表明这样重新返工的费用几乎与重新订购新皮带的费用相近，所以皮带的长度一定要仔细计算核准，以免安装时发现错误而无法使用。

在设计皮带输送系统时如何计算皮带长度呢？以下为设计皮带长度时所需要了解的基本知识。

（1）设计和订购皮带时，为了保证尺寸的统一，工程上，皮带长度一般都是指皮带中径（皮带厚度中央）所在的周长，而不是皮带内径或外径所在的周长，单位一般为毫米。

（2）由于皮带张紧时的实际变形量很小，所以设计皮带长度时一般不考虑皮带张紧变形对长度的影响。

（3）皮带长度的计算

当各辊轮的位置（中心距）、辊轮直径、张紧轮调节范围确定后，所需要的皮带长度实际上也就由上述各几何尺寸确定了。当张紧轮的位置确定后，只要分别根据各段轮廓线（直线段和圆弧）的长度累加即可得出该位置所需要的皮带理论长度，这些长度可以在 AutoCAD 设计界面上非常方便地直接量取求得，而不需要进行专门的数学计算。

这种计算方法没有考虑皮带的厚度，因为皮带的厚度通常很小，对皮带长度的影响较小，而且皮带本身有一定的长度调整范围，所以计算皮带长度时通常不考虑其厚度，也就是假设其厚度为零。

（4）皮带长度的确定

显然，当张紧轮处于不同位置时所需要的皮带理论长度是不同的，张紧轮处于皮带最松位置时所需要的皮带理论长度最短，张紧轮处于皮带最紧位置时所需要的皮带理论长度最长。在张紧轮的两个极限调节位置，只要分别根据各段轮廓线（直线段和圆弧）的长度累加即可得出所需要的皮带最小及最大理论长度。

工程上设计皮带长度时通常按接近最小长度来设计，保证皮带安装后能进行张紧调节，如果按最长的长度设计则安装后就无法张紧了。

设张紧轮处于皮带最紧和最松张紧位置时，所需要的皮带最小理论长度、最大理论长度分别为 L_1 和 L_2，则理论上皮带长度的最大允许调节量 Δ 为：

$$\Delta=L_2-L_1 \tag{5.1}$$

为了保证皮带仍然具有一定的调节范围，皮带设计长度 L 一般按式（5.2）来设计：

$$L=L_1+0.2\,(L_2-L_1) \tag{5.2}$$

5.3.9 皮带宽度与厚度

皮带宽度根据实际需要输送的工件宽度尺寸来设计，对于小型皮带输送线通常情况下皮带宽度必须比工件宽度加大约 10~15 mm。

皮带的厚度则根据皮带上同时输送工件的总质量来进行强度计算校核，并且所选定的皮带材料及厚度能够在所设计的最小辊轮条件下满足最小弯曲半径的需要，然后从制造商已有的厚度规格中选取确定。例如对于电子制造行业中小型电子、电器产品的输送，皮带厚度一般选择为 1.0~2.0 mm。

5.3.10 皮带输送线上工件的导向与定位

在一般用途的皮带输送线上，一般不需要对工件进行专门的导向及定位，例如手工装配流水线上。但用于自动化装配检测生产线的皮带输送线以及许多自动化专机的皮带输送装置，则通常需要在皮带两侧设置导向板或导向杆，以保证工件在输送时沿宽度方向始终保持准确的位置。导向板或导向杆既要保证工件在输送时能够自由运动，又要保证工件沿宽度方向具有一定的位置精度。

通常选取导向板或导向杆之间的空间宽度比工件宽度大 3~5 mm，也就是工件与导向板之间的单边间隙取为 1.5~2.5 mm。

因为皮带运行时的位置不可避免存在一定的变动，为了避免皮带运行时的非正常磨损及卡住，皮带的上方及两侧与其他结构之间应保持一定的间隙。

5.3.11　皮带输送线的省空间设计

在各种自动机械中，皮带输送线需要与其他各种设备或机构配合使用，很多情况下需要皮带输送线结构简单、尺寸小、占用空间少、安装调整简单。为了满足上述需要，许多电机制造厂家先后开发出多种在结构上使用更方便的新型电机，此类电机具有以下一系列特点：

（1）电机与减速器一体化安装。

（2）减速器附带中空轴或实心轴，可以非常方便地使减速器与辊轮直接连接安装，省略了齿轮、同步带或链条、链轮等传动装置。由于省略了传动装置，因而节省了宝贵的空间，可以让出更多的空间布置其他重要机构。

（3）电机安装非常灵活，甚至可以将电机安装在皮带输送线的内部，将皮带输送系统占用的空间减到最小。

图 5.17 所示为节省空间的电机安装结构实例。图 5.17（a）所示为将电机安装在输送皮带内部，图 5.17（b）所示为将电机安装在输送皮带外部。

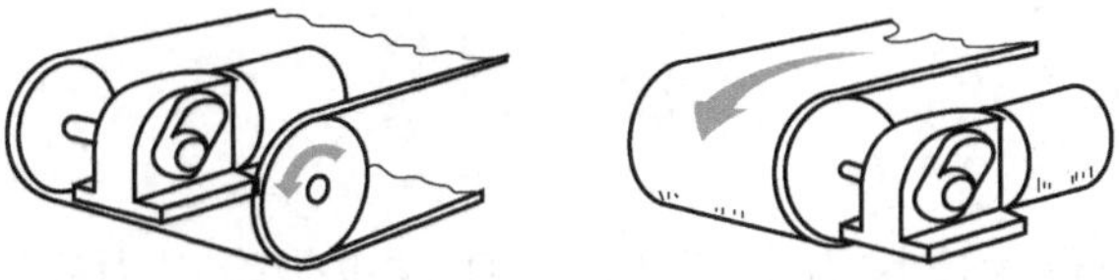

（a）　（b）

图 5.17　节省空间的电机安装结构实例

5.4　皮带输送线负载能力分析

5.4.1　皮带输送线负载能力分析

为了更深入地了解皮带输送系统的结构，需要对皮带输送系统的负载能力进行定量分析，从而掌握如何进行电机的设计选型，以及在设计皮带输送系统时需要注意的要点。

为了方便分析，首先对有关物理量的符号与单位定义如下：

L 为皮带有效输送长度，m；

W 为皮带单位长度的质量，kg/m；

μ 为皮带与工件间的摩擦系数；

μ_0 为主动轮与皮带间的摩擦系数；

D 为主动轮直径，mm；

T_0 为主动轮输出侧皮带张紧力，与皮带初始张力有关，N；

V 为皮带速度，m/s；

Q 为输送量，即单位时间输送工件或物料的质量，kg/h；

m_1 为皮带上负载的平均质量，kg；

g 为重力加速度（9.8），m/s^2；

e 为自然对数底数（2.718）；

α 为主动轮与皮带之间的包角，rad；

η 为皮带输送系统效率；

P_8 为负载总功率，W；

P_{max} 为主动轮与皮带接触面能提供的最大负载功率，W；

P_1 为空转功率，W；

P_2 为水平负载功率，W；

P_3 为竖直负载功率，W；

F 为皮带牵引力，N；

F_{max} 为皮带最大牵引力，N；

T_1 为负载扭矩，N•m。

（1）皮带牵引力

因为工件是靠皮带提供的摩擦力来驱动的，所以皮带牵引力实际上就等于全部工件在皮带上的摩擦力

$$F = \mu m_1 g \qquad (5.3)$$

（2）负载扭矩

主动轮要驱动皮带及皮带上的工件，必须克服上述负载所产生的扭矩，负载扭矩的大小为

$$T_L = \frac{FD}{2\eta} \qquad (5.4)$$

（3）空转功率

空转功率是指皮带上没有工件时需要消耗的功率，这种情况下只需要考虑皮带本身质量产生的负载。根据功率的定义可以得出

$$P_1=9.8\mu WVL \qquad (5.5)$$

对于皮带长度较短或小型的皮带输送装置，空转功率通常可以忽略不计。

（4）水平负载功率

大多数情况下皮带输送系统都是在水平方向进行工件或物料的输送，在这种情况下，水平负载功率就是由被输送物料产生的负载功率：

$$P_2=FV=Mm_1Gv \tag{5.6}$$

如果皮带上负载的平均质量用输送量 Q 来表示，则式（5.6）也可以用另一种方式表示为

$$P_2=\frac{\mu QgL}{3\,600}=\frac{\mu QL}{367} \tag{5.7}$$

（5）竖直负载功率

如果皮带输送系统是在倾斜方向进行工件或物料的输送，在这种情况下负载功率还包括竖直方向上的负载功率：

$$P_3=\frac{QH}{367} \tag{5.8}$$

式中，H 为输送皮带两端的高程差。

（6）负载总功率

负载总功率就是空转功率、水平负载功率及竖直负载功率之和，是进行电机选型的重要依据之一，考虑到系统的效率，一般总低于 100%，因此系统实际的负载总功率为

$$P_{\mathrm{g}}=\frac{P_1+P_2+P_3}{\eta} \tag{5.9}$$

（7）皮带最大牵引力

皮带在主动轮输入侧、输出侧的张力之差就是皮带在该状态下产生的最大牵引力。根据欧拉公式，该张力差与皮带输出侧张紧力 T_0、包角 α、主动轮与皮带内侧之间的摩擦系数 μ_0 之间存在以下关系：

$$F_{\max}=T_0(\mathrm{e}^{\mu_0\alpha}-1) \tag{5.10}$$

根据式（5.6），皮带输送系统能够传递的最大负载功率也可以表达为以下形式：

$$P_{\max}=FV=T_0(\mathrm{e}^{\mu_0\alpha}-1)V \tag{5.11}$$

5.4.2 提高皮带输送线负载能力的方法

（1）通过对式（5.10）进行分析，可以得到以下对设计具有指导意义的结论

在输送带宽度及输送带速度一定的条件下，皮带输送系统主动轮的负载能力主要由以下因素决定：

主动轮输出侧皮带张紧力 T_0；

主动轮与皮带内侧面间的摩擦系数 μ_0；

皮带与主动轮之间的包角 α。

（2）提高皮带输送线负载能力的有效途径

① 增大主动轮输出侧皮带张紧力 T_0

增大主动轮输出侧皮带张紧力可以提高皮带输送系统的功率传递能力，但增大皮带张力后皮带的工作应力相应提高，皮带的强度也必须提高，皮带制造成本必然增加，因此这并不是最好的方法，工程上一般不采用此方法。

② 增大主动轮与皮带内侧表面之间的摩擦系数 μ_0

由于皮带在主动轮处产生的最大牵引力与上述摩擦系数之间为指数递增的关系，因此增大主动轮与皮带内侧表面之间的摩擦系数可以非常有效地提高系统的负载能力，这是工程上最优先选用的方法。

③ 增大皮带与主动轮之间的包角 α

皮带在主动轮处产生的最大牵引力与包角 α 之间也为指数递增的关系，因此增大皮带与主动轮之间的包角可以非常有效地提高系统的负载能力，这也是工程上优先选用的方法。通过采用张紧轮并对张紧轮设计合适的张紧位置及调节方向，可以有效地增大皮带包角，从而有效地增加主动轮与皮带之间的驱动摩擦力。增大包角也就是增大皮带与主动轮之间的接触面积。通常在设计时主动轮与皮带之间的包角应不低于 120°，进行张紧轮调节后可以增大到 210°~230°。

④ 增加皮带宽度

增加皮带宽度实际上等于增大了皮带与主动轮之间的接触面积，因而可以增加主动轮与皮带间的驱动摩擦力。但增加皮带宽度既提高了成本，又不必要地占用了更多的空间，因此一般不采用此方法。

综上所述，提高皮带输送系统负载能力最有效的方法为：

① 皮带与主动轮之间应设计足够大的包角；

② 尽可能提高主动轮与皮带内侧表面之间的摩擦系数。

因此，在设计皮带输送系统时应特别注意保证皮带与主动轮之间的包角足够大，同时还应尽可能提高主动轮与皮带内侧表面间的摩擦系数，通常可以采取以下措施来提高主动轮与皮带表面间的摩擦系数：

① 将主动轮的表面设计加工成网纹表面，同时进行加硬处理。

② 改变主动轮与皮带间的材料配对。例如将主动轮的外表面镶嵌一层橡胶也是很常用的处理措施。

5.4.3 辊轮设计原则

根据上述分析，可以总结出以下关于皮带输送系统中辊轮的一般设计指导原则：

（1）在主动轮的设计中应尽可能增大主动轮与皮带之间的包角，同时提高主动轮与皮带之间的摩擦系数。例如将主动轮表面进行网纹及加硬处理、在主动轮表面镶嵌一层橡胶等。

（2）将从动轮、张紧轮尽可能都设计加工成相同或相似的结构，以简化设计及制造过程。

（3）设计辊轮直径时，在综合考虑皮带速度及允许结构空间的前提下，不要不必要地增大辊轮直径。

因为根据力学原理，负载扭矩等于皮带牵引力与主动轮半径的乘积，主动轮直径越大，负载扭矩也越大，因此，增大主动轮直径也就不必要地增大了负载扭矩。

另外，辊轮直径越大，辊轮的转动惯量也越大，系统在启动加速时的启动扭矩也相应增大。为了降低启动时的负载扭矩，应控制各个辐轮的直径，通常在设计时将各辐轮的直径都设计得比较小就是基于这种原因。由于每种材料及厚度的皮带都存在一个最小弯曲半径，所以辊轮的直径也不能过小，否则会增大皮带运行时的弯曲应力，缩短皮带的工作寿命。

5.5 皮带输送线电机选型计算实例

负载的计算及电机的选型是皮带输送系统设计中的重要内容，也是许多自动机械设计中必不可少的环节。在皮带输送系统中，通常采用普通的交流感应电机。为了使读者掌握此类电机的选型方法，下面通过一个实例进行说明。

【例 5.1】某皮带输送系统如图 5.10 所示，电机经过减速器后与主动轮直接连接。假设输送系统为水平状态下输送，试以某电机公司的交流感应电机样本为例，进行电机的参数计算与选型。已知设计条件分别为：

皮带及皮带上工件的总质量：m_1=20 kg；

工件与皮带间的摩擦系数：μ=0.3；

主动轮及被动轮直径：D=100 mm；

主动轮及从动轮总质量：m_2=1 kg；

皮带输送系统效率：η=90%；

要求皮带速度：V=0.14 m/s（1±10%）；

电机电源；单相 220 V，50 Hz；

工作时间：每天工作 8 h。

解（1）计算减速器要求的输出转速小

如图 5.10 所示，由于主动轮与减速器直接连接，所以减速器的输出转速就是皮带主动轮的转速：

$$n_1=\frac{V\times60}{\pi D}=\frac{(0.14\pm0.014)\times60}{\pi\times0.1}=26.7\pm2.7(\mathrm{r/min})$$

（2）计算并选择减速器所需要的减速比 i

某公司单相感应电机在 220 V、50 Hz 频率下的额定转速为 1 250~1 350 r/min，

所以减速器所需要的减速比 i 为

$$i=\frac{1\,250\sim1\,350}{26.7\sim2.7}=42.5\sim56.2$$

对照公司单相感应电机产品样本，选择与上述计算值最接近的标准减速比为 50、型号规格为 5GN50K 的减速器，并查得该规格减速器对应的传动效率为 66%。

（3）计算皮带实际牵引力 F

根据式（5.3）得皮带实际牵引力为

$$F=\mu m_1 g=0.3\times20\times9.8=58.8(\mathrm{N})$$

（4）计算负载扭矩 T_L

根据式（5.4）得主动轮上的负载扭矩为

$$T_L=\frac{FD}{2\eta}=\frac{58.8\times100\times10^{-3}}{2\times0.9}=3.27\,(\mathrm{N\cdot m})$$

由于皮带主动轮与减速器直接连接，所以主动轮上的负载扭矩 T_L 等于减速器的输出扭矩 T_g，即 $T_g=T_L=3.27$ N。

（5）计算电机所需要的最低输出扭矩 T_m

减速器的作用是提高输出扭矩、降低转速，根据减速器的输出扭矩 T_g 及减速器的传动效率 η_g，可以反向推算出电机所需要的最低输出扭矩 T_m：

$$T_m=\frac{T_g}{i\eta_g}=\frac{3.27}{50\times0.66}=0.099\,1(\mathrm{N\cdot m})$$

考虑安全余量及电压的波动等情况，通常按 2 倍最小计算值选取电机的最小启动扭矩：

$$0.099\,1\times2=0.198(\mathrm{N\cdot m})$$

（6）选择电机型号

根据计算得出的电机最低输出扭矩，设计人员可以根据电机制造商提供的样本资料选取合适的电机型号。查阅该公司的样本，选取一种启动扭矩大于 0.198 N•m 的电机型号，最后选取型号为 5IK40GN-CWE 的单相感应电机，该电机在 50 Hz、额定电压 220 V 电源下的额定输出功率为 40 W，启动扭矩为 0.2 N•m，额定扭矩为 0.3 N•m，额定转速为 1 300 r/min。因为启动扭矩 0.2 N•m 大于考虑安全余量后的计算值 0.198 N•m，所以能够满足使用负载要求。

前面已经根据减速器传动比选取减速器型号为 5GN50K，进一步确认减速器及电机的安装配合尺寸、外形尺寸，以便配套设计其他机构。

（7）负载转动惯量校核

选择好电机及减速器型号后，还需要对负载的转动惯量进行校核。

皮带与工件的转动惯量为

$$J_{m1}=m_1\left(\frac{D}{2}\right)=20\times\left(\frac{100\times10^{-3}}{2}\right)^2=500\times10^{-4}(\mathrm{kg\cdot m^2})$$

主动轮及从动轮的转动惯量为

$$J_{m2}=\frac{1}{8}m_2D^2=\frac{1\times(100\times10^{-3})^2}{8}=12.5\times10^{-4}\ (\text{kg}\cdot\text{m}^2)$$

减速器输出轴的负载总转动惯量为

$$J=J_{m1}+J_{m2}=500\times10^{-4}+2\times12.5\times10^{-4}=525\times10^{-4}\ (\text{kg}\cdot\text{m}^2)$$

减速器允许的负载转动惯量：

根据公司样本资料，所选型号 5GN50K 的减速器允许的负载转动惯量为

$$J_{\text{g}}=0.75\times10^{-4}\times50^2=1\,875\times10^{-4}\ (\text{kg}\cdot\text{m}^2)$$

结论：所选减速器允许的负载转动惯量 $J_{\text{g}}(1\,875\times10^{-4}\ \text{kg}\cdot\text{m}^2)$ 大于实际负载的总转动惯量 $J_{\text{g}}(525\times10^{-4}\ \text{kg}\cdot\text{m}^2)$，所以选型结果能满足使用要求。

（8）校核实际的皮带速度 V

由于实际所选电机的额定扭矩为 0.3 N•m，较实际负载扭矩大，所以电机能够以比额定转速更快的转速运转。

因为皮带速度是电机在空载条件下计算的，电机在空载情况下的转速约为 1 430 r/min，所以皮带的实际运行速度可以按以下方法逐步推出：

减速器的实际输出转速为

$$n_1=\frac{n_0}{n_i}=\frac{1\,430}{50}=28.6\ (\text{r}/\text{min})$$

皮带实际运行速度为

$$V=\frac{n_1\pi D}{60}=\frac{28.6\times\pi\times100\times10^{-3}}{60}=0.15\ (\text{m}/\text{s})$$

结论：上述计算结果 0.15 m/s 满足 (0.14 ± 10%) m/s 的设计速度要求。

5.6 皮带输送线的调整与使用维护

5.6.1 皮带打滑与跑偏现象及其调整

1）皮带打滑现象与纠正

通过皮带输送线负载能力的分析可知，皮带的有效牵引力与皮带的初始张紧力成正比，与主动轮和皮带之间的摩擦系数、包角成指数增大的关系，如果皮带与主动轮之间的摩擦力不足以牵引皮带及皮带上的负载，则会出现虽然主动轮仍然在回转，但皮带却不能前进或不能与主动轮同步运行，这种现象就是通常所说的皮带打滑现象。

当出现打滑现象时，可能的原因为：

（1）皮带的初始张紧力不够

如果皮带没有足够的初始张紧力，主动轮与皮带之间就不会产生足够的摩擦驱动力，也就不能牵引皮带及负载运动。

当确认皮带的初始张紧力不够时，需要通过张紧轮的调整逐步加大皮带的初始张紧力。但张紧力也不能过大，因为这样会提高皮带的工作应力，缩短皮带的工作寿命，同时输送系统在工作时还会产生更大的振动与噪声。因此皮带的初始张紧力必须边调整边观察，逐步调整至合适的水平。

在装配皮带输送线时，首先让皮带呈松弛状态装入，开动电机，然后逐渐调紧张紧轮使皮带的初始张紧力慢慢增大，调节张紧轮位置至主动轮能够可靠牵引皮带及皮带上的最大负载正常运行为止。

（2）主动轮与皮带之间的包角太小

如果通过检查确认皮带的初始张紧力为正常水平但仍然不能消除皮带打滑现象，最可能的原因之一就是主动轮与皮带之间的包角太小。

进一步检查主动轮与皮带之间的包角是否太小，通常主动轮与皮带之间的包角应不低于120°，如果主动轮与皮带之间的包角偏低而且调整张紧轮的位置仍然无法有效地增大，可能需要修改设计。由此可见，在设计时应该仔细考虑这些因素，确保设计质量，如果在装配调试时才发现问题，再去修改设计就很被动了。

（3）主动轮与皮带之间的摩擦系数太小

如果通过检查确认皮带的初始张紧力、主动轮与皮带之间的包角都达到正常水平，但还不能消除皮带的打滑现象，最可能的原因就是主动轮与皮带之间的摩擦系数太小。

解决的办法为：仔细观察主动轮表面是否过于光滑，否则就采用滚花结构或镶嵌一层橡胶后再试验。

2）皮带跑偏现象与纠正

皮带跑偏是皮带输送线在运行时最常见的故障，也就是说皮带在运动时持续向一侧发生偏移直至皮带与机架发生摩擦、磨损甚至卡住。皮带跑偏轻则造成皮带磨损，输送散料时出现撒料现象，重则由于皮带与机架剧烈摩擦引起皮带软化、烧焦甚至引起火灾，造成整条生产线停产。

根据基本的力学原理可知，当皮带输送系统中各辊轮的轴线与皮带纵向不垂直，或各辊轮的轴线之间不平行时，皮带的张力在皮带宽度方向上必然不均匀，造成一侧张力大而另一侧张力小，在运行过程中皮带自然会由张力大的一侧逐渐向张力小的一侧偏移，导致皮带跑偏。

导致皮带跑偏的原因很多，只有仔细观察、积累经验，才能找到解决皮带跑偏现象的有效方法。最常见的原因及纠正措施如下。

（1）因为安装误差引起的皮带跑偏

皮带输送线安装质量的好坏对皮带跑偏的影响最大，由安装误差引起的皮带跑偏现象最难处理。安装误差主要有以下两点。

① 输送皮带接头不平直

如果皮带在切割及接头制作过程中接头出现不平直，将会造成皮带两边张力不均匀，皮带始终从张紧力大的一侧向张紧力小的一侧跑偏。针对这种情况，可以通过调整主动轮或从动轮两侧的位置以平衡皮带的张紧力来消除，调整无效时必须重接皮带接头。

② 机架歪斜

机架歪斜包括机架中心线歪斜和机架两边高低倾斜，这两种情况都会造成严重跑偏，并且很难调。例如某企业在对一台非专业安装人员安装的皮带输送线试机时，皮带跑偏严重，通过测量发现机架中心线歪斜，头尾调正后，中间部位的跑偏仍无法纠正，最后对机架重新进行安装才解决问题，可见机架歪斜的影响之大。为了保证安装质量，要求在安装时对机架相关位置尺寸进行仔细测量与调整，包括用水平尺仔细测量调整机架的水平度。

（2）皮带输送线运行中引起的皮带跑偏

① 辊轮、托辊黏料引起的跑偏

用于散料输送的皮带输送线在运行一段时间后，由于某些散料具有一定的黏性，部分散料会黏附在辊轮和托辊上，使得辊轮或托辊局部直径变大，引起皮带两侧张紧力不均匀，造成皮带跑偏。出现这种情况应该及时清除辊轮和托辊上的散料。

② 皮带松弛引起的跑偏

调整好的皮带在运行一段时间后，由于皮带拉伸产生永久变形或老化，会使皮带的张紧力下降，造成皮带松弛，引起皮带跑偏。所以在日常检查维护中要注意检查皮带的张紧力情况，发现皮带松弛要及时进行调整。

③ 散料分布不均匀引起的跑偏

如果皮带空转时不跑偏，重负荷运转时跑偏，说明散料在皮带两边分布不均匀。散料分布不均主要是皮带接料处散料下落方向和位置不正确引起的，如果散料偏到左侧，则皮带向右跑偏，反之亦然。遇到这种情况只要调整散料的下落方向和位置，使其在皮带上分布均匀即可。

（3）皮带输送线皮带跑偏现象的纠正

皮带输送线在安装时首先要确保皮带接头平直，确保机架安装质量，减小或消除安装误差，对机架歪斜严重的必须重新安装。

在试运行或正常运行中的跑偏，通常的调整方法主要有如下几种。

① 调整托辊

对于采用托辊支承的皮带输送线，如果皮带在整个输送线的中部跑偏时，可以采取调整托辊的位置来调整跑偏，托辊支架两侧的安装孔加工成长孔，就是方便进行调整的。调整方法是皮带偏向哪一侧，就将托辊的哪一侧朝皮带前进方向前移，或将托辊的另一侧后移。

② 调整辊轮位置

主动轮与从动轮的调整是皮带跑偏调整的重要环节。因为一条皮带输送线至少有 2~5 只辊轮，理论上所有辊轮所在位置的轴线必须垂直于皮带输送线长度方向的中心线，而且还要相互平行，若辊轮轴线偏斜过大必然发生跑偏。

由于主动轮的位置通常调整的范围很小或无法调整，所以通常调整从动轮的位置来纠正皮带的跑偏。皮带向哪一侧偏移就将从动轮的该侧向皮带前进方向调整，或将另一侧向反方向放松，通常需要经过反复调整，每次调整后使皮带运行约 5 min，边观察边调整，直到皮带调到较理想的运行状态、不再跑偏为止。

除从动轮可以调整皮带的跑偏外，对张紧轮的位置进行调整也可以实现同样的效果，调整方法与图 5.18 所示方法完全相同。

对于可以调整位置的各辊轮，在轮轴安装处通常都要设计专门的腰形槽孔，同时用专门的调整螺钉通过调整辊轮传动轴来调整辊轮的位置。

③ 其他措施

除上述调整措施外，为了防止出现皮带跑偏，还可以同时将所有辊轮设计成两端直径比中部直径小 1% 左右，可以对皮带施加部分约束，确保皮带正常运行。

总之，对于皮带输送线的跑偏现象，只要加强日常巡检，及时清除引起皮带跑偏的各种因素，掌握皮带跑偏的规律，就能找出相应的解决办法。

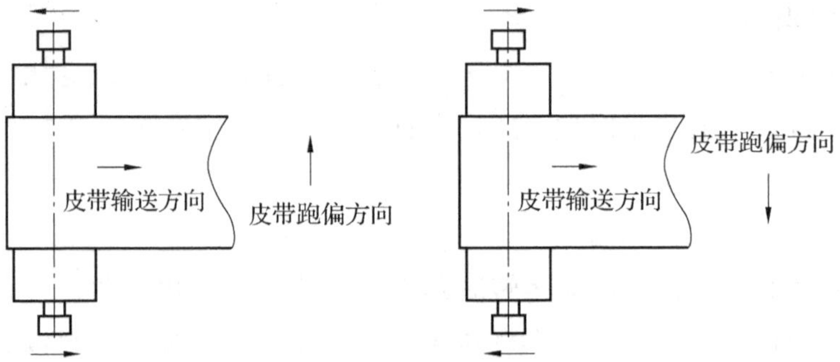

图 5.18　皮带跑偏调整方法示意图

5.6.2　皮带输送线的日常检查与维护

在皮带输送系统的安装和使用过程中，需要注意皮带的安装、皮带的张紧调节、皮带的跑偏调节、皮带的更换、传动润滑、安全等环节，以下是对相关实践经验的归纳总结。

（1）皮带使用前要用水平尺将皮带调整到水平状态，若输送线由多段组成，除要求各段输送线等高外．还需要通过校准细线将各段调整连接到一条水平直线上。

（2）张紧皮带时应先通电使系统运转起来，然后再逐渐调整张紧轮，使皮带张紧力调整到合适状态。

（3）电机传动齿轮（或同步带、链条）处应设计保护罩，防止意外事故发生。

（4）若发生意外事故，首先应立即切断电源，再进行检查并采取相应措施。

（5）传动齿轮及各运动部位应每半年加一次润滑脂。皮带传动轴处如果有异常响声，则表明可能缺少润滑，需要加入润滑脂或润滑油。

（6）在每天的工作及检查中，应注意观察皮带的使用情况，检查是否有异常磨损现象或异常声音发生。若有异常现象发生，应立即查明原因并加以解决，以免加速降低皮带的使用寿命。

第 6 章　链条输送线设计原理与应用

在自动化制造领域，物料输送系统是自动化生产线的重要组成部分，这种物料输送系统中，最基本的方式就是皮带输送系统与本章要介绍的链条输送系统。这两种物料输送系统都大量使用在自动化装配生产线及人工装配流水线上。

由于皮带输送是依靠皮带与驱动辊轮之间的摩擦力来进行的，所以皮带输送系统一般用于输送质量不大的产品或物料。既可以使用在由多台自动化专机组成的自动化生产线上，也可以使用在单台自动化专机上，还大量使用在人工装配流水线上。

链条输送系统则既可以输送小型的物料，例如电子元器件，也可以输送质量更大的物料，例如电视机、计算机显示器、空调器、电冰箱、汽车、卷烟、啤酒、饮料等，主要应用在自动化生产线上。

6.1　链条输送线主要类型及工程应用

6.1.1　链条输送线的分类

所谓链条输送系统就是利用链条的运动，结合其他附加装置（例如吊架、挂钩、平板等），将物料从一个位置自动输送到另一个位置的系统，物料的输送路线既可以是通常的水平输送，也可以是倾斜的。

目前，在自动化生产线上，最典型且大量使用的链条输送线主要为下列类型：

- 倍速链输送线
- 平顶链输送线
- 悬挂链输送线

6.1.2　链条输送线的特点

链条输送线之所以在自动化生产线上得到大量使用，是因为它们具有以下众多优点：

（1）承载能力大

链条输送线的承载能力比皮带输送线大，所以皮带输送线一般用于输送物料质量不大的产品，而链条输送线则一般用于负载较大的场合，而且结构紧凑。

（2）可以在恶劣的环境下运行

由于输送线的主要传动部件为输送链条，与链传动的特点类似，链条输送线可以在恶劣的环境下运行，例如高温、灰尘、潮湿的环境，这些环境是皮带输送所无法进行的，而且链条输送线的维护简单。

（3）输送物料灵活

链条输送线输送的物料既可以是成件的物品（如卷烟、瓶装饮料、矿泉水、啤酒、电视机、计算机、空调器、电冰箱、汽车等），也可以是散装的物品（如粮食）。

（4）输送位置准确

链条输送线既可以应用于比较准确的步进输送，也可以在生产线上通过专用的阻挡气缸，使工件准确停留在需要的位置，而不影响链条的连续运行。

当然，链条输送线也存在一些缺点，例如：运动不均匀，有一定噪声，不适宜用于频繁启动、制动、反转及高速输送的场合。

6.1.3　链条输送线的应用场合

链条输送线大量应用在我国制造业的各种行业，例如：

- 空调器、电冰箱、冷柜的装配流水线
- 电视机装配流水线
- 汽车装配流水线
- 计算机装配流水线
- 卷烟自动化包装及仓储物流系统
- 瓶装饮料、矿泉水、啤酒生产线

6.2　倍速链输送线

6.2.1　倍速链的结构及工作原理

6.2.1.1　倍速链的定义

用于物料输送的链条与链传动采用的链条类似，工程上最常用的输送链条为滚子链。

所谓倍速输送链（double plus conveyor chain）就是这样一种滚子输送链条，也可以称为节拍输送链、自由节拍输送链、差速链、差动链，在输送线上，链条的移动速度保持不变，但链条上方被输送的工装板及工件可以按照使用者的要求控制移动节拍，在所需要停留的位置停止运动，由操作者进行各种装配操作，完成上述操作后再使工件继续向前移动输送。所以倍速输送链也称为可控节拍输送链、自由节拍输送链、倍速链、差速链、差动链，工程上习惯称为倍速链。图 6.1 为倍速链的外形图。

图 6.1　倍速链的外形图

6.2.1.2　**倍速链结构组成**

图 6.2 为倍速链的结构图，从图中可以看出，倍速链由内链板、套筒、滚子、滚轮、外链板、销轴等六种零件组成。图 6.3 为倍速链的机构组成图。

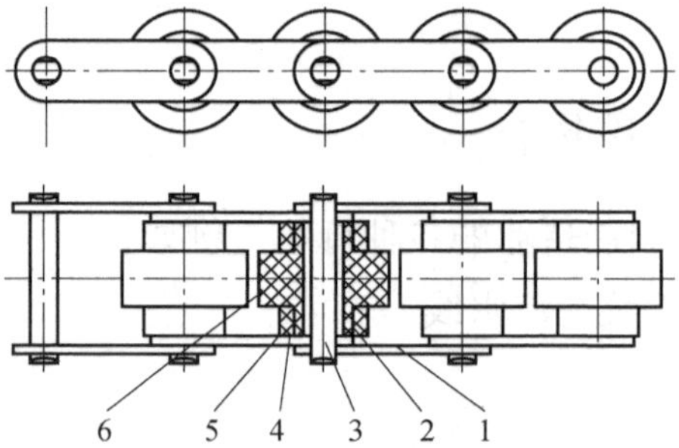

1—外链板；2—套筒，3—销轴；4—内链板；5—滚子；6—滚轮

图 6.2　倍速链结构图

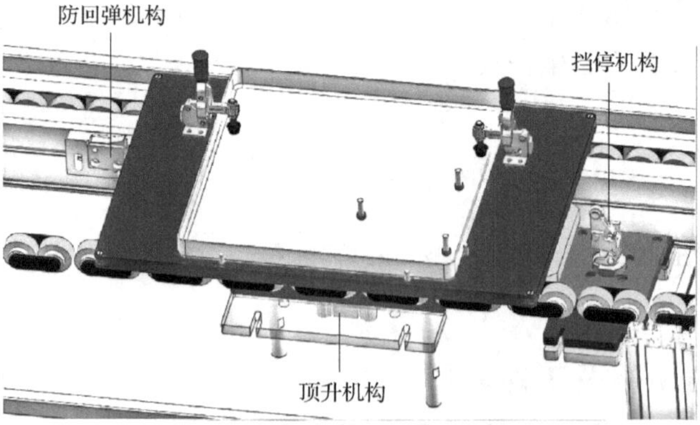

图 6.3　倍速链的机构组成图

（1）零件材料

通常情况下，滚子、滚轮是由工程塑料材料注塑而成的，只有在重载情况下才使用钢制

材料，除此以外，其余零件都为钢制材料。

（2）零件连接方式

倍速链的结构与普通双节距滚子链的结构类似，其中：

① 销轴与外链板

销轴与外链板采用过盈配合，构成链节框架。

② 销轴与内链板

销轴与内链板均为间隙配合，以使链条能够弯曲。

③ 销轴与套筒

销轴与套筒一般有两种连接方式，其中一种为套筒插入内链板并与内链板过盈配合，另一种为套筒不插入内链板，直接将套筒空套在销轴上，两种情况下套筒与销轴之间都为间隙配合。

④ 套筒与滚轮

套筒与滚轮之间是间隙配合，它们之间可以发生相对转动。滚轮安装示意图如图 6.4 所示。

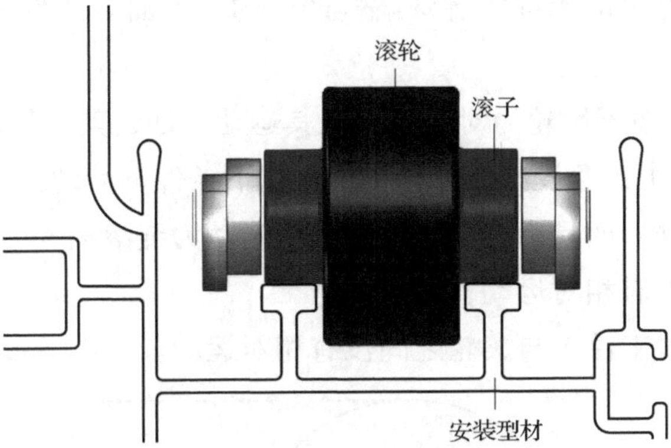

图 6.4　滚轮安装示意图

⑤ 滚轮与滚子

滚轮与滚子之间是间隙配合，它们之间可以发生相对转动，以减少它们工作时相互之间的磨损，这对于连续长距离的输送非常重要。

（3）连接链节

为了组成一个封闭的环形结构，倍速链与其他滚子链一样也需要一个连接件，称为连接链节，连接链节将链条两端连接后，还必须装入止锁件，防止连接链节脱落。

6.2.1.3　**倍速链的工作原理**

（1）各零件的作用

在图 6.2 所示的倍速链结构图中，各零件的作用分别为：

① 滚轮

倍速链在使用时直接通过滚子放置在链条下方的导轨支承面上，滚子与支承面直接接触，滚轮的下方是悬空的，而滚轮的上方则直接放置装载工件的工装板，因此滚轮是直接的承载部件，既要承受工装板的重量，还要承受工装板上被输送工件的重量。

② 滚子

滚子是直接的承载部件，滚子被支承在导轨支承面上，既要承受通过滚轮传递而来的工装板的重量及工装板上被输送工件的重量，又要在导轨上滚动前进，同时链条的驱动是通过驱动部位链轮的轮齿直接与滚子啮合来进行的。

③ 内外链板、销轴

内外链板及销轴是链条的连接件，使单个的滚子滚轮串联成链条。

④ 套筒

套筒的作用为减小销轴与滚轮之间的摩擦，保护销轴。

（2）倍速链的增速原理

倍速链之所以被称为倍速链、差速链、差动链，就是因为它具有特殊的增速效果，也就是放置在链条上方的工装板（包括工装板上放置的被输送工件）的移动速度大于链条本身的前进速度。这一效果是由于倍速链的特殊结构产生的，下面对产生上述增速效果的原因进行简单的分析计算。

如果取链条中的一对滚子滚轮为对象，分析其运动特征，其工作模型如图 6.5 所示。

在图 6.5 所示的模型中，假设滚子滚轮机构在以下条件下运动：

① 滚子在导轨上滚动，而且滚子与导轨之间的运动为纯滚动；

② 滚子与滚轮之间没有相对运动；

③ 工装板（上面放置工件）与滚轮之间没有相对运动。

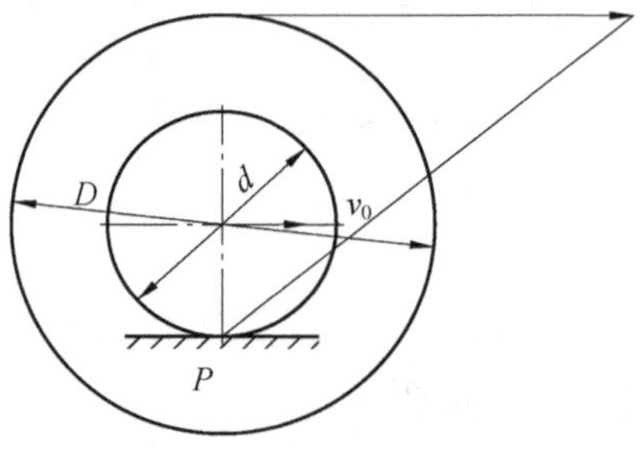

图 6.5　倍速链工作模型

设链条的前进速度为 v_0，工装板（工件）的前进速度为 v，滚子的直径为 d，滚轮的直径为 D。

根据上述假设，由于滚子、滚轮之间没有相对运动，在滚子、滚轮滚动的瞬间可以将它们看作是刚性连接在一起的，两者瞬间的滚动可以看作是以滚子与导轨接触点 P 点为中心的转动。

假设滚子及滚轮上述瞬时转动的角速度为 ω，因此滚子几何中心的切线速度就是链条的

前进速度 v_0，而滚轮上方顶点的切线速度就是工装板（工件）的前进速度 v，因而有

$$v_0 = \omega \frac{d}{2} \tag{6.1}$$

$$v = \omega\left(\frac{d}{2}+\frac{D}{2}\right) \tag{6.2}$$

根据式（6.1）和式（6.2）可以得出

$$v = \left(1+\frac{D}{d}\right)v_0 \tag{6.3}$$

式中：d 为滚子直径；

D 为滚轮直径；

ω 为滚子及滚轮的瞬时转动角速度；

v_0 为滚子几何中心的切线速度（链条的前进速度）；

v 为滚轮上方顶点的切线速度（工装板或工件的前进速度）。

分析：对式（6.3）进行分析可以发现，由于滚轮直径 D 可以成倍地大于滚子直径 d，因此工装板(工件)的前进速度 v 可以是链条前进速度 v_0 的若干倍，这就是倍速链的增速效果原理，增大滚轮滚子的直径比 D/d 就可以提高倍速链的增速效果。

实际上前面的假设与实际情况是有一定距离的，各运动副之间不可避免地存在移动摩擦，滚子与导轨之间也可能产生一定的滑动，所以实际的增速效果要比式（6.3）的理论计算值小。

增速效果是倍速链的一个重要技术指标，质量差的链条由于设计与制造精度较差，其增速效果将会很差。由于增速效果与滚子、滚轮的直径直接相关，根据式（6.3）可知，只要增大滚轮滚子的直径比 D/d 就可以提高倍速链的增速效果，而要增大滚轮的直径受到链条节距的限制，而减小滚子的直径也受到链条结构的限制，所以倍速链的增速幅度是有一定限制的，通常的增速效果为 $v=(2\sim3)v_0$，常用的规格为 2.5 倍速输送链和 3 倍速输送链。

6.2.1.4　倍速链的性能特点

根据上述对倍速链工作原理及增速效果的分析，可以总结出倍速链链条具有以下优点：

（1）链条以低速运行，而工装板与被输送工件则可以获得成倍于链条速度的移动速度，通常工装板运行速度是链条运行速度的 2.5 或 3 倍，提高了输送效率。

（2）由于工装板与滚轮之间是摩擦传动，因此可以利用它们之间可能出现的滑差，使得当链条以原有速度前进时，让工装板停留在某一位置上，从而按工艺要求控制工件输送的节拍，这正是手工装配流水线或自动化生产线上所需要的特征。由于滚轮与工装板之间为滚动摩擦，所以对倍速链链条可以起到很好的保护作用，或者说，尽管倍速链链条以固定的运动速度连续运行，而如果让工装板停留在某一位置上并不会损害链条，这样就非常适应工业生产对输送线的需要。

（3）链条质量轻，使整个输送装置轻便，系统启动快捷。

（4）因滚轮材质为工程塑料，因而链条运行平稳、噪声低、耐磨损、使用寿命长。如需输送重型物件，可将滚轮及滚子改为钢制滚轮和滚子以提高其强度。如需在腐蚀或潮湿的条件下使用，链条还可进行镀镍或改用不锈钢材质。

6.2.1.5 倍速链的标准规格

（1）倍速链尺寸标准

由于倍速链大量应用在各种自动化生产线及手工装配流水线上，它们是按一定的标准规格设计制造的，我国于 1993 年制定了《倍速输送链》机械行业标准，标准号为 JB/T7364—1994。在标准中详细规定了链条号、结构形式、标记方法、基本参数、尺寸、链轮。图 6.7 为倍速链各种基本参数示意图，表 6.1、表 6.2 为各种标准尺寸，各厂家一般都是按照上述标准尺寸设计制造的。

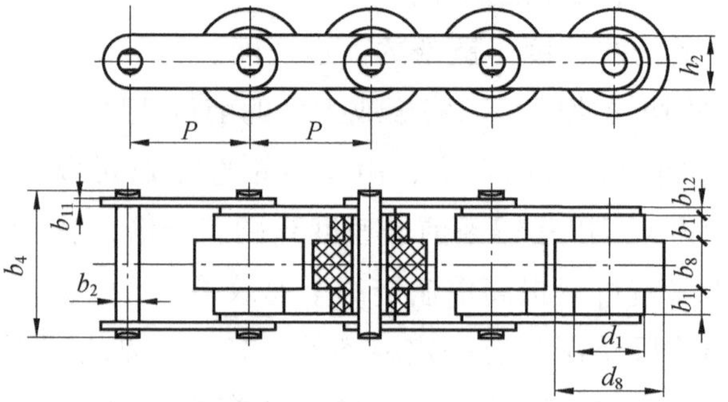

图 6.7 倍速链各种基本参数示意图

（2）倍速链标记方法

倍速链作为一种标准传动部件，一般采用通用的标准代号来表示。标记方法一般为："链号整链节数 / 标准号"。

例如：节距为 38.1 mm、整链节数为 84、理论增速幅度达到 3 倍的标准倍速链标记为"BS30-C212A84JB/T7364—1994"。

表 6.1 2.5 倍速链条尺寸表 单位：mm

链号	节距 P	滚子外径 d_1	滚轮外径 d_8	滚子高度 b_1	滚轮高度 b_8	销轴直径 d_2	链板高度 h_2	外链板厚度 b_{11}	内链板厚度 b_{12}	销轴长度 b_4	连接销轴长度 b_7
		max		min	max						
BS25-C206B	19.05	11.91	18.3	4.0	8.0	3.28	8.26	1.3	1.5	24.2	27.5
BS25-C208A	25.40	15.88	24.6	5.7	10.3	3.96	12.07	1.5	2.0	32.6	36.5
BS25-C210A	31.75	19.05	30.6	7.1	13.0	5.08	15.09	2.0	2.1	40.2	44.3
BS25-C212A	38.10	22.23	36.6	8.5	15.5	5.94	18.08	3.0	4.0	51.1	55.7
BS25-C216A	50.80	28.58	49.0	11.0	21.5	7.92	24.13	4.0	5.0	66.2	71.6

表 6.2　3 倍速链条尺寸表　　单位：mm

链号	节距 P	滚子外径 d_1	滚轮外径 d_8	滚子高度 b_1	滚轮高度 b_8	销轴直径 d_2	链板高度 h_2	外链板厚度 b_{11}	内链板厚度 b_{12}	销轴长度 b_4	连接销轴长度 b_7
		max		min	max						
BS30-C206B	19.05	9.00	18.3	4.50	9.10	3.28	7.28	1.3	1.5	26.3	29.6
BS30-C208A	25.40	11.91	24.6	6.10	12.50	3.96	9.60	1.5	2.0	35.6	39.5
BS30-C210A	31.75	14.80	30.6	7.50	15.00	5.08	12.20	2.0	2.4	43.0	47.1
BS30-C212A	38.10	18.00	36.6	9.75	20.00	5.94	15.00	3.0		58.1	62.7
BS30-C216A	50.80	22.23	49.0	12.00	25.20	7.92	18.60	4.0	5.0	71.9	77.3

6.2.2　倍速链输送线的设计及工程应用

6.2.2.1　倍速链输送线的设计

在倍速链链条的基础上，加上电机驱动系统及其他附件就可以组成倍速链输送线。图 6.8 所示为由倍速链链条组成的双层倍速链输送线结构。在工程上，倍速链输送线的实际长度通常可达数十米。

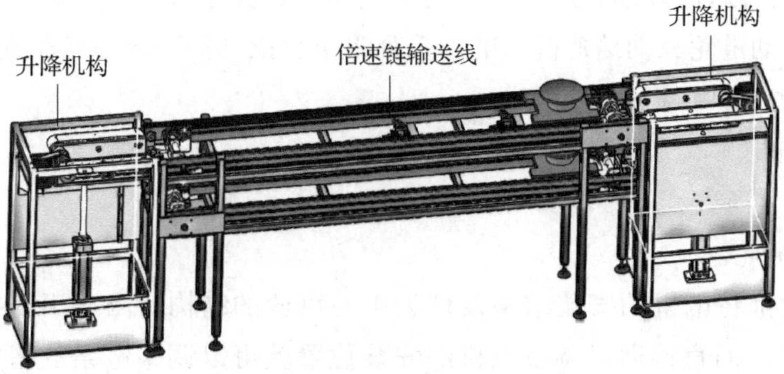

图 6.8　双层倍速链输送线结构

（1）倍速链条的导轨型材

倍速链链条是通过链轮驱动，链条依靠直接放置在导轨支承面上的滚子来支承，链条在链轮的拖动下，滚子在支承导轨上滚动，使链条载着上方的工装板及物料向前方移动。

导轨一般是由专门设计制造的铝型材根据需要的长度裁取、连接而成的，图 6.9 所示为倍速链条在导轨型材中的安装方式。而关于导轨型材，不同倍速比的倍速链对应着不同的型材，大家根据自己的要求选取就可以了；回程导向的作用是防止链条在进入导轨型材时被卡住，这个零件也是标准品，根据链条选取就可以。

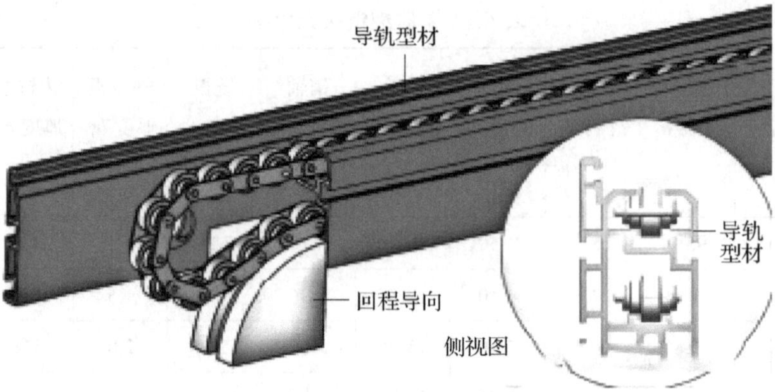

图 6.9　倍速链条在导轨型材中的安装方式

（2）倍速链条的驱动系统

要使链条在导轨支承面上前进，就需要对链条施加一定的牵引力，拖动链条在支承导轨上滚动前进，驱动倍速链链条最常用的方法为链轮驱动。

① 驱动系统的组成

倍速链输送线上的驱动系统与皮带输送系统的驱动系统类似，但由于倍速链输送线的负载通常更大，所以倍速链输送线一般采用普通的套筒滚子链传动系统来驱动。整个驱动系统如图 6.10 所示，电机通过减速器后，通过传动链条，将扭矩传递给安装有倍速链驱动链轮的传动轴，再通过驱动链轮驱动倍速链上的一系列滚子，拖动倍速链在导轨支承面上滚动前进。

整个驱动系统主要由以下部分组成：

• 电机及减速器。

• 链传动。

• 倍速链驱动链轮。

一般在设计时都将电机的安装结构设计为中心可调的结构，因此不需要另外采用张紧链轮来张紧传动链条，而直接通过调整电机的安装位置就可以调整链条的张紧程度，简化了机构设计。

② 倍速链驱动链轮

直接驱动倍速链的装置就是位于上述链传动从动链轮轴上的倍速链驱动链轮，这种驱动链轮与普通的链传动链轮非常相似，但也存在以下不同之处：

• 齿数较少。

由于输送链条一般节距较大，使用时往往要求链条移动速度较低，为了降低链条速度，避免链轮直径过大，所以一般选取较少的齿数。

• 齿距更大。

由于输送链条一般节距比传动链条更大，因此链轮的齿距也相应更大。

• 链轮的尺寸加工精度要求降低。

由于倍速链的驱动链轮在工作时并不要求往复回转，而且使用转速较低，所以如果链条上的滚子能够沿链轮根圆的圆周移动，那么即使链条与链轮的节距有较大的制造误差，链条仍然能够与链轮啮合，因此输送用链条与链轮的制造精度都可以降低，以降低制造成本。

• 输送链轮一般采用非机械加工链轮。

输送链的链轮一般尺寸较大，由于对链轮的加工精度要求降低，为了降低制造成本，所以一般采用非机械加工的方法加工链轮。

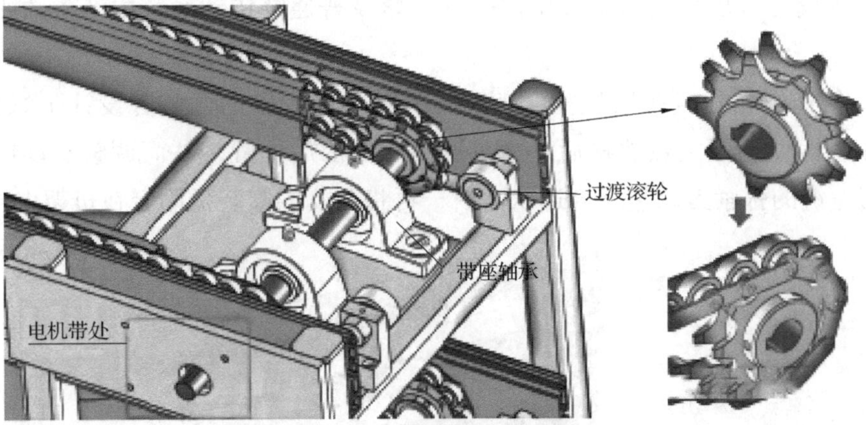

图 6.10　倍速链的主动端

① 电机驱动轴通过两个带座轴承固定，然后和两侧的主动链轮连接；

② 从图中可以看到，链轮为双排，分别卡在倍速链滚轮的两侧；

③ 过渡滚轮的作用：当治具盘从倍速链输送线到提升机构时，可以起到支撑过渡的作用。

（3）倍速链条的从动端

倍速链条的从动端，如图 6.11 所示。

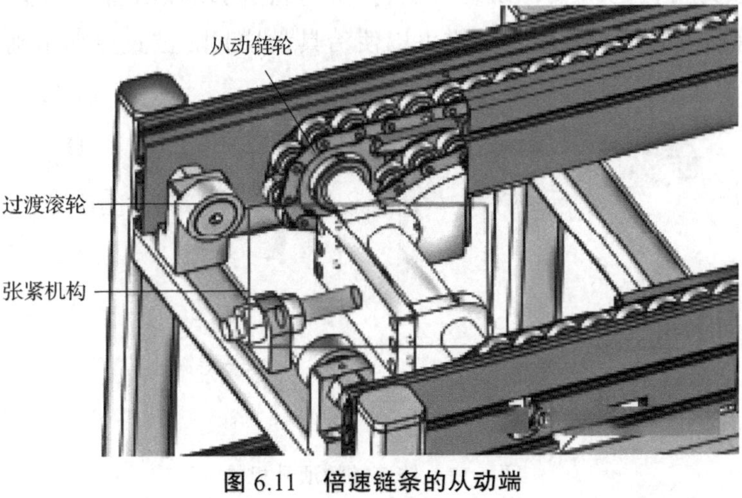

图 6.11　倍速链条的从动端

① 从动链轮和主动链轮相比，除了和轴的连接方式不同，其他都是一样的，所以就不介

绍了。

② 张紧机构：用来将倍速链张紧。但是这个机构不太合理，用下面这种方式会更好一点。

（4）倍速链条的张紧机构

与普通链传动类似，倍速链在工作过程中需要设置合适的张紧力，否则倍速链与驱动链轮之间无法进行良好的啮合。为了简化系统的结构，一般将倍速链驱动链轮的驱动轴设计成固定的位置，而从动链轮的轮轴则设计成可以调节的，根据需要可以调节从动链轮的位置，调整倍速链的张紧力，皮带输送系统中皮带的张紧及普通链传动系统中链条的张紧也采用了这样的方法。

图 6.12 为倍速链输送线张紧机构实例，在从动链轮轮轴的两侧各设计了螺栓调整机构，将从动链轮轮轴两侧的固定板放松后，通过调整螺栓前后位置，从而调整从动链轮轮轴的前后位置，当倍速链的张紧力调整至合适状态后，再将两侧的安装板固定在机架上即可。

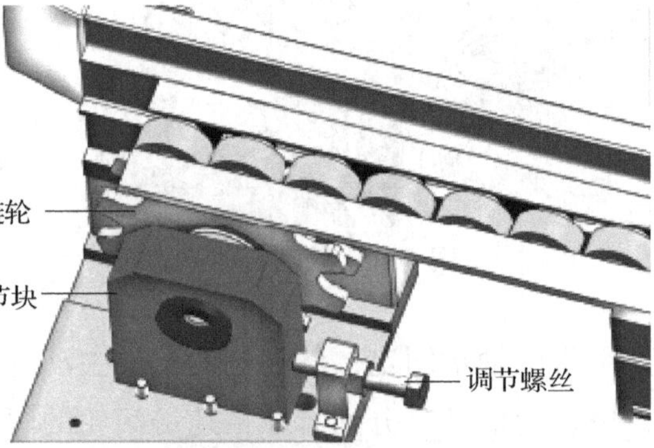

图 6.12　倍速链输送线的张紧机构

（5）倍速链条的顶升机构

图 6.13 就是顶升机构的组成，顶升气缸将上面黄色的顶板沿着导向轴顶起来，同时会将定位销插入治具盘相应的定位孔中，这样可以使治具盘顶起后位置更加精确。

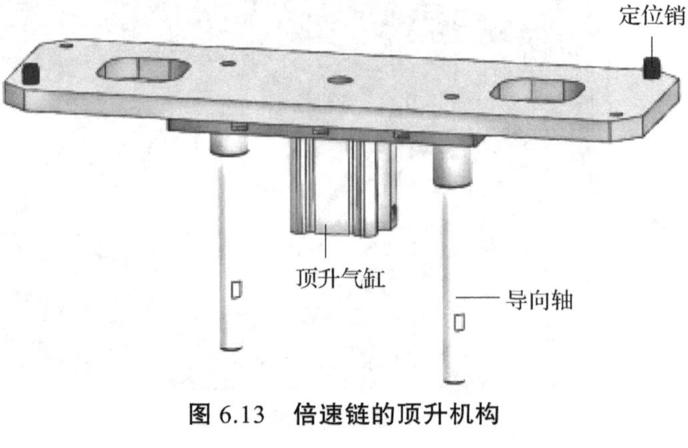

图 6.13　倍速链的顶升机构

（6）倍速链条的提升机构（如图 6.14 所示）

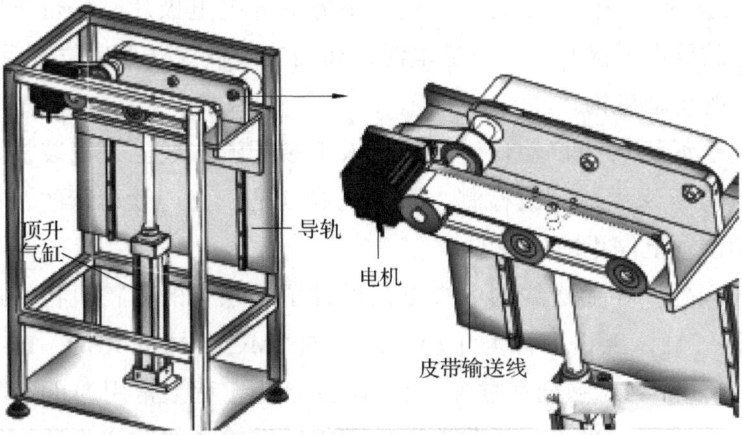

图 6.14　倍速链条的提升结构

顶升气缸推动机构沿着导轨上下滑动；电机带动两侧的皮带输送线，将治具盘送进 / 送出提升机构。

（7）倍速链条的工装板

工装板一般采用胶合板、增强 PVC 板、一次成型塑料板、胶合板与 PVC 合成板等材料制造。

由于工装板不仅是工件的自动输送载体，而且产品的装配和检测也是在工装板上进行的，因此工装板的表面材料应根据工艺需要具有相应的特殊要求，例如防静电、耐磨性能。通常工装板的表面采用防静电胶皮、金字塔形耐磨防滑胶皮、PP 塑料耐磨板、防静电毛毯、防静电高密度海绵等材料。

在手工装配流水线或自动化生产线上，由于某些工序需要在工装板上对工件进行各种装配、检测、调试、老化等程序，所以工装板上除设置有工件定位夹具外，经常还需要设置电源插座、开关、检测信号接收装置等。

由于工装板是放置在倍速链链条上随链条一起运动的，因此使工装板从输送线上获得电源最简单，但不能带通常的电源线，所以在工装板下方沿输送方向设计有两条由专门的铜合金导电金属片制作的电极，而在输送线上则设计有一系列专门的导电轮（工程上也称为集电子）或导电槽，如图 6.15 所示。

图 6.15　倍速链输送线上的导电轮

导电轮的材料也是导电性能较好的铜合金金属，分单向导电和双向导电。这样当工装板在需要装配操作的位置上停留下来时，工装板下方的导电电极片刚好位于输送线上的导电滚轮上，工装板下方的导电电极片自动接通电源，而当工装板离开上述位置后电源则自动切断。

（8）倍速链条的止动机构

在由倍速链输送线组成的自动化生产线或人工装配流水线上，工装板（连同工件）需要在各种操作位置上停下来供装配或检测，而输送线则是一直连续运行的，如何使工装板在需要进行工序操作的位置上停止前进呢？

为了解决上述问题，在输送线的中央专门设计了一系列的阻挡机构，这种阻挡机构实际上就是一种专门的气缸，工程上称为止动气缸（如 SMC 公司的 RSQ、RSG、RSH、RSA 系列气缸，FESTO 公司的 STA 系列气缸）。图 6.16 所示为工程上常用的止动气缸。

在人工装配流水线上，当工装板载着工件随倍速链输送线输送到装配工位时，输送线中央的止动气缸处于伸出状态，工装板前方碰到止动气缸活塞杆端部的滚轮时，止动气缸使工装板的运动停止下来。当完成装配操作后，工人踩下工位下方的气阀脚踏板，止动气缸活塞杆缩回，工装板自动恢复前进，倍速链输送线的这一特点使其非常适合用于自由节拍的人工装配流水线。

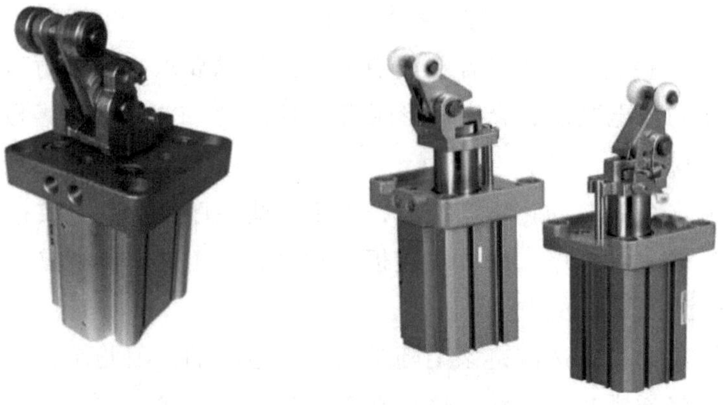

图 6.16　工程上常用的止动气缸

在小型负载场合，采用气缸内部装有压缩弹簧的止动气缸，无气压时活塞杆处于伸出状态，弹簧可以吸收工装板的冲击能量。在重载场合，采用带油压吸振器的止动气缸，当工装板前方碰到止动气缸活塞杆端部的滚轮时，滚轮杠压下油压吸振器的缓冲杆获得缓冲，使工装板实现软停止。

在自动化装配生产线上，止动气缸的伸出缩回动作都依靠传感器及控制系统来实现。

（9）倍速链条的链条

将如前面图 6.1 所示的倍速链链条用链条链节连接成封闭的环状结构，再将倍速链链条安装在输送系统的支承导轨及驱动链轮上，然后在链条上方放上工装板就可以进行物料的输送了。如前所述，倍速链链条是按一定的标准规格尺寸设计生产的。

（10）回转导向座

倍速链输送线是类似皮带输送系统的结构，链条组成一个上下封闭的循环，上方段输送物料，称为承载段，下方段用于链条的循环，称为返回段。为了充分利用空间，上下两段所用导轨之间的距离比驱动链轮的直径还要小，这样就造成倍速链链条从主动链轮进入返回段导轨、或从返回段导轨进入从动链轮时，容易发生链条卡住的现象，影响正常的传动运行。

为了解决上述问题，有必要在上述两处分别加入一个回转导向座，使链条能够沿着回转导向座顺利地进入和导出链轮，如图 6.17 所示。

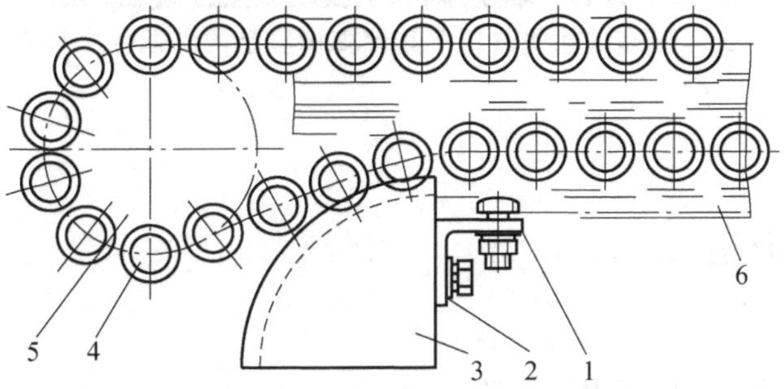

1—T形槽用螺栓；2—连接座；3—回转导向器；4—倍速链；5—链轮；6—导轨

图 6.17 回转导向座示意图

输送线两端的回转导向座结构完全一样，只是一端的链轮为主动链轮，而另一端的链轮为从动链轮。

6.2.2.2 倍速链应用实例

倍速链在各种自动化生产线及手工装配生产线上得到了广泛的应用，作为物料的自动化输送系统。图 6.18 所示为倍速链输送线用于电冰箱内胆装配生产线实例。图 6.19 所示为倍速链输送线用于某微波炉产品装配生产线实例。图 6.20 为倍速链输送线用于某计算机显示器装配生产线实例。

图 6.18 倍速链输送线用于电冰箱内胆装配生产线实例

图 6.19 倍速链输送线用于某微波炉产品装配生产线实例

图 6.20 倍速链输送线用于某计算机显示器装配生产线实例

6.3 平顶链输送线

6.3.1 平顶链的结构与工作原理

6.3.1.1 平顶链的定义

所谓平顶链是指专门用于平顶式输送机的链条，工程上也称为顶板输送链。由平顶链组成的输送线称为平顶链输送线。

平顶链常用于输送玻璃瓶、金属易拉罐、各种塑料容器、包裹等，也可以输送机器零件、电子产品及食品等。

根据形状的区别，平顶链分为直行平顶链与侧弯平顶链两种。

图 6.21 为直行平顶链外形图，图 6.22 为侧弯平顶链外形图。

图 6.21 直行平顶链外形图

图 6.22 侧弯平顶链外形图

6.3.1.2 平顶链的结构与工作原理

（1）直行平顶链

① 链条结构

直行平顶链的结构很简单，仅由一块两侧带铰圈的链板及一根轴销组成，如图 6.23 所示。两侧铰圈中其中一侧与轴销固定连接（紧配合），所以称为固定铰圈；另一侧则与另一片链板及轴销活动套接（间隙配合），称为活动铰圈。活动铰圈及轴销构成了平顶链的铰链。

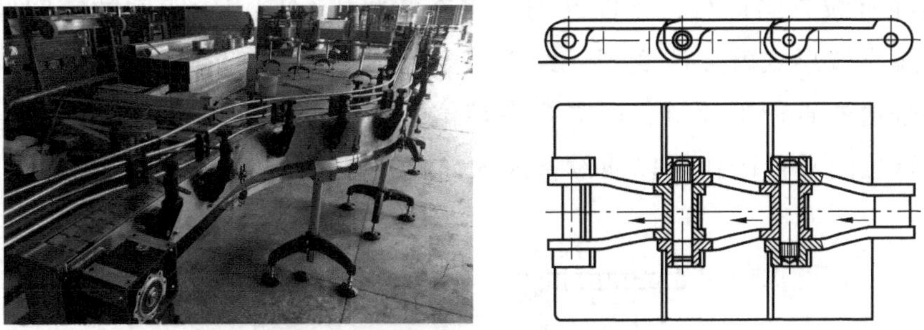

图 6.23 直行平顶链的典型结构

由于平顶链在运行时相邻链板之间需要有一定的自由活动空间，因此相邻链板之间必须有一定的间隙，保证链条在运行时不会受到干涉。

② 材料

由于平顶链在使用时经常需要与液态物质接触，所以链板材料大多使用不锈钢材料，其铰圈是卷制而成，因而铰圈有缝而且圆度也不易保证，载荷大时铰圈还会被拉开，这是钢制平顶链的薄弱环节。

目前链板材料也有采用工程塑料来制造的，由于采用模具成型，所以链板可以按需要采用较复杂的结构形状，大幅提高其强度，因而塑料链板平顶链的强度并不比简单铰卷式钢制链板平顶链的强度低。

实际应用中可以根据输送物料和工艺要求选用不锈钢链板或塑料链板，满足各种行业的不同需要。

驱动系统平顶链在运行时是通过链轮与链板的活动铰圈啮合，拉动链条向前运动，活动铰圈就是与链轮啮合的部位，而链条则放置在导轨上，通过链条的两侧进行支承，如图 6.24 所示。

图 6.24 平顶链的支承结构

这与倍速链通过滚子在导轨上支承是类似的，区别是倍速链通过滚子在导轨上滚动运行，而平顶链则是通过链板在导轨上滑动运行。由于滑动运行的摩擦力较大，因此为了保护链条，降低链条运行时的磨损，需要在链条工作区域内的链板与导轨之间铺设衬垫材料，衬垫材料一般为工程塑料、不锈钢。

（2）侧弯平顶链

所谓侧弯平顶链就是能够转弯的平顶链。由于普通的直行平顶链链板之间的间隙有限，所以链条只能在直线方向运行，不能转弯。但在实际工程应用中车间的空间经常受到限制，输送线如果采用直线形式就无法实现，经常需要采用 L 形、U 形或矩形的输送线，在这种情况下如果采用普通的直行平顶链，就需要在转位部位设置变位装置，使设备更复杂，但如果使用一种能够转位的平顶链就可以使设备大大简化，如图 6.25 所示，这就是侧弯平顶链产生的原因。

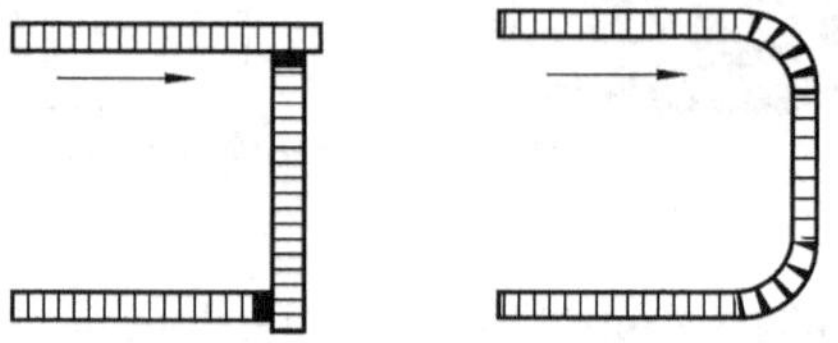

（a）　　　　（b）

图 6.25　侧弯平顶链的结构

① 结构特点

侧弯平顶链是在直行平顶链的基础上演化而来的，只是在直行平顶链的基础上对结构稍做如下改动：

• 增加铰链间隙

增加铰链之间的间隙，就可以允许相邻的两个链板之间有一定的弯曲角度，各个相邻的链板之间的上述弯曲角度累加起来就可以获得更大的转弯角度了。此外，将铰链轴销设计为鼓形，也可以获得转弯效果。

• 将链板改为侧斜边

在直行平顶链中，链板沿前进方向两侧边是平行的，当链条侧弯时，相邻两个链板的侧边会发生干涉，因而只允许直行。如果将链板的一个侧边改为对称的斜边，如图 6.26 所示，就可以消除上述干涉，使链条实现侧弯。斜边的倾斜角度与铰链的间隙是相互配合的，共同决定侧弯半径的大小。

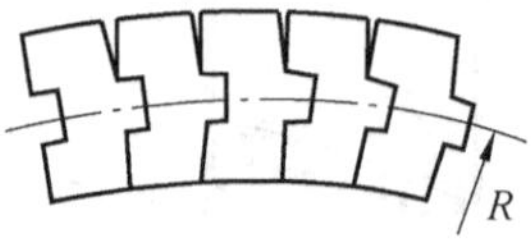

图 6.26　将直行平顶链的侧边改为对称的斜边

• 增加防移板

侧弯平顶链在弯道上运行时，由于前方链条的拉力，链条会产生一个径向力，使链条在转弯部位向内侧移动。为了限制这种移动，在转弯部位内侧需要在链板的下方加装防移板，防移板直接顶住链板的铰链限制其径向移动，如图 6.27 所示，其中图 6.27（a）为斜型防移板，图 6.27（b）为折弯型防移板。

（a）斜型防移板　　（b）折弯型防移板

图 6.27　侧弯平顶链的防移板

② 采用侧弯平顶链的好处

在输送线上采用侧弯平顶链具有以下优越性：

• 省去了输送线转弯换向时的变位结构；

• 输送过程中被输送物品出现翻倒与跳跃的现象较少，噪声也较小；

• 消除了转弯处被输送物品的滑动；

• 减少了电机、减速器、链轮等驱动部件的数量。

6.3.1.3　平顶链的标准规格

平顶链大量应用在各种自动化生产线及手工装配流水线上，它们也是按一定的标准规格设计制造的，我国于 1993 年制定了《输送用平顶链和链轮》国家标准，标准号为 GB/T 4140—93。在标准中详细规定了链条号、结构形式、标记方法、基本参数、尺寸、链轮，各厂家一般都是按照标准尺寸设计制造的，读者在使用中可以查阅详细的标准内容。

6.3.2　平顶链输送线的结构及工程应用

6.3.2.1　平顶链输送线的结构

平顶链输送线的结构比倍速链输送线简单，主要由以下 4 部分组成：

（1）平顶链链条。

（2）支承导轨。

（3）电机驱动系统。

（4）链条张紧装置。

如图 6.24 所示，将封闭的平顶链放置在链条两侧的专用支承导轨上，然后通过链轮与链板的活动铰圈啮合，拉动链条在支承导轨上向前滑动，电机驱动系统、链条张紧装置则与倍速链输送线完全相同。

6.3.2.2　平顶链输送线的特点

（1）输送面平坦光滑，摩擦力小，因而物料在输送线之间的过渡平稳，可以输送各类玻璃瓶、

PET 塑料瓶、易拉罐等物料，也可输送各类箱包。

（2）平顶链输送线一般都可以直接用水冲洗或直接浸泡在水中，设备清洁方便，能满足食品、饮料等行业对卫生方面的特殊要求。

（3）设备布局灵活，可以在一条输送线上完成水平、倾斜和转弯输送。

（4）设备结构简单，维护方便。

6.3.2.3　平顶链输送线工程应用实例

平顶链输送线广泛用于家用电器、啤酒、饮料、化妆品、烟草等行业的自动化生产线或手工装配流水线。图 6.28 所示为平顶链输送线用于三轮车生产线实例。图 6.29 所示为平顶链输送线用于电冰箱生产线实例。图 6.30 所示为平顶链输送线用于电饭锅生产线实例。

图 6.28　平顶链输送线用于三轮车生产线实例图

图 6.29　平顶链输送线用于电冰箱生产线实例图

图 6.30　平顶链输送线用于电饭锅生产线实例图

6.4　悬挂链输送线

6.4.1　悬挂链输送线的结构

所谓悬挂输送链（over head trolley conveyor chain）就是专门用于悬挂输送机或悬挂输送线的输送链条。悬挂输送链大量应用于机械制造、汽车、家用电器、自行车等大批量生产产品工艺流程中零部件的喷涂生产线、电镀生产线、清洗生产线、装配生产线，也大量应用于肉类加工等轻工行业。

由悬挂链组成的输送线称为悬挂链输送线，图 6.31 所示为悬挂链输送线的结构原理图。

从图 6.31 可知，悬挂链输送线主要由轨道、滚轮、悬挂输送链条、滑架、吊具、牵引动力装置等组成。

（1）悬挂输送链条

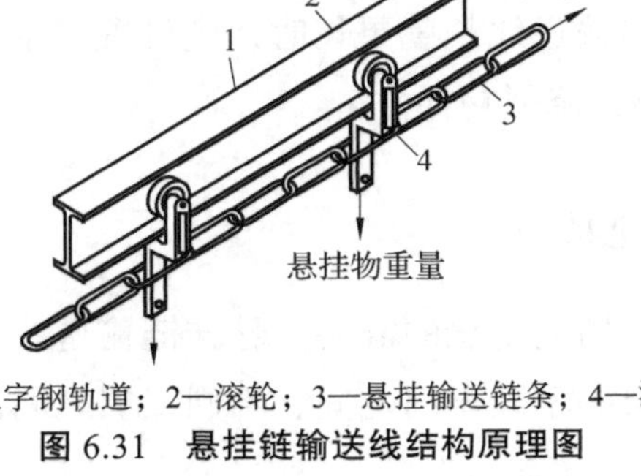

1—工字钢轨道；2—滚轮；3—悬挂输送链条；4—滑架

图 6.31　悬挂链输送线结构原理图

悬挂链输送线上的链条主要有两类：输送用模锻易拆链和输送用冲压易拆链。上述两种悬挂链虽然加工方法不同,外观有所差异,但功能是相同的。图 6.32 和图 6.33 分别为其外形图。

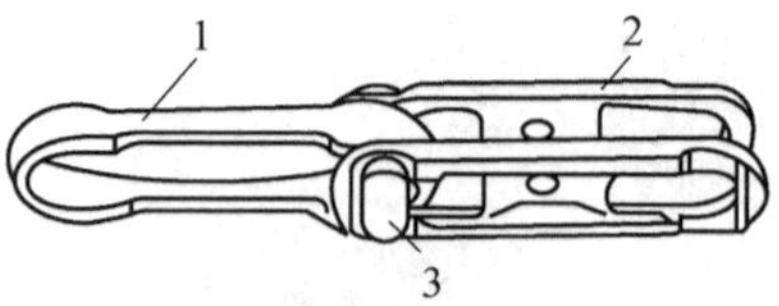

1—中链环；2—外链板；3—T形头销轴

图 6.32　输送用模锻易拆链

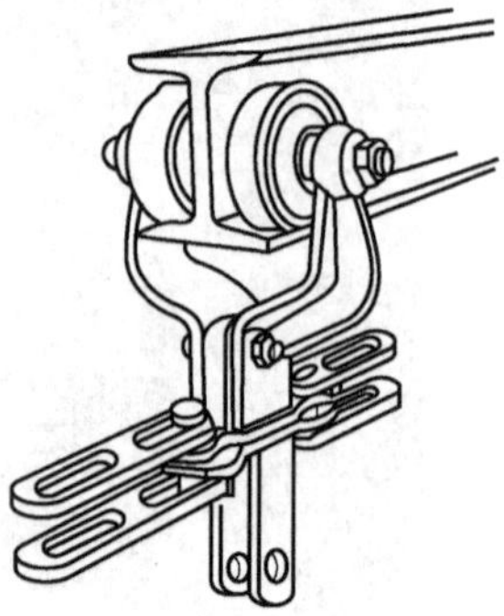

图 6.33　输送用冲压易拆链工作时的状态

（2）轨道

架空轨道的作用为固定滑架或链条并使其在轨道上运行，它直接固定在屋顶、墙上、柱子上或其他专用的构件上。

架空轨道既可以采用单线轨道，也可以同时采用双线轨道。

架空轨道一般用工字钢、扁钢或特征箱型端面型钢制成。

（3）吊具

吊具是专门用来放置被输送工件或物料的工具，它是根据被输送物件的尺寸大小、形状、质量而专门设计的，形状灵活多样，设计的原则为装运过程中要能够方便地进行装载和卸载，在运行中还要保证物件不会滑落。

根据输送物件的区别，吊具通常有以下几类形状：吊钩形、框架形、杆形、沟槽形。

吊具通常用于将工件直接挂在吊钩上，最适合输送的工件为带孔、带角的工件，例如家用电器的外壳钣金件在喷涂生产线上大多采用这种吊具。

（4）牵引动力装置

悬挂链输送线的牵引动力装置与倍速链输送线的驱动装置类似，由电机、减速器、皮带传动或链传动机构组成。为了获得灵活的输送速度，传动系统中一般设置有无级调速机构。

悬挂链输送线的驱动装置设置在输送线中张力最大处，当输送线长度不超过 500 m 时，只需要设置一个驱动装置，当输送线长度更长时，应设置多个驱动装置分段驱动，使链条及各种受力机构的载荷显著减小，降低功耗。

6.4.2　悬挂链输送线的特点

（1）可以灵活地满足生产场地变化的需要。悬挂链输送线可以根据用户选择合理的工艺线路，在车间内部、同一楼层的不同车间之间、不同楼层之间的空间固定封闭路线上实现成件物品的连续输送，还可穿越较长路线，绕过障碍，将工件按预定的线路运往指定地点，达到搬运物件的生产目的，输送距离 400~500 m 或更长。

（2）除物件搬运外，还可以用于装配生产线。悬挂链输送线不仅可以用于车间内部或车间与车间之间的货物搬运，同时还可以在搬运过程中完成一定的工艺操作，如表面处理工序（浸漆、喷涂、烘干、保温、冷却）、装配等。

（3）方便实现自动化或半自动化生产。悬挂链输送线可以将各个单一、独立的生产工序环节配套成自动化（或半自动化）流水线，提高企业的自动化水平，从而达到提高生产效率和产品质量的目的。例如汽车总装装配线是在悬挂输送线上由人工完成的，家用电器外壳钣金件的表面喷涂是在悬挂输送线上自动完成的，空调器的部分装配也是在悬挂输送线上由人工完成的。

（4）可在三维空间作任意布置，能起到在空中储存物件的作用，节省地面使用场地。

（5）速度无级可调，能够灵活满足生产节拍的需要。

（6）输送物料既可以是成件的物品，也可以是装在容器内的散装物料。

（7）悬挂链输送线可以使工件连续不断地运经高温烘道、有毒气体区、喷粉室、冷冻区等人工不适应的区域，完成人工难以操作的生产工序，达到改善工人劳动条件、确保安全的目的。

除上述优点外，悬挂链输送线也存在一些不足，最明显的不足是当输送系统出现故障时需要全线停机检修，这将影响整条生产线的生产。

6.4.3 悬挂链输送线应用实例

悬挂链输送线大量应用于五金、电镀、喷涂、空调器、微波炉、洗衣机、电冰箱、计算机、汽车、自行车、机械制造等行业的加工或生产线上，组成各种喷涂生产线、电镀生产线、清洗生产线、装配生产线。

（1）作为单纯的物料输送系统

悬挂链输送线可以用作单纯的物料输送系统，在装配流水线上不停地进行物料循环输送。图 6.34 为电冰箱组装配件的装配流水线，在上面将悬挂链输送线与平顶链装配流水线并行设置，悬挂链输送线连续输送工人装配所需要的部件，吊具分为多层结构，可以尽可能装载更多的装配部件，工人可从后方的悬挂链输送线上取下所需要的部件。

在各种喷涂生产线、电镀生产线、清洗生产线及部分装配流水线上，悬挂链输送线都用作单纯的物料输送系统，将工件直接挂在悬挂链输送线的吊具上，当工件连续经过喷涂区域、电镀池、清洗池时，自动完成上述工序操作。小型工件进行电镀或清洗时一般用网状金属框装载，而工件进入及取出电镀池或清洗池则通过改变悬挂链输送线的高度来实现。图 6.35、图 6.36 为悬挂链输送线用于喷涂生产线实例。

图 6.34　悬挂链输送线用于电冰箱组装配件流水线实例

图 6.35　悬挂链输送线用于喷涂生产线实例一

图 6.36　悬挂链输送线用于喷涂生产线实例二

（2）组成装配生产线

悬挂链输送线除配合生产线作为单纯的物料输送系统外，还可以组成装配生产线，直接在装配流水线上输送工件，工人直接在被悬挂的工件上进行装配操作，工人边进行装配操作边随悬挂链输送线移动，例如空调器部分工序的装配、汽车总装配生产线等。图 6.37 为肉猪屠宰部分工序的装配线实例，该输送线也可以用于其他产品的装配线，如图 6.38 所示为悬挂链输送线用于冲压件装配线实例。

图 6.37 肉猪屠宰场部分工序的装配线实例

在负载的计算方面，倍速链、悬挂链输送线中的负载为在链条及负载重力作用下滚子与导轨之间产生的滚动摩擦力，而平顶链输送线中则是链条与导轨之间的滑动摩擦力，除此之外，有关电机的选型过程与皮带输送系统是类似的。

图 6.38 悬挂链输送线用于冲压件装配线实例

第 7 章　自动机的设计

7.1　自动机的设计步骤

自动机设计的一般步骤为：

（1）调查研究、收集资料

设计人员在接受设计任务后，应认真研究、全面掌握任务中提出的各项要求，带着问题进行调查研究、收集资料，以此作为自动机设计的依据。一般应访问自动机的使用单位、制造单位以及查阅有关的技术资料和文献。

（2）总体设计

在广泛调查研究和收集资料的基础上，进行综合分析，并尽量采用最新的科学技术成果，包括新材料、新工艺、新技术和新设备，使自动机的总体设计方案具有一定的先进性和时代感。

总体设计方案一旦确定，就不应随便更改，以免影响全局。

（3）技术设计

自动机的总体方案确定以后，就着手各部件和总体的技术设计，其内容如下：

① 自动机的总装配图设计；

② 各部件的装配图设计；

③ 专用零件的工作图设计；

④ 必要的技术设计计算；

⑤ 气、液、电和润滑及冷却系统的设计；

⑥ 编写技术文件。

（4）试制、鉴定、修改

完成上述各项设计计算任务后，设计人员应深入现场，了解制造过程，参加装配、调试工作，请有关各方做技术鉴定，并针对存在的问题，修改图纸，进一步完善自动机的设计工作。

7.2 自动机的总体设计

不同行业、不同用途的自动机名目繁多，品种各异。如各种成形性质的自动机，各种加工性质的自动机，各种装配性质的自动机，各种包装性质的自动机。行业不同，其工艺要求也不同，这里只能从自动机设计的一般规律出发，提出一般性的设计内容和要求。

通常总体设计包括以下一些内容：

（1）自动机的使用条件、应用范围、生产率。

（2）自动机的工艺分析，就是确定自动机加工产品的加工方案、工艺路线、工位数等，绘制出自动机的工艺原理图（或工艺流程图）。

（3）选择自动机的机型、外形尺寸、各部件的相对位置尺寸等，绘制自动机的总体布局图。机型选择主要依据给定的生产率。根据生产率的大小可选用全自动型或半自动型，单工位型或多工位型，间歇式或连续式，等。

（4）确定自动机的工作循环时间，拟定自动机的循环图。

（5）确定自动机的传动方案。

（6）初选各部件、各执行机构的结构及运动形式。

（7）拟定气、液、电系统原理图。

（8）在考虑上述各项设计内容时，均需考虑人机适应性、维修操作方便性。

（9）自动机总体设计方案、技术经济分析等。

总体设计是自动机设计的重要步骤，也是自动机结构设计的前提和依据。因此必须在广泛调查研究和收集资料的基础上，认真细致地综合分析与研究，注意采用现代科学技术的最新成果（如新材料、新工艺、新技术、新机构和新设备等），对未经实践证实的新工艺要进行可行性试验，以保证自动机的总体设计方案技术先进、工艺可靠、经济合理。最后将总体设计写成文件，请主管部门、使用单位和制造单位会审，并报请上级部门批准。

7.3 自动机的循环图设计

7.3.1 自动机执行机构的协调设计

自动机为完成总功能，各执行机构不仅要完成各自的执行动作，而且相互之间必须协调一致。具体包括以下几点：

（1）各执行机构在时间上的协调配合

不少自动机的执行机构的执行动作是按一定的时间顺序进行的。各执行机构的动作先后顺序不能乱，否则各机构动作相互干涉，严重的还会损坏自动机。

（2）各执行机构在空间上的协调配合

有些自动机的执行机构除了在时间上必须按一定顺序动作外，在空间位置上也必须协调一致，以免相互干涉。

（3）各执行机构在速度上的协调配合

在实际工作中，还有一些自动机的执行机构之间不仅存在时间、空间协调设计问题，还存在速度的协调设计问题。如插齿机中齿坯和插齿刀的两个旋转运动之间必须保持一定的传动比，这样才能完成插齿功能。

因此，为了实现自动机的总功能，各执行机构必须相互配合、相互协调以确保时间和空间上的同步。

7.3.2 自动机的工作循环

在自动机械中，产品在机器中周期性地承受加工，自动机械顺序给出两相邻产品之间的时间间隔，称为自动机械的工作循环。工作循环时间用 T_p 表示，T_p 一般由以下几部分组成：

$$T_p=T_k+T_d+T_o$$

其中：T_k 为每周期工作时间；T_d 为空行程时间；T_o 为停歇等待时间。

在自动机械的工作循环时间内，自动机械的各执行机构均完成一定的周期性运动。执行机构周期性地回到其初始位置之间的时间间隔，称为执行机构的运动循环。

自动机械的工作循环实际上与自动机械中任一执行机构的运动循环都是相等的。因此，也可以用执行机构的运动循环来表示自动机械的工作循环。例如，在具有凸轮分配轴的自动机械中，可以用分配轴转一周的时间来表示自动机械的工作循环。

用来描述自动机械各执行机构在自动机械工作循环内相互之间运动协调配合关系的图就是自动机械的循环图，自动机械的循环图具有以下作用：

（1）自动机械的循环图可以使各执行机构按照工艺要求的正确顺序和准确时间进行各种工艺操作和辅助操作；

（2）自动机械的循环图可以避免各机构之间出现空间干涉；

（3）自动机械的循环图可以减少甚至消除机构的无用停歇时间，使自动机械具有较高的生产率，并降低自动机械的能耗。

因此，循环图的设计在自动机械设计中占有很重要的地位。

7.3.3 循环图的表示方法

为了设计自动机械的工作循环图，首先应绘制执行机构的运动循环图。

7.3.3.1 执行机构的运动循环图

执行机构的运动循环图主要是根据工艺要求设计的。循环图的形式有以下 3 种：

（1）直线式

如图 7.1（a）所示。这种表示方法将运动循环的各运动区段时间及顺序按比例绘制于直线坐标上。直线式表示法可以看出这些运动状态在整个运动循环内的关系和时间，简单明了。

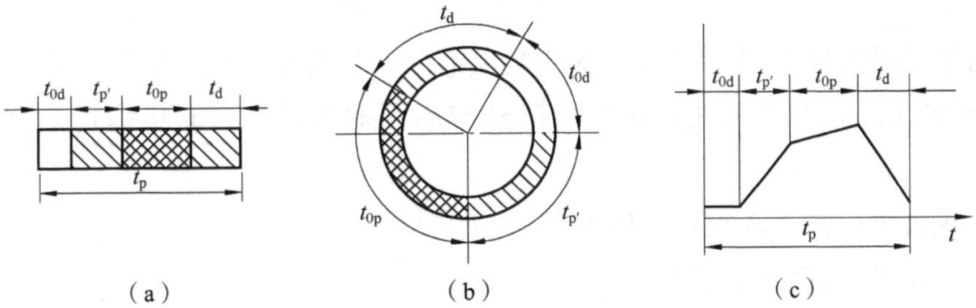

图 7.1　运动循环图的表示方法

（2）圆环式

如图 7.1（b）所示。这种表示法将运动循环的各运动区段时间及顺序按比例绘制于圆形坐标上。圆环式表示法比较适用于具有凸轮分配轴或转鼓的自动机械，因为整周 360° 圆形坐标正好与分配轴或转鼓的一整转一致。

（3）直角坐标式

如图 7.1（c）所示。这种表示法以横坐标按比例表示运动循环内各运动区段的时间或分配轴转角，纵坐标表示执行机构的运动状态，用平行于坐标轴的线段表示机构处在停留状态，倾斜线段表示机构处在运动状态，一般以上升线段表示工作行程，下降线段表示返回行程。直角坐标式表示法比其他两种表示法更能清楚地表示执行机构的运动状态，因此在工程实践中得到较广泛的应用。

7.3.3.2　自动机的工作循环图

自动机的工作循环图是将各执行机构的运动循环图按同一时间或分配轴转角的刻度，绘制在一起的总图。它以某一主要执行机构的工作起点为基准，表示出各执行机构的运动循环相对于该主要执行机构动作的先后顺序，因此，它是建立在各执行机构运动循环图的基础上的。

自动机的工作循环图和执行机构的运动循环图一样，也有直线式、圆环式、直角坐标式 3 种表示形式。

自动机循环图的绘制方法如下：

（1）画出各执行机构的运动循环图；

（2）将各机构可以重叠的动作时间尽量重叠；

（3）将必须完成的动作时间以能保证后继动作协调的 Δt 时间（称同步错移量或滞后量）前后衔接起来；

（4）将各执行机构运动循环图以某一主要机构某动作起点为基准画成一个机器循环动作的循环图；

（5）如果执行机构是由凸轮推动的，需画控制凸轮循环图，将时间转换成分配转角；

（6）以上（1）、（2）、（3）步骤可作为一个步骤完成。

7.3.4 执行机构运动循环图的设计与计算

自动机构运动循环图是自动机循环图的组成部分，当自动机的理论生产率已初步确定．工艺方案已经选定且传动方式和执行机构均已选定后，即可进行自动机构运动循环图的设计。设计步骤是：

（1）确定执行机构的运动循环（时间）；

（2）确定运动循环的组成区段；

（3）确定运动循环图内各区段的时间（或分配轴转角）；

（4）绘制执行机构的运动循环图。

【例 7.1】打印机中打印头机构的结构原理如图 7.2 所示，打印头 2 在凸轮 1 的作用下在产品 3 上打印。根据工艺要求，打印头在工件上的停留时间为 T_s=2 s。若给定打印机的生产纲领为 4 500 件 / 班，试设计打印机构的运动循环图。

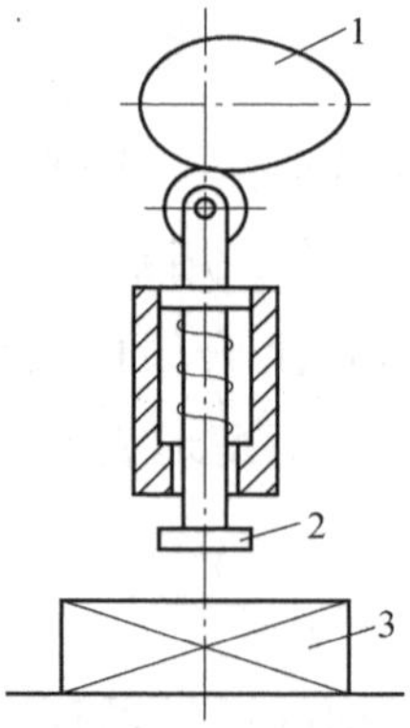

1—凸轮；2—打印头；3—产品

图 7.2 打印机中打印头机构的结构原理图

解：1. 确定打印头的运动循环

理论生产率为：

$$Q_T = \frac{4\,500\text{ 件 / 班}}{60\text{ 分钟 / 时 } \times 8\text{ 时 / 班}} = 9.4\text{ 件 / 分钟}$$

可取 Q_T=10 件 / 分钟

若分配轴每转一转完成一个产品的打印，则分配轴转速为：

$$n=10\text{ r/min}$$

分配轴每转一转的时间即为打印头机构的运动循环也等于打印机的工作循环，所以有

$$T_p = \frac{1}{n} = \frac{1}{10}\text{min} = 6\text{ s}$$

2. 确定运动循环的组成区段

根据产品打印的工艺要求，打印头的运动循环由下列 4 段组成：

T_k 为打印头向下的打印运动时间；

T_s 为打印头打印时的停留时间；

T_d 为打印头向上返回运动时间；

T_o 为打印头返回后在初始位置上的停留时间。

因此打印头的运动循环时间表示为：

$$T_p=T_k+T_s+T_d+T_o$$

若用角度来表示打印头的运动循环，则可表示为：

$$\phi_p=\phi_k+\phi_s+\phi_d+\phi_o$$

3. 确定运动循环内各区段的时间（或分配轴转角）

根据工艺要求，打印头应在产品上的停留时间为：T_s=2 s

则相应的分配轴转角为：

$$\phi_s=360^\circ\times\frac{T_s}{T_p}=360^\circ\times\frac{2}{6}=120^\circ$$

根据执行机构可能实现的运动规律，初步确定：

$$T_k=2\ \text{s},\quad T_d=1\ \text{s},\quad T_o=1\ \text{s}$$

相应的分配轴转角分别为：

$$\phi_k=360^\circ\times\frac{T_k}{T_p}=360^\circ\times\frac{2}{6}=120^\circ$$

$$\phi_d=360^\circ\times\frac{T_d}{T_p}=360^\circ\times\frac{1}{6}=60^\circ$$

$$\phi_o=360^\circ\times\frac{T_o}{T_p}=360^\circ\times\frac{1}{6}=60^\circ$$

4. 绘制执行机构的运动循环图

将以上计算结果绘成直角坐标式循环图如图 7.3 所示。有了运动循环图，就可以进行凸轮轮廓设计。

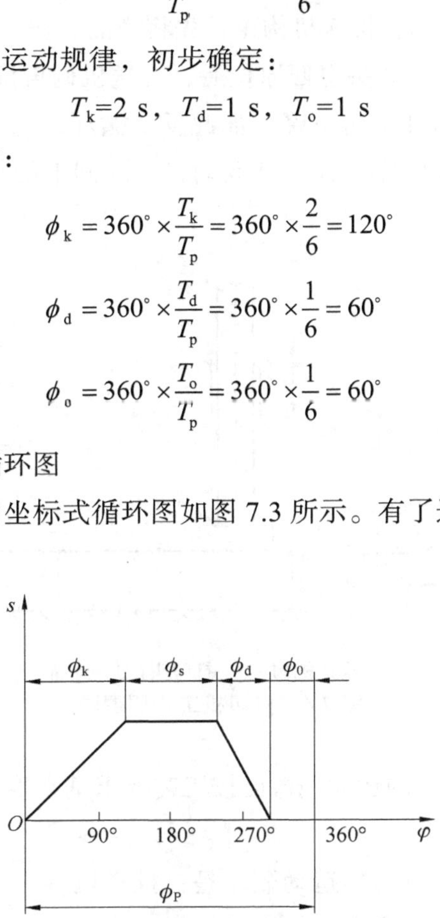

图 7.3　打印头机构运动循环图

7.3.5 自动机工作循环图的设计与计算

合理地设计自动机的循环图，是提高自动机理论生产率的一个重要途径。在确定了自动机各执行机构的运动循环图之后，应进一步设计自动机的循环图。

自动机循环图设计的主要任务就是要建立各执行机构运动循环之间的正确联系，也就是要进行各执行机构运动的同步化（或协调化），从而最大限度地缩短自动机的工作循环时间。自动机的工作循环图实质上就是自动机各执行机构运动的同步图（或协调图）。

各执行机构运动的同步化，分为时间同步化和空间同步化。

执行机构之间的运动只有时间上的顺序关系，而无空间上的干涉关系，建立这些机构运动循环之间的正确联系的问题称为运动循环的时间同步化问题。

执行机构之间的运动既具有时间上的顺序关系，又具有空间上的干涉关系，建立这些机构运动循环之间的正确联系的问题称为运动循环的空间同步化问题。

这里我们着重讨论执行机构运动循环的时间同步化问题。

7.3.5.1 两个执行机构运动循环的时间同步化

现以有两个执行机构的自动打印机（见图 7.4）为例说明运动循环的时间同步化问题。

该打印机的整个工艺过程为：推送机构 1 首先将产品 3 送至被打印的位置，然后打印头 2 向下动作，完成打印操作；在打印头退回原位后，推送机构再推送另一个产品向前准备打印，并把已打印好的产品顶走，打印头再下降；如此反复循环，完成自动打印的动作。显然，推送机构 1 和打印头 2 对产品 3 顺序动作，其运动只有时间上的顺序关系，而在空间上不发生干涉。

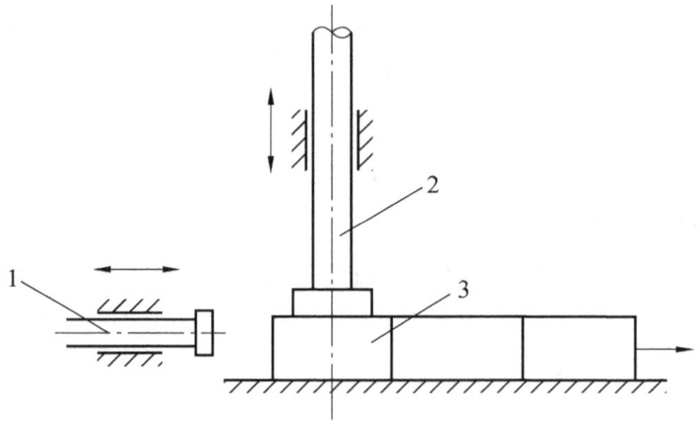

1—推送机构；2—打印头；3—产品

图 7.4 打印机工作原理图

假设推送机构 1 和打印头 2 的运动规律已按工艺要求基本确定，即其运动循环图已经得出，如图 7.5（a）和图 7.5（c）所示。

按简单办法来确定这两个机构的运动顺序是：推送机构 1 动作完成之后，打印头 2 才开始运动；而在打印头 2 的运动完成之后，推送机构 1 才开始运动，这样两机构的运动在时间上是不重合的。这时，打印机的循环图将如图 7.5（b）所示。其总的工作循环将为最长的工作循环，即：

$$T_{pmax}=T_{p1}+T_{p2}$$

显然，这种循环图是不合理的。实际上，两机构在空间上没有干涉现象，可以同时动作。因为根据打印要求，只要推送机构 1 把产品推到打印位置时，打印头 2 就可以在这一瞬时与产品接触打印。因此，两机构运动循环在时间上的联系点由循环图上的 A_1 与 A_2 两点决定，即推送机构 1 与打印头 2 同时到达加工位置处的时刻，就是它们的运动在时间上联系的极限情况。这时，打印机总的工作循环将为最短的工作循环，如图 7.5 机构（d）所示。使两机构运动循环图的 A_1 与 A_2 点重合，并且将打印头 2 的停留时间从右端移动到左端，得到最短工作循环的循环图，即：

$$T_{pmin}=T_{p1}+T_{p2}$$

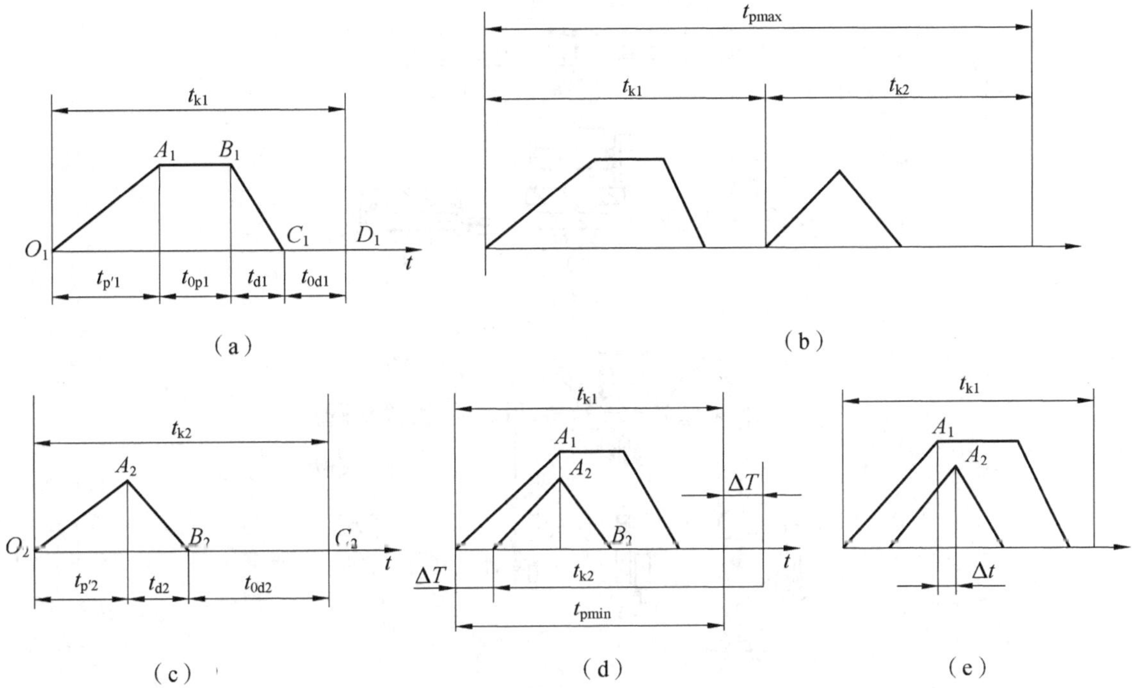

图 7.5 运动循环的时间同步化过程

但是，由于许多实际影响因素的存在，按 A_1 与 A_2 重合的极限情况来设计循环图是不可靠的，因为：

（1）机构运动规律的误差；

（2）机构运动副存在间隙；

（3）机构元件的变形；

（4）机构的调整、安装存在误差；

（5）运动冲击等产生的运动误差。

因此，必须使打印头 2 的 A_2 点在时间上比推送机构 1 的 A_1 滞后 Δt，才能保证两机构正常可靠运行。时间滞后量 Δt 的大小应根据实际情况综合确定。考虑时间滞后量的循环图如图 7.5（e）所示。该图是经过时间同步化以后具有合理工作循环的循环图。由图可知，两机构的运动在时间上是重合的，使整个工作循环时间缩短了，从而提高打印机的理论生产率。

一般说来，对于只具有时间顺序关系的执行机构，不管有多少个执行机构，只要根据它们的运动循环图就可以进行整机工作循环图同步化设计了。

7.3.5.2 多个执行机构运动循环的时间同步化

当自动机具有更多执行机构时，同步化步骤是一样的。为进一步说明在循环图同步化设计中的一些技巧问题，再给出图 7.6 所示的自动电阻压帽机作为实例，讨论具有送料、夹料和压帽 3 个执行机构的运动循环图的同步化过程。

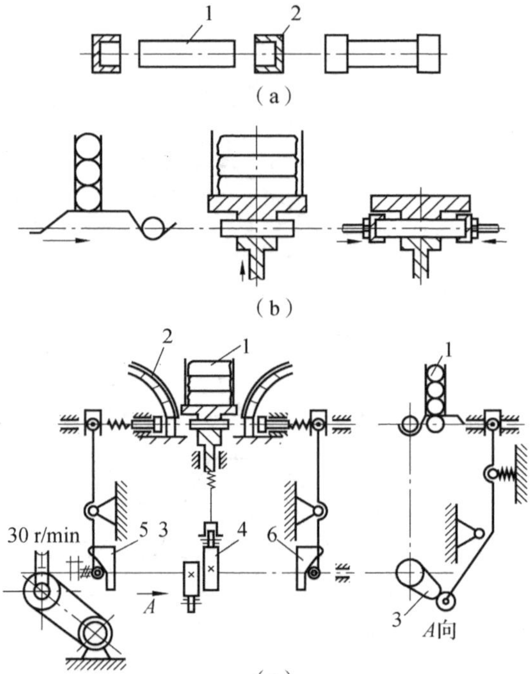

1—坯料；2—铜帽；3—送料机构；4—夹紧机构；5、6—压帽机构

图 7.6 自动电阻压帽机工艺原理图

（1）分析工艺操作顺序

产品由一个坯料 1 和两个铜帽 2 装配而成，如图 7.6（a）所示。它们的工艺原理如图 7.6（b）所示，包括以下 3 个工艺过程如图 7.6（b）、（c）所示。

① 送电阻坯料。送料机构 3 从料仓中取出坯料 1 并送至压帽工位。

② 坯料夹紧定位。夹紧机构 4 把电阻坯料 1 夹紧定位，送料机构 3 退回原位。

③ 送帽压帽。压帽机构 5 和 6 将铜帽 2 快速送到加工位置，然后慢速压到电阻坯料上；

操作完毕后，压帽机构复位，夹紧机构 4 退回，加工好的产品自由落入受料箱内。

以上动作，完全采用凸轮分配轴进行自动顺序控制。从工艺原理图不难看出，各执行机构的运动只有时间上的顺序关系，而不会发生空间干涉，因此，只要根据各执行机构的运动循环图，就可以进行时间同步化设计了。

（2）确定各机构运动循环的组成区段及各机构的运动循环

设给定电阻压帽自动机的工作循环时间为 T_p=2 s

① 送料机构 3

运动循环的组成区段：

T_{k3} 为送料机构的送料运动时间；

T_{s3} 为送料机构的工作位置停留时间；

T_{d3} 为送料机构的返回运动时间；

T_{o3} 为送料机构的返回后停留（初始位置停留）时间。

因此，送料机构 3 的运动循环时间 T_{p3} 为：

$$T_{p3}=T_{k3}+T_{s3}+T_{d3}+T_{o3}$$

相应的分配轴转角为：

$$\phi_{p3}=\phi_{k3}+\phi_{s3}+\phi_{d3}+\phi_{o3}=360°$$

送料机构 3 运动循环内各区段的时间及分配轴转角：

根据工艺要求，送料机构工作位置停留时间应取 $T_{s3}=\dfrac{1}{3}\text{s}$，则其相应的分配轴转角为：

$$\phi_{s3}=360^\circ\times\frac{T_{s3}}{T_{p3}}=360^\circ\times\frac{1}{3\times 2}=60^\circ$$

再根据运动规律初定：

$$T_{k3}=\frac{1}{2}\text{s},\quad T_{d3}=\frac{1}{2}\text{s},\quad T_{o3}=\frac{2}{3}\text{s}$$

则相应的分配轴转角为：

$$\phi_{k3}=360^\circ\times\frac{T_{k3}}{T_{p3}}=360^\circ\times\frac{1}{2\times 2}=90^\circ$$

$$\phi_{d3}=360^\circ\times\frac{T_{d3}}{T_{p3}}=360^\circ\times\frac{1}{2\times 2}=90^\circ$$

$$\phi_{o3}=360^\circ\times\frac{T_{o3}}{T_{p3}}=360^\circ\times\frac{2}{3\times 2}=120^\circ$$

② 夹紧机构 4

运动循环的组成区段：

T_{k4} 为夹紧机构的工作运动时间；

T_{s4} 为夹紧机构的工作位置停留时间；

T_{d4} 为夹紧机构的返回运动时间；

T_{o4} 为夹紧机构的返回后停留（初始位置停留）时间。

因此，夹紧机构 4 的运动循环时间 T_{p4} 为：

$$T_{p4}=T_{k4}+T_{s4}+T_{d4}+T_{o4}$$

相应的分配轴转角为：

$$\phi_{p4}=\phi_{k4}+\phi_{s4}+\phi_{d4}+\phi_{o4}=360°$$

夹紧机构 4 运动循环内各区段的时间及分配轴转角：

根据工艺要求并参照有关生产实践，取夹紧机构工作停留时间为 $T_{s4}=\dfrac{11}{12}\text{s}$，则相应的分配轴转角为：

$$\phi_{s4}=360°\times\frac{T_{s4}}{T_{p4}}=360°\times\frac{11}{12\times 2}=165°$$

再根据运动规律取：

$$T_{k4}=\frac{5}{12}\text{s},\ T_{d4}=\frac{5}{12}\text{s},\ T_{o4}=\frac{1}{4}\text{s}$$

则相应的分配轴转角为：

$$\phi_{k4}=360°\times\frac{T_{k4}}{T_{p4}}=360°\times\frac{5}{12\times 2}=75°$$

$$\phi_{d4}=360°\times\frac{T_{d4}}{T_{p4}}=360°\times\frac{5}{12\times 2}=75°$$

$$\phi_{o4}=360°\times\frac{T_{o4}}{T_{p4}}=360°\times\frac{1}{4\times 2}=45°$$

③ 压帽机构 5（或 6）

运动循环的组成区段：

T_{k5} 为压帽机构的快速送帽运动时间；

T_{s5} 为压帽机构的慢速压帽运动时间；

T_{d5} 为压帽机构的返回运动时间；

T_{o5} 为压帽机构的返回后停留（初始位置停留）时间。

因此，压帽机构 5 的运动循环时间 T_{p5} 为：

$$T_{p5}=T_{k5}+T_{s5}+T_{d5}+T_{o5}$$

相应的分配轴转角为：

$$\phi_{p5}=\phi_{k5}+\phi_{s5}+\phi_{d5}+\phi_{o5}=360°$$

压帽机构 5 运动循环内各区段的时间及分配轴转角：

根据工艺要求，取压帽机构慢速压帽运动时间为 $T_{s5}=\dfrac{23}{36}\text{s}$，则其相应的分配轴转角为：

$$\phi_{s5}=360^\circ\times\frac{T_{s5}}{T_{p5}}=360^\circ\times\frac{23}{36\times2}=115^\circ$$

再根据运动规律初定：

$$T_{k5}=\frac{5}{12}\ \mathrm{s},\quad T_{d5}=\frac{1}{2}\ \mathrm{s},\quad T_{o5}=\frac{4}{9}\ \mathrm{s}$$

则相应的分配轴转角为：

$$\phi_{k5}=360^\circ\times\frac{T_{k5}}{T_{p5}}=360^\circ\times\frac{5}{12\times2}=75^\circ$$

$$\phi_{d5}=360^\circ\times\frac{T_{d5}}{T_{p5}}=360^\circ\times\frac{1}{2\times2}=90^\circ$$

$$\phi_{o5}=360^\circ\times\frac{T_{o5}}{T_{p5}}=360^\circ\times\frac{4}{9\times2}=80^\circ$$

（3）绘制各执行机构的运动循环图

根据以上计算结果，绘制 3 个执行机构的运动循环图，如图 7.7 所示。

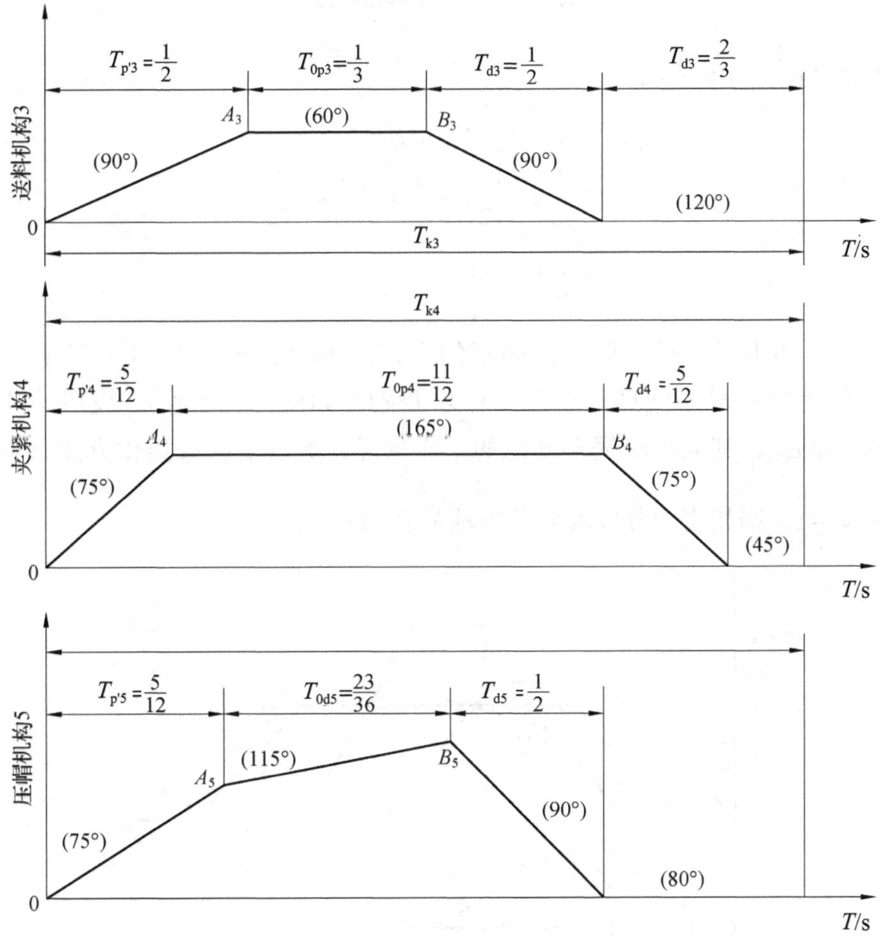

图 7.7　自动电阻压帽机各机构运动循环图

(4)各执行机构运动循环的时间同步化设计

确定电阻压帽自动机最短的工作循环。根据工艺要求，3 个机构的运动可在时间上重合，当送料机构 3 将电阻坯料送到加工位置（点 A_3）后，夹紧机构 4 就可以将坯料夹紧（点 A_4），压帽机构 5 就可开始对电阻坯料进行慢速压帽操作（点 A_5）。3 个机构运动循环在时间上的联系点由循环图上的点 A_3、A_4、A_5 决定。使这 3 个机构循环图上的点 A_3、A_4 和 A_5 重合是 3 个机构运动在时间上联系的极限情况，就可得到自动机最短的工作循环时间 t_{pmin}。最短工作循环图如图 7.8 所示。

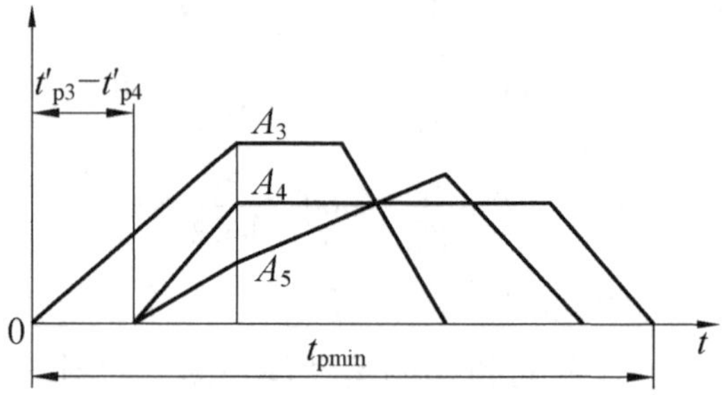

图 7.8　最短工作循环图

最短工作循环由图 7.8 可得：

$$
\begin{aligned}
t_{p\min} &= t_{p'4} + t_{0p4} + t_{d4}(t_{p'3} - t_{p'4}) \\
&= \frac{5}{12}\text{s} + \frac{11}{12}\text{s} + \frac{5}{12}\text{s} + \left(\frac{1}{2}\text{s} - \frac{5}{12}\text{s}\right) \\
&= \frac{11}{6}\text{s}
\end{aligned}
$$

但是，如前所述由于各种实际误差因素的存在，不应让 A_3、A_4 和 A_5 三点重合，而应该在每个前面动作完成一段时间后，后继动作才开始（如图 7.9 所示）。设机构 4 对机构 3 的滞后时间为 Δt_3 和 Δt_4，其大小根据自动机的工作情况，通过试验或类比方法加以确定。若取 $\Delta t_3 = \dfrac{1}{6}\text{s}$，$\Delta t_4 = \dfrac{1}{12}\text{s}$，则相应的分配轴转角的滞后量为：

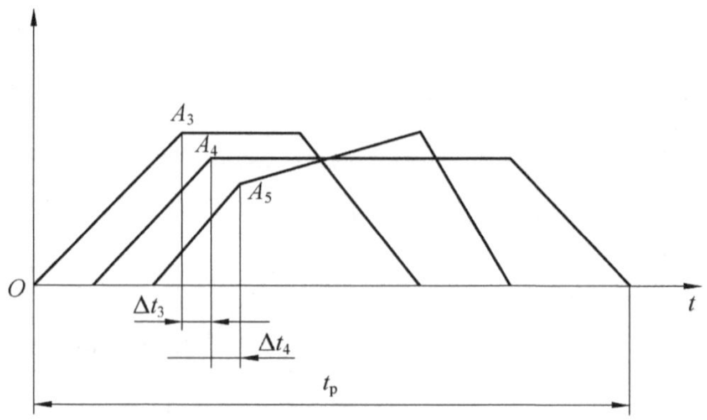

图 7.9　分配轴转角的滞后性

$$\Delta\phi_3 = 360^\circ \times \frac{\Delta t_3}{T_p} = 360^\circ \times \frac{1}{6\times 2} = 30^\circ$$

$$\Delta\phi_4 = 360^\circ \times \frac{\Delta t_4}{T_p} = 360^\circ \times \frac{1}{12\times 2} = 15^\circ$$

而电阻压帽自动机同步化的工作循环为：

$$t_p = t_{min} + \Delta t_3 = 1\frac{5}{6}\,s + \frac{1}{6}\,s = 2\,s$$

此值正好与原设的工作循环相一致。

（5）确定合理的电阻压帽自动机工作循环图

将考虑了运动滞后的各机构循环图画在一起，构成整个自动机的循环图，如图 7.10 所示。

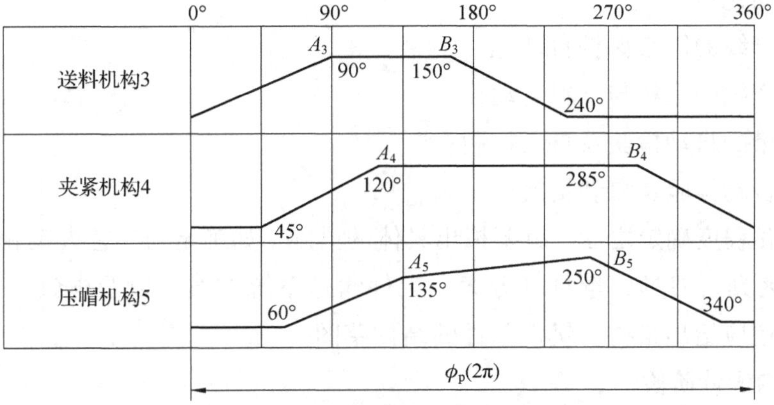

图 7.10 电阻压帽自动机工作循环图

7.4 自动生产线设计

7.4.1 自动生产线的设计程序

自动生产线的设计程序可分为准备工作阶段、总体方案设计阶段、结构设计阶段。总体方案与结构设计是相互影响、相辅相成的。根据不同的情况，其中有些工作可平行交错地进行。

7.4.1.1 准备工作阶段

在设计自动生产线之前，必须明确任务要求，掌握一定的设计资料。为此，应做好两方面工作：一是调查研究；二是在调查研究的基础上进行分析，以便确定建线的可能。

7.4.1.2 总体方案设计阶段

这个阶段的工作内容，可以概括如下：

（1）拟定工艺方案，并绘制工序图及加工示意图；

（2）拟定全线的自动化方案；

（3）确定自动生产线的总体布局，绘出自动生产线的总联系尺寸图；

（4）绘制自动生产线周期表；

（5）对于没有充分把握的某些工序、先进工艺及结构，进行必要的试验工作等。

以切削加工为例，讨论拟定全线自动化方案的问题。典型的加工自动生产线，可在以下几方面实现自动化：

（1）机床工作循环自动化；

（2）工件在机床上的装卸自动化；

（3）工件的定位与夹紧的自动化；

（4）工件在工序间的输送自动化；

（5）排屑自动化；

（6）自动生产线的链锁保护自动化；

（7）自动生产线的上料与下料自动化；

（8）加工质量的自动检验及自动控制；

（9）刀具的自动检验及自动更换。

当全线自动化程度确定之后，就要拟出具体的措施，如确定与工艺方案相适应的设备（包括专用设备）、夹具、刀具、量具等方案、工件输送系统方案，以及电气、液压等操纵系统方案等，必要时还应给出某些关键性部件的结构草图。

7.4.1.3 结构设计阶段

在结构设计阶段，主要是进行工艺装备（包括机床、夹具、辅助工具、刀具、量具等）、工件输送装置、液压、电气系统等零部件的设计工作，以及编制自动生产线结构、使用和维修说明书等。

7.4.2 自动生产线的总体设计

7.4.2.1 自动生产线形式的选择

选择自动生产线形式要综合考虑所加工产品的特点、生产纲领、生产条件（如厂房面积等）因素。直线型的结构相对比较简单，工件传送方便，自动生产线两旁的加工设备比较容易布置，但传动链较长，工位比较多时显得狭长，适宜外形结构比较复杂、尺寸较大一类工件的生产；曲线型和封闭环（框）型可以合理利用厂房面积，结构布局比较紧凑，传动链相对集中，上、下料在同一位置，但需要设置导向、转向机构使工件在传送中导向转向，适宜外形结构比较规矩、尺寸较小、对加工部位无严格要求的一类工件的生产；树枝型可从不同位置上料，实现工件的分流、汇合，适合产品的包装、组装、分拣等，但其结构、传动链等要复杂一些。

7.4.2.2 生产节拍、输送速度的确定

对间歇型自动生产线要确定其生产节拍，对连续型自动生产线要确定其输送速度。生产

节拍和输送速度要根据设计生产纲领、自动生产线形式、自动生产线上最长工艺时间以及工件传送的平稳性要求等计算确定（如图 7.11 所示）。

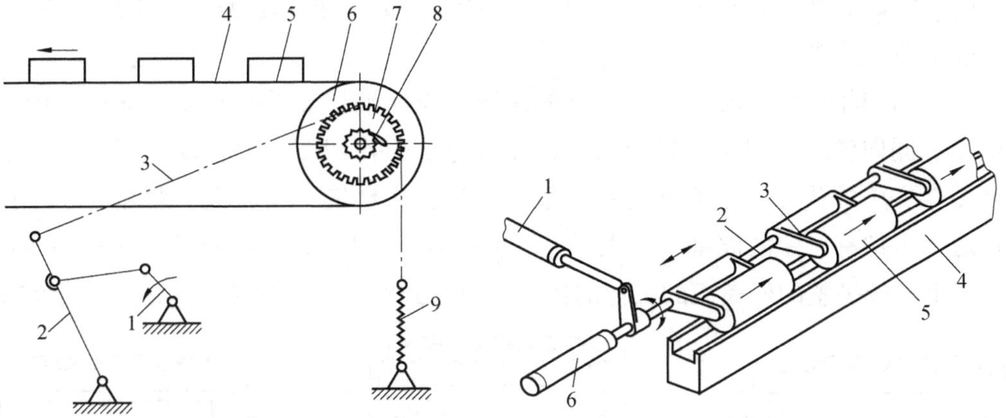

1、2—曲柄导杆机构；3—传送链；4—输送链，5—工件；6、7、8—旋转装置；9—回弹装置

图 7.11 计算生产节拍的流水线结构

7.4.2.3 自动生产线机架结构

自动生产线一般比较长，所以其机架常采用型材组焊、铰接、螺栓连接等方式组拼成框架式结构。可设计成若干等长度框架段，然后根据需要用螺栓将各段连接起来。有效工作高度一般在 800 mm 左右。

7.4.2.4 自动生产线控制系统

自动生产线是由控制系统将组成自动生产线的所有自动机械和辅助设备连接成的一个有机整体。控制系统操纵着自动生产线各个组成部分的工艺动作顺序、持续时间、预警、故障诊断和自动维修等。自动生产线的可靠性，在很大程度上取决于控制系统的完善程度以及可靠性。自动生产线对控制系统有如下要求：

（1）满足自动生产线工作循环要求并尽可能简单。

（2）控制系统的构件要耐用可靠，安装正确，调整、维修方便。

（3）线路布置合理、安全，不能影响自动生产线整体效果和自动生产线的工作。

（4）应在关键部位对关键工艺参数（如压力、时间、行程等）设置检测装置，以便发生偶然事故时，及时报警或停车。

自动生产线的控制方式可采用时序控制或行程控制，集中控制或分散控制。控制电路的逻辑关系取决于自动生产线的工作循环图。

7.4.3 自动生产线中工件传送装置的设计

传送装置是自动生产线结构中的运动件及工件的承载体。它把工件按照一定的节拍或速度从一个工位送到下一个工位，从结构上把自动机和其他设备联结成一个整体。传送装置的种类比较多，可根据工件（产品）的特征及特性、传送速度及要求、工艺设备的类型及布局、自动生产线的总体结构以及工艺过程的特点等，进行选择及设计。

7.4.3.1　**直线传送装置**

直线传送装置主要用于工件在自动生产线直线段上的传送。通常采用如下方式：

（1）滚（辊）轴式

将若干个结构相同的滚轴，按照一定的间距，彼此平行支承起来，用缝条或传动带使其同速、同步、同向转动，置于滚轴上的工件受到摩擦力作用便向前移动。滚（辊）轴式传送装置（见图 7.12）的优点是承载能力强，适应各种工作环境（如高温、潮湿），应用范围广。缺点是传送中工件有一定的波动，不太平稳，易受到碰、擦伤，结构也较复杂。适用于较大、较重、有一个比较平整的外表面的工件的传送。滚轴式传送装置的传送速度一般不宜太高。

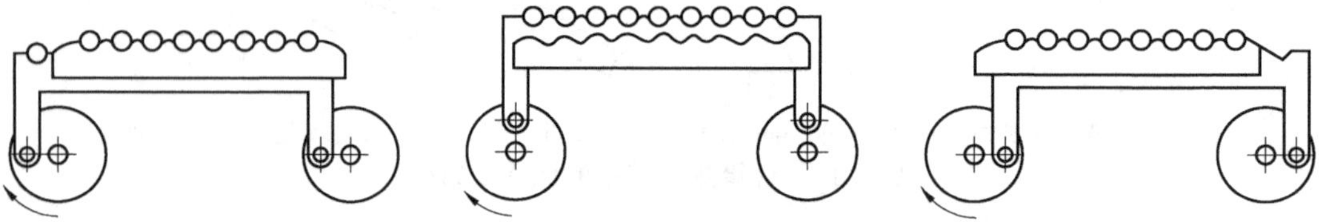

图 7.12　滚（辊）轴式传送装置

（2）滚轴链式

将所有滚轴连接起来形成一条封闭滚轴链，通过链条或带传动使其在支承轨道上循环滑动（或滚动），置于滚轴上的工件随其一起向前移动。这种传送装置的主要优点是工件与滚轴之间无相对运动，工件基本不会受到碰、擦伤，传送过程也比较平稳，不需滚轴支承装置。缺点是自重较大，相应要求较大的驱动力矩，同时也要设置导向、纠偏装置。如图 7.13 所示。

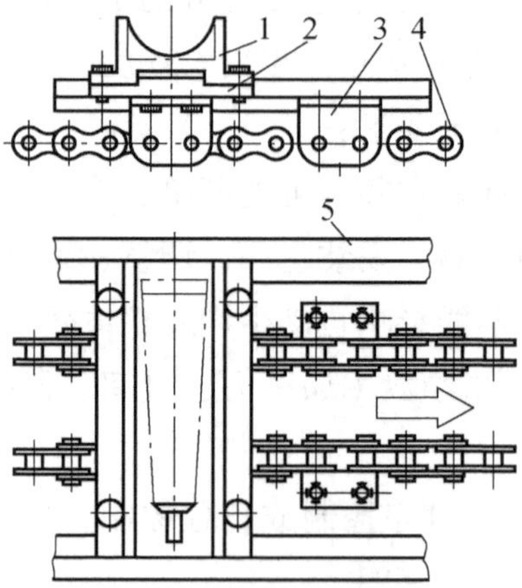

1—链板；2—传送链；3—支撑板；4—链节；5—链条支撑板

图 7.13　滚轴链式传送装置

（3）链板式

将滚轴链式结构中的滚轴换成一定宽度的平板即成为链板式。链板式的主要优点是在运行到直线段时，板与板拼接成平面，承托在平面上的工件就可比较平稳地传送。在链板上可设置一些定位装置（如定位销、挡块、隔板），以防止工件在链板上的窜动。链板式适宜于各种电器、仪表类（如电视机、计算机）的传送。

（4）悬挂链条式

对于无一定形体的工件或产品（如服装、鞋帽）以及形状复杂件（如汽车外覆件、电器外壳），可设计一些挂具（如衣服架、帽钩、挂钩、夹子），用链条将挂具一一连接起来架设在空中，用链传动实现工件的传送。

（5）带式传送装置

同带传动一样，由一个主动轮（辊）、一个从动轮和一条宽带组成。一般要在主、从动轮之间设置若干个自由转动的支承轮和带张紧轮或者设置带支承板。带式传送装置（如图 7.14 所示）结构较简单，驱动力矩小。主要缺点是带松弛、弯曲会引起工件在传送中的波动，对工作环境有一定的要求，寿命短，适宜于粉体、颗粒、软体材料以及尺寸较小零件的传送。

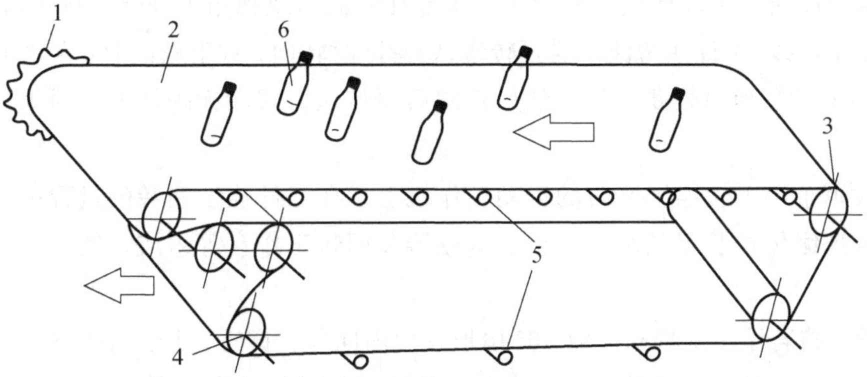

1—驱动辊；2—传送带；3—转向辊；4—张紧辊；5—承托辊；6—玻璃制品

图 7.14　带式传送装置

（6）传送螺旋

传送螺旋是通过形成螺旋的斜面效应推动工件向前移动的。适宜于瓶、罐类圆柱产品的传送。特点是可以保持产品以一定间距传送，但受螺旋轴结构限制而不能远距离传送。往往利用其等间距传送和其他传送装置组合，形成联合传送生产线。螺杆传送装置是一种无挠性牵引件的传送装置。当螺杆旋转时借助于螺旋面将工件连续地向前传送的反向双螺杆传送装置，如图 7.15 所示。

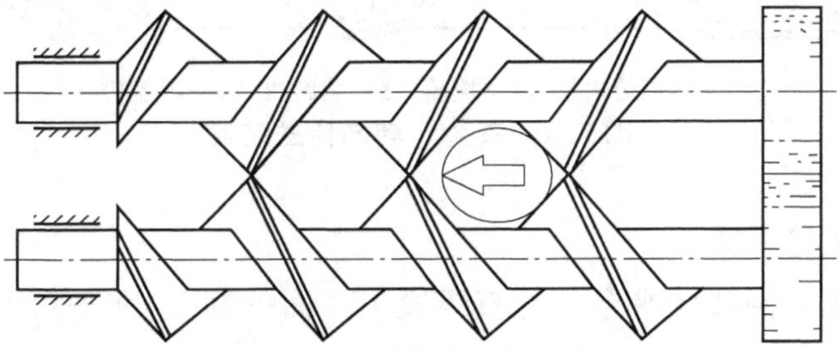

图 7.15　反向双螺杆传送装置

（7）滚轮式

用两个对滚轮夹持住工件或靠摩擦力进行传送，主要用于传送轴类工件，一般将滚轮轮廓面做成凹圆弧槽。

（8）推杆滑道式

由一条固定滑道和推动装置（推板、拨杆、拨轮）组成。推动装置一般做往复运动，被传送的工件按照规定的节拍、单向、从上工位移到下工位，所以也称为步伐式传送装置。一般适宜于外形简单、圆滑类工件（如各种瓶、罐）的传送。滑道既可设计成直线也可设计成各种曲线，必要时可在滑道的某些部位加设拨杆、拨轮或者将滑道成一定倾角布置。可利用工件的结构特征，将滑道横断面设计成各种几何形状（如三角形、V 形），使工件与滑道组成凹凸配合来传送。这种滑道不但具有传送功能，而且能定向、防止工件掉落等。

7.4.3.2　**转弯、转向传送装置（如图 7.16 所示）**

当自动生产线布置成环形或矩框形时，工件在弯曲（或拐角）处要进行转弯、转向传送。若为环形自动生产线,工件在弯曲段需要转弯,转弯同时转向；对于矩框形（直角）自动生产线，一般情况下，工件在拐角处要停留，然后转向后再传送，或者无须转向（原来的侧面成传送的前面）传送。

（1）通常用于多工位连续回转的自动工作机上，在工件连续回转的过程中对其进行工艺操作。回转 - 连续传送装置是由电动机、减速器和回转工作台等组成，使工作台获得匀速的回转运动。

在弯曲段，将若干个锥辊布置成 90° 扇形。由内向外，锥辊直径由小变大，从而产生由低到高的表面线速度，依靠表面线速度的变化，使得工件进行转弯。设计时，要根据工件特征，确定最低和最高线速度以及二者之差值。这种传送装置的缺点是结构比较复杂，各个锥辊同步驱动较困难，但传送比较可靠。

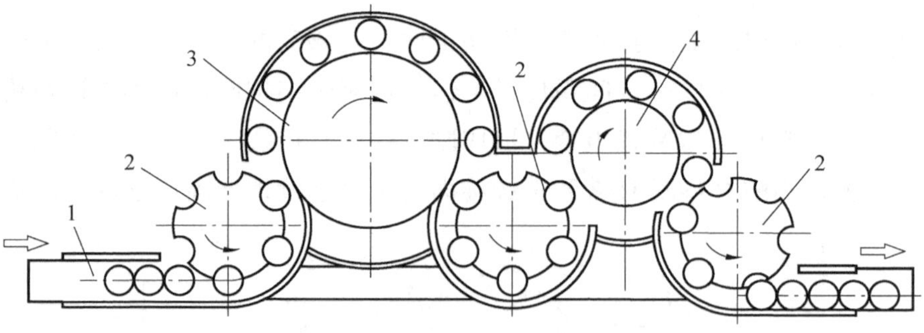

1—链式传送带；2—拨轮；3—装料机；4—压盖机

图 7.16　转弯、转向传送装置

（2）摩擦轮（或拨轮）式

在弯曲段设置一固定圆弧状平台（与直线段工作面等高），在平台上沿内弯和外弯，竖直安装同转速不同直径（或同直径不同转速）的若干个摩擦轮，通过具有不同线速度的摩擦轮对工件两侧面的摩擦作用，使其在平台上滑动转弯。一般适宜于质量轻、外轮廓平整类工件的、无严格定向要求的传送，例如各种邮包、纸箱等。

（3）90° 环带

将四分之一圆环宽带张紧在呈 90° 扇形布置的驱动带轮（辊）上，放置在环带上的工件即可由带承托，沿圆弧转弯传送。一般设置一个主动轮、一个从动轮和若干自由转动的支承辊。这种传送装置的结构以及驱动相比锥辊式要简单。

（4）随行夹具式

在弯曲段设置独立、往复运动的随行夹具，当工件由上直线段进入夹具中后，夹具做圆弧运动，运载工件到下直线段。

（5）升降转盘

这是矩框形自动生产线上常用的转向传送装置。一般上直线段工作面较高，下直线段工作面较低，可升降的转盘布置在拐角处。转盘先升起和上直线段工作面持平接住工件，然后转动 90° 使工件转向；转盘下降，布置在转盘中空或外周的传送装置托住工件并送到下直线段。

（6）升降托盘

当工件无须转向传送时，采用这种升降托盘。托盘先升起和上直线段工作面持平接住工件，然后下降，由布置在托盘中空或外周的传送装置托住工件并送到下直线段。

还可以采用机械手实现工件的转弯及转向。当工件需要翻转后再输送时，可在弯曲段设置翻转机构。

在环形或矩框形自动生产线中，转弯、转向传送装置的形式最好与直线传送装置形式相同，也可不同。弯曲段与直线段最好合起来集中驱动，以保证同步传送，也可单独驱动。

第 8 章　手工装配流水线节拍分析与工序设计

手工装配流水线作为一种技术含量不高的生产模式大量应用于国内各种制造业，目前国内制造业相当多的产品都是在这种生产方式下装配制造出来的，而且在今后相当长时期内，这种生产模式仍将继续在国内制造业中发挥重要的作用。

装配线是人和机器的有效组合，最充分体现设备的灵活性，它将输送系统、随行夹具和在线专机、检测设备有机地组合，以满足多品种产品的装配要求。装配流水线的传输方式有同步传输（强制式）和非同步传输（柔性式），根据配置的选择，实现手工装配或半自动装配。装配线在企业的批量生产中不可或缺。由于自动化装配（或加工）都是在手工操作的基础上发展起来的，自动化生产线也是在手工装配流水线的基础上发展起来的，两者在设计原理（包括节拍时间）方面有很多相似之处，只有在理解手工装配流水线的基础上才能更好地理解自动化专机及自动化生产线的设计过程。

8.1　手工装配流水线的基本结构

8.1.1　手工装配流水线的特点与应用

8.1.1.1　手工装配流水线的工程应用

在目前国内制造业中，虽然部分企业采用了较先进的自动化生产线，但手工装配流水线仍然是最基本的生产方式，这种制造方式目前仍然大量存在于国内的家电、轻工、电子、玩具等制造行业中，相当多产品的装配都是在上述手工装配流水线上进行的。由于上述生产线主要用于产品的装配作业，所以一般将这些生产线称为手工装配流水线。

（1）适合采用手工装配流水线生产的产品

通常在以下情况下可以考虑采用手工装配流水线进行生产：

产品的需求量较大；产品相同或相似；产品的装配过程可以分解为小的操作工序；采用

自动化装配在技术上难度较大或成本上不经济。

适合采用手工装配流水线进行生产的产品有：音响设备、电视机、照相机、厨房设备、洗衣机、干衣机、电机、家具、灯具、箱包、微波炉、计算机及外围设备、电动工具、泵、电冰箱、空调器、冷柜、炉具、电话机、面包机、摩托车、卡车、汽车、DVD 等。目前国内的上述产品都是采用这种生产模式进行生产的。图 8.1 至图 8.5 为典型的手工装配流水线实例。

图 8.1　零部件装配流水线

图 8.2　海尔空调器手工装配流水线

图 8.3　劲酒手工装配流水线

图 8.4　金龙鱼食用油手工装配流水线

图 8.5　联想电脑手工装配流水线

（2）适合在手工装配流水线上进行的工序

通常有：采用胶水的黏结工序、密封件的安装、电弧焊、火焰钎焊、锡焊、点焊、开口销接、零件的插入、挤压装配、铆接、搭扣连接、螺钉螺母连接等。

8.1.1.2 手工装配流水线的优点

国内之所以仍然大量采用手工装配流水线组织生产，主要是因为这种生产方式具有以下特点：

成本低廉。可以充分利用国内大量廉价的劳动力资源，而且由于每一个工人长期专门从事某项或某几项工序操作，工人的操作可以达到相当熟练的水平并具有相当的技巧。

生产组织灵活。能够适应多品种小批量生产的需要，某些多品种小批量产品的类型、规格需要经常更换，不适合组织自动化生产。

某些产品的制造过程更适合采用手工装配流水线，因为手工装配流水线比自动化生产线更容易实现。如果要实现自动化生产，设备的生产难度将很大，制造成本昂贵。

很多情况下，成本最低的制造方法经常是自动化生产与人工生产相结合进行的。在实际工程中，市场竞争越来越激烈，用户对产品的要求是质量更高、新产品周期更短、产品价格更低，企业追求的目标始终是时间更短、质量更高、成本更低，降低成本成为企业竞争的重要手段之一。由于某些产品的部分或全部工序中，采用手工装配流水线的制造成本仍然是最低的，因此很多情况下，成本最低的制造方法经常是自动化生产与人工生产相结合进行的，即使在目前设备自动化程度较高的企业，也可能是自动化专机、自动化生产线与手工装配流水线并存。

手工装配流水线是实现自动化制造的基础。自动化生产线都是在手工装配流水线的基础上发展起来的，工业发达国家早期的制造业就是大量采用了这种手工装配流水线，之后，为了降低人工成本，提高产品质量，再在此基础上逐步发展自动化生产线。手工装配流水线是实现自动化制造的重要基础。

当然，这种生产方式的不足之处也是很明显的，由于技术含量较低，它主要用于技术含量较低的劳动密集型企业。这在企业发展的初期是必要的，但要进一步提高产品的技术层次和市场竞争力就受到了限制。

8.1.2 手工装配流水线的基本结构

所谓手工装配流水线就是在自动化输送装置（如皮带输送线、链条输送线等）基础上由一系列工人按一定的次序组成的工作站系统，图 8.6 所示为装配流水线模拟控制原理，每位工人（或多位）作为一个工作站或一个工位，完成产品制造装配过程中的不同工序，当产品经过全部工人的装配操作后即完成全部装配操作，并最终变为成品，如果生产线只完成部分工序的装配检测工作，则生产出来的就是半成品。

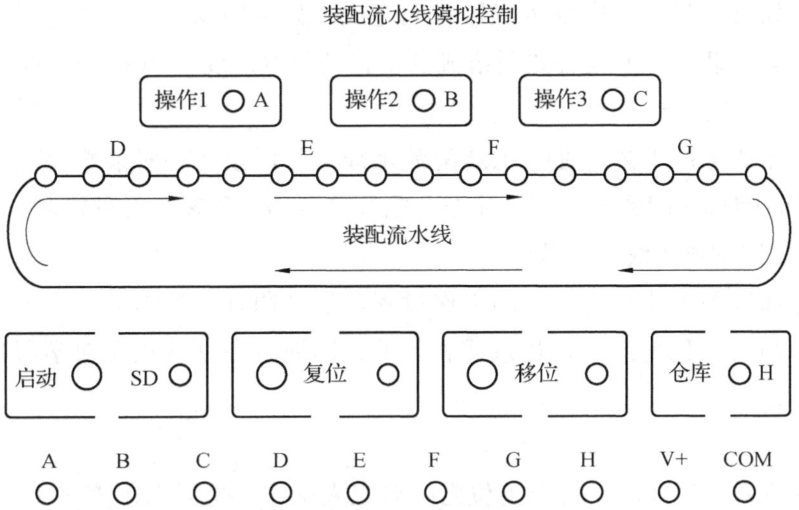

图 8.6　装配流水线模拟控制原理图

8.1.2.1　手工装配流水线基本要点

对手工装配流水线的组成，需要理解以下要点：

在手工装配流水线上，产品的输送系统有多种形式，如皮带输送线、倍速链输送线、滚筒输送线、悬挂链输送线等。输送的方式既可以是连续的，也可以是间歇式的。

工人的操作方式也多样，通常有以下方式：

- 直接在输送线的产品上进行装配，产品随输送线一起运动，工人也随之移动，操作完成后工人再返回原位置；
- 将产品从输送线上取下，在输送线旁边的工作台上完成装配后再送回到输送线上；
- 工件通过工装板在输送线上输送，工装板到达装配位置后停下来重新定位，由工人进行装配，装配完成后工装板及工件再随输送线运动。

工人的操作既可以坐着进行，例如一些零件较小的小型产品的装配．也可以站立进行，例如在大型产品（如轿车、电冰箱、空调器等）的悬挂链输送线（或滚筒输送线）上，工人可以在工位的一定区域内活动，边装配边随输送线上的产品同时移动位置直到完成装配为止。

根据工序所需要的时间长短区别，每个工位的操作工序既可以是工序时间较长的单个工序，也可以是工序时间较短的多个工序。

每个工位的排列次序是根据产品的生产工艺流程要求经过特别设计安排的，一般不能调换。

每个工位既可以是单个工人，也可以是多个工人共同进行操作。

工人在操作过程中可以是手工装配，但更多地使用了手动或电动、气动工具。

在手工装配流水线上，有少数工序可以是由机器自动完成的，或者在工人的辅助操作下由机器完成。

在生产线上如果大部分工序都由机器自动完成，只采用少数工人进行辅助工作，这就变成了由手工装配与自动化装配设备共同组成的半自动化生产线。如果全部都由机器自动完成，就变成全自动化生产线。

根据实际产品的生产工艺，在手工装配流水线上可以进行各种装配操作，如焊接、放入零件或部件、螺钉螺母装配紧固、胶水涂布、贴标签条码、压紧、各种检测、包装等。

8.1.2.2 手工装配流水线基本概念

为了更好地理解手工装配流水线的工作过程与设计原理，首先需要了解一些重要的基本概念，这些概念与自动化生产线是相近或相似的，因而掌握这些概念对学习自动化生产线的设计也非常重要。

（1）工位

生产线由一系列工位组成，每个工位由一名工人工作，也可以由多名工人共同完成工作，其工作内容可能为一项装配工序，也可能为多项装配工序。

（2）工艺操作时间

某一工位进行装配等作业时实际用于装配作业的时间，一般用 T_{si} 表示。显然，根据工序内容的不同，每个工位的工艺操作时间是各不相同的。

（3）空余时间

在一定的生产节奏（或节拍）下，由于每一工位所需要的装配时间各不相同，大部分工位完成工作后各自尚有一定的剩余时间，该时间通常称为空余时间，一般用 T_{di} 表示。后工位的工作需要等待前一工位完成后才能进行，以使整条生产线以相同的节奏进行。

（4）再定位时间

在手工装配流水线上，经常需要部分时间进行一些辅助操作，例如：

工件在随行夹具上随流水线一起运动，工人边操作边随流水线一起移动位置，完成工序操作后又马上返回到原位置开始对下一个刚完成上一道工序的工件进行操作；

工件在工装板上随流水线一起运动，工装板输送到位后需要通过一定的机构（例如定位销）对工装板进行再定位，然后工人才开始工序操作。

通常将上述时间称为再定位时间，再定位时间包括工人的再定位时间、工件（工装板）的再定位时间或两者之和（如果同时存在），尽管每个工位的再定位时间会有所不同，但分析时一般假设各工位上述时间相等而且取各工位上述时间的平均值，通常用 T_r 表示。

（5）总装配时间

在流水线上装配产品的各道装配工序时间的总和，一般用 T_{wc} 表示，单位：min。

（6）瓶颈工位

因为不可能将产品的全部装配工作平均地分配到每个工位，所以在流水线上的一系列工位中所需要的工艺操作时间是各不相同的，有的工位工艺操作时间短，有的工位工艺操作时间长，但必有一个工艺操作时间最长的工位。一条流水线至少有一个工位为瓶颈工位，它所需要的工作时间最长，而空余时间最短。

需要特别强调的是，正是瓶颈工位决定了整条流水线的节拍速度，或者说，流水线的节拍时间主要受瓶颈工位抑制和确定，这在自动化生产线的设计中同样是非常重要的问题。

（7）平均生产效率

平均生产效率是指手工装配流水线单位时间内所能完成产品（或半成品）的件数，一般用 R_p 表示，单位：件 / 时、件 / 分钟。

对自动化专机或自动化生产线而言，其平均生产效率也具有同样的意义，即自动化专机或自动化生产线单位时间内所能完成产品（或半成品）的件数。

（8）节拍时间

手工装配流水线在稳定生产前提下每生产一件产品（或半成品）所需要的时间，一般用 T_c 表示，单位：分钟 / 件、秒 / 件。

由于流水线是以相同的节奏进行的，所以节拍时间实际上是指流水线稳定生产时每完成相邻两个产品之间的时间间隔，它也是每个工位的平均占用时间（包括再定位时间、工艺操作时间、空余时间）。

对于自动化专机或自动化生产线而言，其节拍时间也具有同样的意义，即自动化专机或自动化生产线每完成相邻两个产品之间的时间间隔。

根据手工装配流水线的工作原理可知，每一工位在时间上构成以下关系：

$$T_c=T_{si}+T_r+T_{di} \tag{8.1}$$

式中：T_c 为节拍时间，分钟 / 件、秒 / 件；

T_{si} 为各工位工艺操作时间，分钟 / 件、秒 / 件，i=1，2，…，n；

T_r 为再定位时间，假设各工位该时间都相等，分钟 / 件、秒 / 件；

T_{di} 为各工位空余时间，分钟 / 件、秒 / 件，i=1，2，…，n；

n 为工位数量。

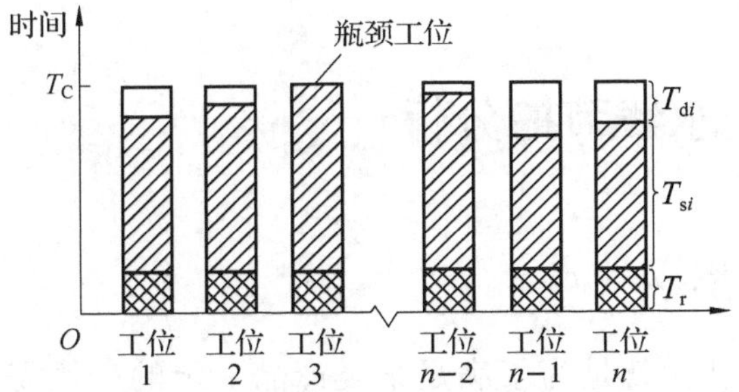

图 8.7　手工装配流水线上各工位的时间构成示意图

分析：对每一工位而言，节拍时间在时间上等于该工位的再定位时间、工艺操作时间、空余时间三者之和。虽然各工位上的再定位时间、工艺操作时间、空余时间可能各有差别，但流水线上每一工位的节拍时间是相同的，或者说各工位都是以相同的节拍时间来进行生产作业的，各工位的区别仅在于各自的操作内容、工艺操作时间、再定位时间、空余时间互不相同而已。

8.1.3 流水线的分类

装配流水线是人和机器的组合，很充分地体现了设备的灵活性，它将输送系统、随行夹具和在线专机、检测设备有机地组合，以满足多品种产品的装配要求。装配线也叫生产线，是流水线的一种。装配线是在生产当中运行的线体，主要分为：有动力和无动力滚筒线、板式链、流利条输送线、壁挂式装配线、皮带输送线、差速链、台车流水线、手推（万向球）装配线、灌装线等。

工业流水线其实就是流水线设备中用于产品生产输送的设备，依据输送链条（板）的不同可以分为以下几类：

（1）倍速链流水线：倍速链流水线又称差速链、增速链流水线，由他们组成的生产线，通常称为：自流式输送系统。广泛用于中、小型家电的总装、部装、检测、调试流水作业上。

（2）滚筒流水线：滚筒流水线又可分为无动力和动力两种输送形式，在包装行业应用广泛，同时也会在一些其他生产设备中用于辅助输送。

（3）链板流水线：链板流水线是以金属板为输送链，可以承载大宗、较重的物品，因此，链板流水线比较适合应用于重工业生产，如汽车制造、电视机生产等。

（4）皮带流水线：皮带流水线是我们常见的一种生产设备，应用范围也比较广泛，在食品、电子、包装、化工等行业都有应用。

（5）台车流水线：台车流水线是采用链条拖动台车，成水平环运行，进行工作老化、测试、装配，应用范围为家用电器，冰箱等产品的在线抽真空、商检、发泡、老化等工序上都有应用。

（6）网带流水线：网带流水线是以金属网为输送载体的流水线设备，常用于产品的烘干。

8.2 手工装配流水线节拍分析

8.2.1 平均生产效率

手工装配流水线在设计时就是为了满足某类产品一定的产量需要，而这通常都是用年产量来表示的。管理人员经常要决定每周开多少班、每班开多少小时，因此必须知道流水线的生产能力。这种生产能力通常用平均生产效率来表示，也就是装配流水线单位时间内需要生产完成产品的平均数量，它可以由年产量计划被一年中总有效生产时间相除得出，因此可以表示为

$$R_p=\frac{D_a}{50SH} \tag{8.2}$$

其中：R_p 为平均生产效率，件 / 时；

D_a 为年产量计划，件 / 年；

S 为每周工作天数；

H 为每天工作时间，h；

式中，$50SH$ 代表每年 50 周的总工作小时数。

8.2.2　实际节拍时间

平均生产效率表示流水线的生产能力，但在设计流水线时通常都要确定流水线的节拍时间，也就是流水线每生产一件产品（或半成品）需要多少时间。

（1）流水线使用效率

确定流水线的节拍时间时必须考虑流水线的实际情况，流水线在实际运行时经常会因为种种原因导致实际工作时间的损失，例如：设备故障停机、意外停电、零件缺料、产品质量问题、工人健康问题等。

因此流水线每班的工作时间利用率就达不到 100%，也就是说流水线的实际开工运行时间要少于理论上可以运行的时间，这种时间损失通常用流水线的使用效率 η 来表示。显然流水线的使用效率 η 总是小于 100%，实际工程中手工装配流水线的使用效率一般可以达到 90%~98%。

（2）实际节拍时间

节拍时间与生产效率都是描述设备或生产线的生产能力，只是单位不同而已。既然平均生产效率是指单位时间内平均生产产品的数量，那么反过来，每生产一件产品所需要的平均时间也就可以很容易计算出来了，它们两者互为倒数关系。考虑流水线的实际使用效率后，实际的节拍时间可以表示为

$$T_c=\frac{60\eta}{R_p} \tag{8.3}$$

式中：η 为流水线使用效率；

T_c 为实际节拍时间，分钟 / 件。

节拍时间是由工序操作的复杂程度决定的，在稳定生产条件下通常是大致不变的，而生产效率则由于输送线故障检修、停电、缺料等原因影响而产生较大的变化。在最理想的情况下，也就是当流水线的使用效率为 100% 时，流水线的理想生产效率为

$$R_c=\frac{60}{T_c} \tag{8.4}$$

式中：R_c 为流水线的理想生产效率，件 / 时。

显然，式（8.4）得出的理想生产效率要比所需要的平均生产效率高 R_P，因为流水线的使用效率 η 低于 100%，因此流水线的使用效率 η 也可以表示为

$$\eta=\frac{R_p}{R_c} \tag{8.5}$$

由于瓶颈工位决定了整条流水线的节拍时间，而该工位上工人的操作速度是有变化的，因此整条流水线的实际节拍时间不是固定的，而是动态变化的，通常所指的整条流水线的节拍时间实际上是平均节拍时间。

8.2.3 流水线设备作业的原则

原则 1：要考虑产品结构和装配过程。

产品结构和装配过程是流水线设备布置中首要考虑的重点。对产品结构进行分析、研究，提出改进产品结构的意见，可以大大简化流水线设备的生产过程。

原则 2：要考虑产品技术要求和装配工艺。

流水线设备的作业是根据产品技术要求和装配工艺方法确定的，选择流水线设备时要考虑的问题主要包括：产品生产纲领、产品质量要求、设备的可靠性、设备的价格等。

原则 3：要考虑生产方式。

生产方式是流水线设备作业时需要考虑的一个方面，确定生产方式需明确以下几点：一是生产纲领；二是工作制度，这里指工作班次和每班工作时间；三是生产线类型，要考虑采用自动线还是流水线生产，是单机生产还是机群生产；四是管理方式，指保证生产所规定的管理方法、制度和规定。

8.2.4 提高生产效率是需要人和流水线设备的配合

装配流水线是人和机器的组合，很充分体现设备的灵活性，它将输送系统、随行夹具和在线专机、检测设备有机地组合，以满足多品种产品的装配要求。装配流水线的生产效率应从生产管理人员、设备、材料、方法和环境等方面加以改进。想要提高生产效率要做好以下四点。

8.2.4.1 装配流水线的设计

装配流水线的设计需要根据企业的实际情况来设计。设计的合理性直接影响产品的质量，从而影响生产的运行效率。

8.2.4.2 装配流水线在生产中的布局

装配线在车间的生产布局中也非常重要。布局越简单越好。同时，应考虑生产经营者的经营习惯。如果布局太乱或太复杂，将会降低产品的生产率。

8.2.4.3　装配流水线生产管理

为了提高装配流水线的效率，正式和有效的管理是必不可少的。作为企业的管理必须被教导，在日常运作中必须注意。有效的生产管理可以规范生产和标准操作，形成有效的快速反应机制，及时处理生产中的突发状况。

8.2.4.4　装配线的日常维护

装配线的日常维护可以防止过度老化和磨损。公司需要定期检修设备，及时更换磨损部件。如果关键区域的问题无法解决，就可以联系厂家进行维修。

8.2.4.5　流水线生产

流水线生产是根据生产需要设计的，属于非标件。对于手工制造业来说，流水线的速度需要配合操作工人的工作速度，这样需要人工控制速度，人与机械协调配合，否则会造成工作中的疏漏，从而影响成品质量。

而机械化程度高的制造过程中，流水线的速度完全由机械自动化掌控，无须人工操作，全自动化的流水线可以说极大地提高了工作效率。根据需要，还可以由人来配合机械完成工作，由工人到各个产品上去完成自己的工作。

总体来说流水线的出现不仅提高了工作效率，降低人工成本，还以很大限度的自动化模式来配合产品生产。

8.3　手工装配流水线工序设计与工人数量计算

8.3.1　手工装配流水线的主要设计内容

在设计手工装配流水线时，主要需要确定以下内容：

流水线以什么工序流程进行？需要多少工位？需要多少工人？在同样的节拍时间下如何使流水线所需要的工人数量最少？流水线的生产效率能够达到多少？能否满足该产品年生产计划提出的要求？流水线的实际节拍时间为多少？平均多长时间间隔生产出一件产品？

对上述问题进行分析可知，流水线的设计内容主要为工序流程设计、工人数量设计、各工位工时定额设计、生产线节拍设计等。

在手工装配流水线生产方式下，人工成本在产品制造成本中占有的比重较大，工人数量不必要地增加也就增加了制造成本。在满足生产能力和产品质量的前提下，如何以最低的制造成本组织生产，始终是流水线设计的关键内容。

实际上，只有进行工序设计、确定工位数量、工人数量后，流水线才能以一定的节拍组织生产，而只有合理地进行工序设计，才能在满足年生产计划要求的前提下以最少数量的工人（即最低的制造成本）来组织生产，这也是流水线的设计目标，所以，如何确定流水线所需要工人的数量并使之最小是流水线设计的重要内容。

8.3.2 影响流水线所需要工人数量的因素

设计手工装配流水线上所需要工人数量的原则：在满足生产能力的前提下，以工人数量最少为最优目标。

通过对一般的生产作业过程进行分析可知，流水线所需要的工人数量主要与以下因素有关：

完成产品装配所需要的工序数量；产品制造工序的难易程度；产品的设计质量与装配工艺性能；产品的年生产计划；是否采用快速有效的装配作业方法、工具；工人的技能水平与熟练程度。

在上述因素中，部分因素是通过技术人员的努力可以改善、提高的，从而减少所需要的工人数量，如改善产品设计、提高产品的装配工艺性能、改善作业方法、提高工人的熟练程度等，这也始终是产品设计及工序设计努力的方向。

8.3.3 流水线理论上所需要的最少工人数量

流水线上所需要的最少工人数量通常用 W 表示，下面先在以下最简单的假设条件下计算所需要的工人数量：

假设把产品的总装配时间 T_{wc}（单位：min）平均分配到各个工位上，或者说每个工位的装配作业所需要的时间是均等的；

每个工位上只由一名工人来承担；

每个工位上没有再定位时间和空余时间，全部时间都用于装配操作；

由于每个工位都按同样的节奏进行，所占用的全部时间都是节拍时间 T_c

由于在流水线上装配的产品各工序装配时间的总和被平均地分配到各工位，每个工位都用与节拍时间相等的时间来装配作业，各工位上又只有一名工人，所以工位数量 W 也就等于工人数量并可由以下公式计算：

$$W = \text{最小整数} \geqslant \frac{T_{wc}}{T_c} \tag{8.6}$$

其中：T_{wc} 为总装配时间，min；

T_c 为节拍时间，分钟 / 件。

式（8.6）表明工位数量 W 为不小于总装配时间 T_{wc} 与节拍时间 T_c 之比的最小整数。

分析：上述计算是在最理想的情况下进行的，所计算出的是最理想情况下的最少工人数量，实际工程上所需要的工人数量一定比上述计算结果多，因为实际的流水线不可能与上述假设的条件相同，例如存在以下情况：

• 由于各工位的工序操作内容各不相同，因此不可能用均等的时间完成各自的工序操作，有的工位工艺操作时间长，有的工位工艺操作时间短。

• 各工位不可能没有空余时间。

• 再定位时间——在每一个工位上，有时需要部分时间对工件或工装板进行再定位，因此，该工位实际所需要的时间变长了。

• 检查前工序质量所需要的时间——后工序对前工序质量进行检查是生产过程中的重要质量保证措施之一，在生产中不可避免地需要部分时间对前工序的质量进行检查，这就是工程上所说的"互检"，需要考虑这一变化因素。

• 零件缺陷或前工序质量问题——当出现有缺陷的零件或前工序质量存在问题时，该工位的工人需要处理缺陷零件或重新进行前工序的装配，因而工作会适当延迟。

• 装配时间的均衡问题——实际上不可能将产品的总装配时间平均地分配到每一个工位上，部分工位的装配所需要的时间将少于实际的节拍时间，这必然会使所需要的工人数量增加。

考虑这些问题后将会使流水线上实际需要的工人数量比上述理论数量多，后面将介绍如何计算流水线上实际需要的工人数量。

8.3.4　流水线的工序设计

产品的装配过程是由一系列的工序组成的，流水线就是按一定的合理次序完成产品的装配过程，因此工序设计是流水线设计的重要内容。工序设计主要包含以下两方面的问题。

（1）各工序的安排次序必须符合产品本身的装配工艺流程；

（2）根据需要对工序进行分解，但工序的分解及安排必须考虑流水线的平衡问题，即如何在满足节拍时间的前提下使流水线所需要的工人数量最少。

在以后的学习中，读者将体会到工序设计同样是自动化生产线设计的重要问题，并与手工装配流水线有许多类似之处。

8.3.5　流水线的平衡

在设计手工装配流水线时，在同样的节拍时间下，流水线上实际所需要的工人数量必须是一种最优的方案，即在满足节拍要求的前提下所需要的工人数量必须是最少的，这就取决于如何合理地进行流水线的工序设计，尽可能缩小各工位之间的工艺操作时间差距，尽可能缩短各工位的空余时间，减少人力资源的浪费，使所需要的工人数量最少，实现最低的制造成本，这就是通常所说的生产线的平衡问题。因此，在流水线的设计过程中需要具有一定的理论基础和技巧。

在实际的手工装配流水线设计过程中，通常采用以下措施进行流水线的平衡：

（1）将复杂工序尽可能分解为多个简单工序，直接缩短流水线的节拍时间。

（2）对于实在无法分解为多个简单工序的复杂工序，可以在该工位上设置 2 名或多名工人同时从事该工序的操作，从而满足更短节拍时间的要求。

例如某流水线的节拍时间为 0.6 分钟 / 件，而某复杂工序的工序操作时间为 1.1 分钟 / 件，在该工位上设置 2 名工人都独立进行该工序的操作，该工位就相当于平均 0.55 min 完成 1 件产品的工序操作，这样就可以满足流水线 0.6 分钟 / 件的节拍时间要求。

（3）将普通的直线形流水线设计为相互错开、相对独立的多个工段，这样每个工段可以根据某些工序的特点实现更高的生产效率，从而提高整条流水线的生产效率。

（4）在某些含有机器自动操作或半自动化操作的流水线上（这实际上属于混合型的自动化生产线），将人工操作与机器的自动或半自动操作结合起来，可以充分利用工人的闲暇时间，提高流水线的生产效率。

通过上述措施，可以实现流水线的平衡，使流水线所需要的工人数量最少，提高整条流水线的生产效率，从而达到将制造成本降为最低的目标。

8.3.6 流水线实际所需要工人数量的设计

流水线实际所需要工人数量要比理论最少工人数量大，科学的工人数量设计方法是与工序分配同时进行的，国外广泛使用一种被称为“网络图法”的设计方法，一般按以下步骤进行设计：

（1）将总装配工作量分解为合理的、最小的、不能再细分的一系列单个工序，每个工序都需要对应的、一定的工艺操作时间。

（2）根据产品的年生产计划计算出流水装配线的节拍时间。

（3）将上述一系列工序以单个（或多个）工序分配给每一个工位，分配的原则是：

尽可能使每个工位的工人分配到工艺操作时间相近的工作量，缩小各工位之间工艺操作时间的差距；

每个工位的总工艺操作时间都不能超过瓶颈工位（工艺操作时间最长的工位）的工艺操作时间；

瓶颈工位的工艺操作时间不得高于节拍时间；

各工位上的工序内容同时还必须严格符合产品的装配工艺先后次序。

（4）采用“网络图法”对全部工序向各工位进行分配

将全部装配工作分解为合理的、最小的、不能再细分的单个工序。

将各工序按工艺流程的先后次序以接点的形式画成网络图，节点序号即表示工序号，并将该工序对应的工艺操作时间写在序号旁，箭头方向表示两相邻工序的先后次序。

从网络图最初的节点（工序）开始，将相邻的、符合工艺次序、且总工艺操作时间不超过允许的工艺操作时间（节拍时间）的一个（或多个）工序分配给第 1 个工位，如果可能超过允许的工艺操作时间，则将该工序分配到下一个工位。

从剩余的最前面的节点开始，继续按上述要求依次分配给第 2、3、…个工位，直到将全部的工序分配完为止，全部的工位数就是所需要的工人数量。

8.4　流水线的评价

手工装配流水线的设计目标是用最少的工人数量，达到最大的劳动生产效率。由于手工装配流水线的设计可能因人而异，直接影响流水线运行的效果和效率，那么如何对手工装配流水线设计的质量进行评价呢？由于影响流水线劳动生产效率的因素主要为以下三个方面，因此通常从以下三个方面评价手工装配流水线的设计效果。

（1）流水线平衡效率

由于不可能均等地将总装配时间分配给各工位，因此也就不可能获得理想的平衡效果。为了衡量流水线的平衡效果，通常用一个参数来衡量，这就是流水线的平衡效率，通常用 η 来表示：

$$\eta = \frac{T_{wc}}{W \times T_s} \times 100\% \tag{8.7}$$

式中：T_{wc} 为产品各工序总装配时间，min；

W 为实际工人数量；

T_s 为各工位中的最大工艺操作时间，分钟 / 件。

平衡效率 η_b 越高，表示产品总装配时间 T_{wc} 与 WT_S 越接近，空余时间越短，生产线平衡效果越好，因而平衡效率可以表示流水线平衡的优劣。最理想的平衡水平为平衡效率等于 100%，实际工程中比较典型的平衡效率一般在 90%~95% 之间。

（2）流水线实际使用效率

前面已经介绍因为种种原因使得流水线实际的开工运行时间要少于理论上可以运行的时间，因此流水线的使用效率 η_b 总是小于 100%，实际大小取决于设备的管理维护水平及生产组织管理工作的质量。

（3）再定位效率

如前所述，在每个工位的时间构成中，工人需要将工件从输送线上取下、完成装配后将工件又送回输送线，或者工人需要随工件一起在输送线的不同位置之间来回移动，或者需要对工装板进行再定位，因此存在上述再定位时间损失，这就是前面所述的各工位平均再定位时间 T_r。通常将流水线各工位中的最大工艺操作时间 $\max\{T_{si}\}$ 与整条流水线节拍时间 T_c 的比值定义为再定位效率，通常用 η_r 表示：

$$\eta_r = \frac{\max\{T_{si}\}}{T_c} \times 100\% \tag{8.8}$$

式中：$\max\{T_{si}\}$ 实际上就是瓶颈工位的工艺操作时间 T_s；T_r 为各工序平均再定位时间。

（4）考虑上述各种效率后流水线实际需要的工人数量 W

考虑流水线的平衡效率 η_b、再定位效率 η_r、使用效率 η 后，生产线实际需要的工人数量 W 为

$$W = \text{最小整数} \geqslant \frac{R_p \times T_{wc}}{60\eta\eta_b\eta_r} = \frac{T_{wc}}{T_c\eta_b\eta_r} = \frac{T_{wc}}{T_s\eta_b} \tag{8.9}$$

式中：T_{wc} 为总装配时间，min；

T_c 为实际节拍时间，分钟 / 件；

η_b 为生产线的平衡效率；

η_r 为生产线的再定位效率；

T_s 为瓶颈工位的工艺操作时间，min。

8.5　车间流水线布局

两个遵守：逆时针排布、出入口一致。

两个回避：孤岛型布局、鸟笼型布局。

8.5.1　逆时针排布

逆时针排布，主要目的是希望员工能够采用一人完结作业方式，实现一人多机。一人完结与一人多机要求一个员工从头做到尾，因此员工是动态的，称之为“巡回作业”。

大部分作业员是右撇子，因此如果逆时针排布的话，当员工进行下一道加工作业时，工装夹具或者零部件在左侧，员工作业并不方便，这也正是逆时针的目的：员工就会走到下一工位，巡回的目的也就达到了。

8.5.2　出入口一致

出入口一致，是指原材料入口和成品出口在一起。为什么要求出入口一致呢？

第一，有利于减少空手浪费。假设出入口不一致，作业员采用巡回作业，那么当一件产品生产完了，要去重新取一件原材料加工的话，作业员就会空手（手上没有材料可以生产）从成品产出口走到原材料投入口，这段时间是浪费的。如果出入口一致的话，作业员立刻就可以取到新的原材料进行加工，从而避免了空手浪费。

第二，有利于生产线平衡。由于出入口一致，布局必然呈现类似“U”的形状，这使得各工序非常接近，从而为一个人同时操作多道工序提供了可能，这就提高了工序分配的灵活性，从而得到更高的生产线平衡率。

8.5.3　避免孤岛型布局

孤岛型布局把生产线分割成一个个单独的工作单元，其缺陷在于单元与单元之间互相隔离，无法互相协助。

8.5.4　避免鸟笼型布局

鸟笼型布局往往没有考虑到物流、人流顺畅的结果，这种布局错误地用机器设备或者工作台把作业员围在中间，使得物流不顺畅，在制品增加，单元与单元之间的相互支援也变得几乎不可能。

8.5.5　花瓣型布局

花瓣型布局是由多个单元共同组成,是按照“两个遵守、两个回避”的原则进行布局的结果。这种布局有助于提高单元间的互相协助，从而提高生产线平衡率。花瓣式布局是进行“互助协作”的必要条件。

互助作业就好像运动场上的接力赛一样，在交接区，实力强的选手可以适当地弥补实力弱的选手。在工作中也是一样，单元之间的作业员也要把产品像接力棒一样去传递。如果前单元的作业员耽误了时间，后单元的作业员就帮助前单元从机器上卸下产品。这种做法，显然以“花瓣式”布局为前提。

8.5.6　“一个流”生产线布局

按精益生产的理念，除了以上的两个方面，还有更重要的因素需要考虑，精益生产布局追求的目标主要有以下几方面：

（1）使物料搬运成本很小化；

（2）空间的利用；

（3）劳动力的利用；

（4）便于员工之间、员工与管理者之间、员工与用户之间的信息沟通。

为了实现上面的目标,很不错的方法就是要将设备布局成“U”型,实现“一个流”的生产。“一个流（One-Piece Flow）”生产方式是指产品在生产过程中尽量实现小批量的轮转，最好是单件的流动。

它是减少在制品数量的最好方法，是消除生产线浪费的良策。它的基础是要使加工生产线像流水装配线一样流水化，但要牺牲非瓶颈工序设备的利用率，因此要尽量平衡生产线，减少设备的产能损失。

8.5.7 “U”型布置

车间流水线布置一般归纳为如下两种：传统“一”字形生产线布置（即按加工顺序排列设备）和U型布置。随着精益生产思想的推广，传统生产线越来越多地被U型生产线所代替，因为传统生产线布置有如下缺点：一个人操作多台设备时将存在“步行的浪费”，增加了劳动强度，同时也不能实现人员的柔性化调整。

而在U型布置中，生产线摆放如U型，一条流水线的出口和人口在相同位置，一个加工位置中可能同时包含几个工艺，所以U型布置需要培养多能工。它减少了步行浪费和工位数，从而缩短周期、提高效率，同时也减少了操作工，降低了成本等。

单元装配线的理想布局之一是花瓣型布局。

1）流畅原则：各工序的有机结合，相关联工序集中放置原则、流水化布局原则。

2）很短距离原则：尽量减少搬运，流程不可以交叉，直线运行。

3）平衡原则：工站之间资源配置，速率配置尽量平衡。

4）固定循环原则：尽量减少诸如搬运、传递这种无价值增值（Non-Value Added）的活动。

5）经济产量原则：适应很小批量生产的情形，尽可能利用空间，减少地面放置原则。

6）柔韧性的原则：对未来变化具有充分应变力，方案有弹性。如果是小批量多种类的产品，优先考虑“U”型布置、环型布置。

7）防错的原则：生产布局要尽可能充分地考虑这项原则，排名靠前步先从硬件布局上预防错误，减少生产上的损失。

8.6 流水线节拍计算实例

混合组织方式生产在冰箱门体生产中的应用

8.6.1 存在问题

冰箱生产中最令人头疼的问题——门体生产，多年来一直是让诸多厂家棘手的事情，因为冰箱成品对门体的要求最高，门体是冰箱的脸面，门体的外观、尺寸、光泽度等要求最高，不允许有一处碰坑、划伤、杂质、斑点、掉漆等缺陷，这就给生产班组提出了更高的要求。为此，在生产运作中使用工业工程的部分原理，彻底解决了门体以往生产中工时效率低下，生产利用率低，工人出工不出活等问题。

8.6.2　问题的提出

拿国内某著名企业生产冰箱的后厂房门体发泡组来说明这个问题，原来的门体发泡承担着门体拼装、门体发泡、门体组装等关键流程的门体生产，人员结构复杂、臃肿，存在着费工费时、误工误活等问题，其工艺流程图如图 8.8 所示：

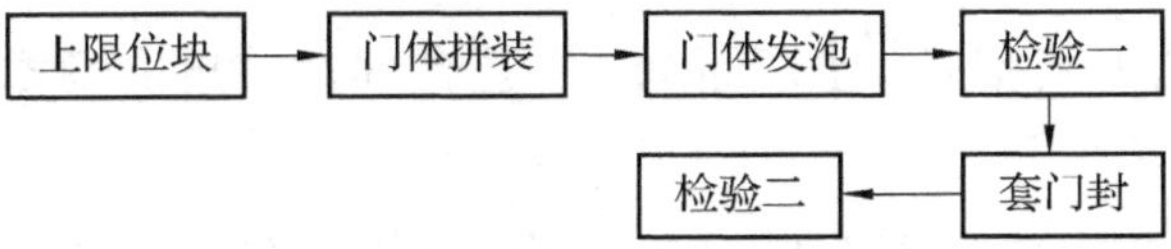

图 8.8　后厂房门体工艺流程图

8.6.3　原因分析

为了改变这个情况，经考察其他冰箱厂，发现在同等设备的情况下，其他冰箱厂也有类似现象，发现有以下几个方面的原因：

① 原来的门外壳钣金线生产中，单独把门外壳钣金设立成一个班组，也就是距离门体发泡组约有 300 m 的距离，工人生产先检查门外壳定尺料（外购件），确保外观没有缺陷后，把门外壳的定尺料，拉到钣金线，经一次折弯机进行一次折弯，二次折弯机围弯成型后成型，操作工检查合格后把门壳装到一个小车上，50 件一个小车，然后由操作工推小车到门体组供门体发泡使用，回来时如果有空的小车就拉回来，如果没有空车就空手回来，小车是周转使用。如图 8.9 所示。

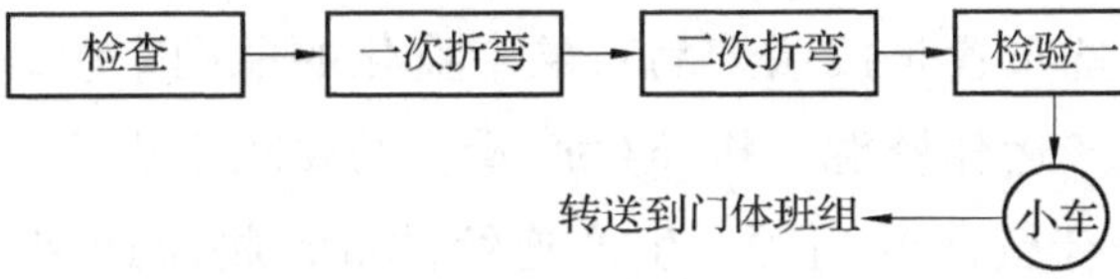

图 8.9　门外壳钣金工艺流程图

② 这种生产车间的设备布置是按照工艺专业化组织原则来建立生产的形式，钣金班组不仅供应后厂房的门体生产，还供应 39# 厂房，40# 厂房的门体生产，这种以钣金工艺为中心，组织相应的设备、人员等资源为每一个工艺提供一个工作场地的方式，其优点是比较容易进行工艺管理，员工、设备的时间利用比较充分。其缺点是因为要供应 3 个厂房的门体生产，在设备的使用、小车的利用、人员的安排上，因每个厂房生产的产品不一样，造成不同产品争夺相应的有限资源，生产连续性差，在制品存量较多，相应的生产周期较长。是一种不合理的组织原则，需要改进。

③ 门体发泡机使用的是意大利 OMS 公司生产的旋转七工位，经对其班组的工时测定，发现准备与结束时间、作业时间、布置工作地时间、休息时间与生理需要时间，均可满足班产 300 台的要求，而耽搁生产的主要时间为非生产时间，即均是因非操作者原因造成的停工

停时，如生产原料运送不及时、零部件不合格等，而因设备原因造成的停工停时，基本上为零，因此考虑需要改进工艺流程，把不合理的、成本高的、效益低的部分进行改进，力争合理利用时间，不让一个操作工有一分一秒的浪费；再者由门体熟化时间要求为 330 秒 / 台，可以计算出班组生产能力最高可达 380 台，即公司规定的班产 300 台，远远小于设备的生产能力，设备的生产潜能还没有完全挖掘出来，两者不匹配，也就是说设备影响产量的因素可以排除。主要是应该对症下药，从工艺布局、生产布局、工艺合理性的角度来考虑，把工时利用率提高，然后制定相应对策。

④ 后厂房的生产工艺布局如图 8.10 所示：设备 OMS 旋转七工位的一侧，依次摆放着上限位块工作案，门体拼装工作案，门体组装工作案，检验一工作案，套门封工作案，检验二工作案。

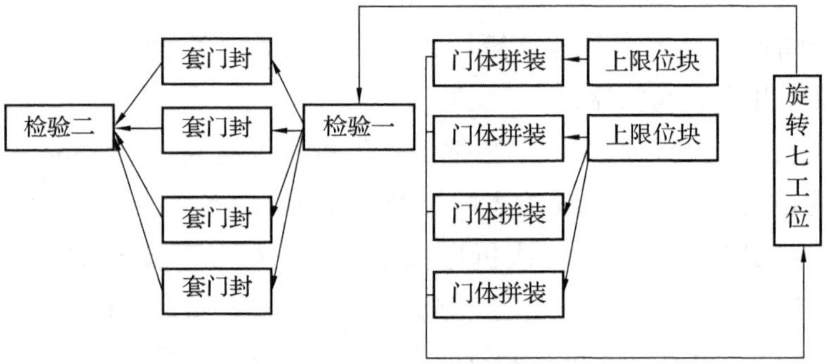

图 8.10　后厂房的生产工艺布局

发现后厂房的生产设备布置是按照产品对象专业化的原则来组织生产的，这种原则是以门体生产为中心来组织生产运作资源，按照生产看板的要求来组织不同的工艺加工，其优点是不存在产品之间相互争夺资源的问题，生产连续性好，物流迂回可以避免，生产效率高，缺点是存在着工序重复设置问题，工艺管理相应难一些。以及存在着工序重叠，零部件多次运输、搬运，工件转运距离大等缺点，违背了动作经济原则，是一种不合理的生产组织原则。

8.6.4　采取措施

结合上述三点，采取以下几点措施：

① 根据节约时间原理：提高设备的利用率和人的利用率，基本的生产工人尽量少作辅助作业，将原来的两个班组整合成一个班组，即把钣金班组按照各个厂房的生产能力，考虑其设备的匹配性、连续性、比例性，拆分到门体发泡组，将原来的两个班组两个组长合并为一个班组一个组长，实行产量质量组长负责制，在班组组织生产上节约了时间，便于平行生产，直接减少了两个班组之间的扯皮推诿现象，责任更加明确，大大提高了生产效率。

② 根据物料搬运原理：要求运输距离尽可能短，尽可能使用机械装置运送，运送要及时，运送方式要经济；以及工作场所原理：物料和工具就近固地存放，便于习惯性存放。把钣金

设备搬到后厂房门体发泡机附近，缩短了小车来回之间的运输距离，而且运送及时，方式更经济，因为折弯机与门外壳拼装案共同使用一个存放台，折弯操作工把折好的门外壳摆放在存放台上，拼门壳的操作工直接从存放台上取门壳，直接取消了门外壳的小车运输；物料都是就近存放，直接避免了运输过程中的磕碰划伤，保证了产品的质量，降低了废品率；同时重新设计了工作台，由原来的工作台不能存放海绵胶带、牛皮纸胶带改为两侧可以存放，以便于工艺辅料的存放，工人不需要到料站领东西，降低了辅助工时。

③ 根据设备工具设计原理和物料搬运原理，存放部位要便于工人的操作，搬运物料距离最短，将原来的生产工艺布局重新设计考虑，原来的生产布局如图 8.10 所示，设备单独摆在一旁，从右往左依次是上限位块工作案，门体拼装工作案，检验一工作案，套门封工作案，检验二工作案，在门体拼装与检验一之间要进行门体发泡，操作工要将拼装好的门外壳组成放到旋转七工位的胎具上进行发泡，发泡完毕后再把门体从胎具中取出来，然后将发泡好的门体送到检验一工作案进行检验，然后再套门封，在生产布局的空间内门体需要小车转到旋转工位发泡，再由小车运送到检验一工作案，这要求门体生产需重复运输好几段距离，都是做的无用功。考虑搬运物料距离最短。而且工作案的摆放不利于生产，工人常常错用零部件，直接导致废品的产生，因此需要调整工作案的摆放。

8.6.5　结论

综合考虑上述 3 点，认为对其工艺生产布局和设备工装布置采用混合组织生产方式比较好，并充分利用动作经济原则，更改后的生产工艺布局如图 8.11 所示。

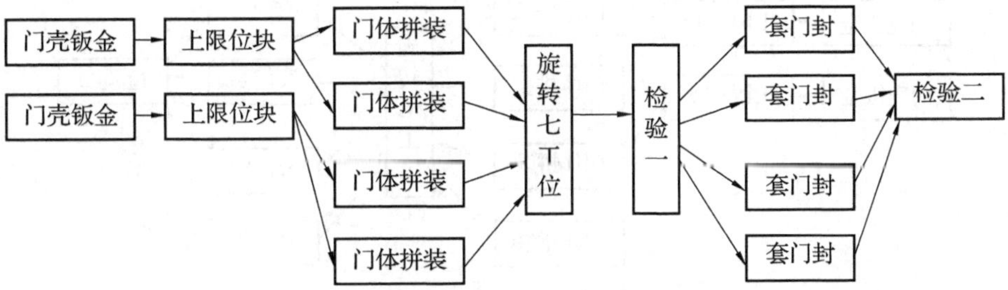

图 8.11　更改后的生产工艺布局

这种生产组织的方式综合了工艺专业化组织原则和产品专业化组织的优点，同时又尽可能地避免其缺点，其原理是把产品结构性能类似、加工顺序类似的放在一起，整体按产品结构、工艺特点相似性来区分不同的组，每一组按产品对象组织生产。这种组织原则使门体生产在空间与时间组织上的安排更合理，有效地避免了以前生产中的怠工、误工、出工不出活等问题，提高了工时利用率。

根据系统分析中的系统总体最优原则，把经过混合组织生产的后厂房门体作为一个系统，运用优化设计思想，合理改进工艺流程，看是否可以省略工序或简化工序，带着这个目的，对原来的门体工艺进行了详细分析，发现检验一的功能与检验二的功能基本上是一致的，能不能将两者合二为一呢？检验一的功能为检验门体发泡后门封槽的直线度、门封槽的深度、门体是否铰棱。并校门，要求一门一校，检验门内壳与门外壳是否贴合紧密，上下堵盖的直线度，门体下堵盖与门外壳的正面缝隙、圆角缝隙、侧面缝隙。

而这些工艺，适用于企业早年生产的门体——插条式门体，或者是发泡完以后使用螺钉将门内壳上到门外壳上的门体，发泡时因为门体零部件多，发泡胎具稳定性差，生产的门体一致性差，需要及时控制，尤其是发泡后上螺钉的门体，最容易铰棱，而现在生产的门体结构为一体门，门体组成的零部件相对以前的门体要少，而工艺仍然沿用老的工艺，因此，更改工艺势在必行。

一体门生产经现场多次实验，认为没有必要每个门体都进行校门，从校门的记录可以看出，每个胎具上到旋转七工位上以后，发出的门体很少有铰棱的，即原来工艺上要求的一门一校的普检，完全可以改进，可改为抽检，经过半年多的试生产，证明这种方法完全可行，采取的方法为：每班每个胎具前五轮进行校门，即每班起始，对胎具校门，通过校门达到校胎的目的，然后间隔 4 个小时再校门，并作好记录，这样就大大减少了检验一的工作量，更改后的检验一与检验二检验的内容完全一样，这就说明了检验一改为抽检，仅仅检验校门，其他内容则完全放到检验二进行。

改进后的生产工艺布局（如图 8.12 所示）作为一个生产系统，能合理安排有限的人力、物力、财力等资源，在空间组织和时间组织上都是最优化的，采用混合组织生产解决门体生产中的种种弊病，事实证明这种方式是行之有效的。

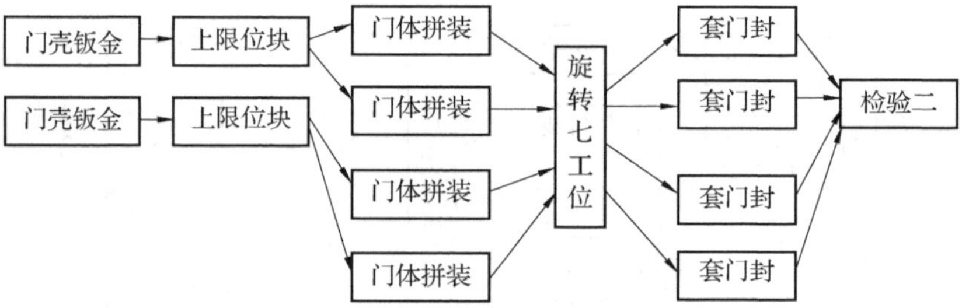

图 8.12　改进后的生产工艺布局

8.7　实例 2——冰箱流水线产量匹配原因探讨

8.7.1　存在问题

国内某公司开发区西厂房一直承担着容积在 159 升以下小冰箱的出口任务，随着出口任务的加大，目前的生产能力已经不能满足需要。原来是两个班组生产，分别上白班和中班，白班一条生产线，中班一条生产线。而西厂有供两条线生产的设备，只使用一条线，设备利用率仅 50%。查找原因、解决问题、综合平衡、匹配生产、对设备及流水线进行改造是摆在工程技术人员面前的迫切问题。

8.7.2　原因分析

西厂房目前设备（生产工艺布局图如图 8.13 所示）为两个地轨二十工位箱体发泡机承担箱体发泡，一个旋转二十六工位门体发泡机用于门体发泡，有两条箱体拼装流水线，两条箱体总装，包装流水线与相应的抽空设备与测试设备。设计生产能力为每条生产线班产 800 台，即两条线并行生产，可达班产 1 600 台。而实际的生产现象为每班生产 800 台，另一条生产线闲置，不能够使用，根本没有达到预期要求。设备没有被利用是极大的浪费，对生产线重新进行能力匹配、综合平衡，势在必行。

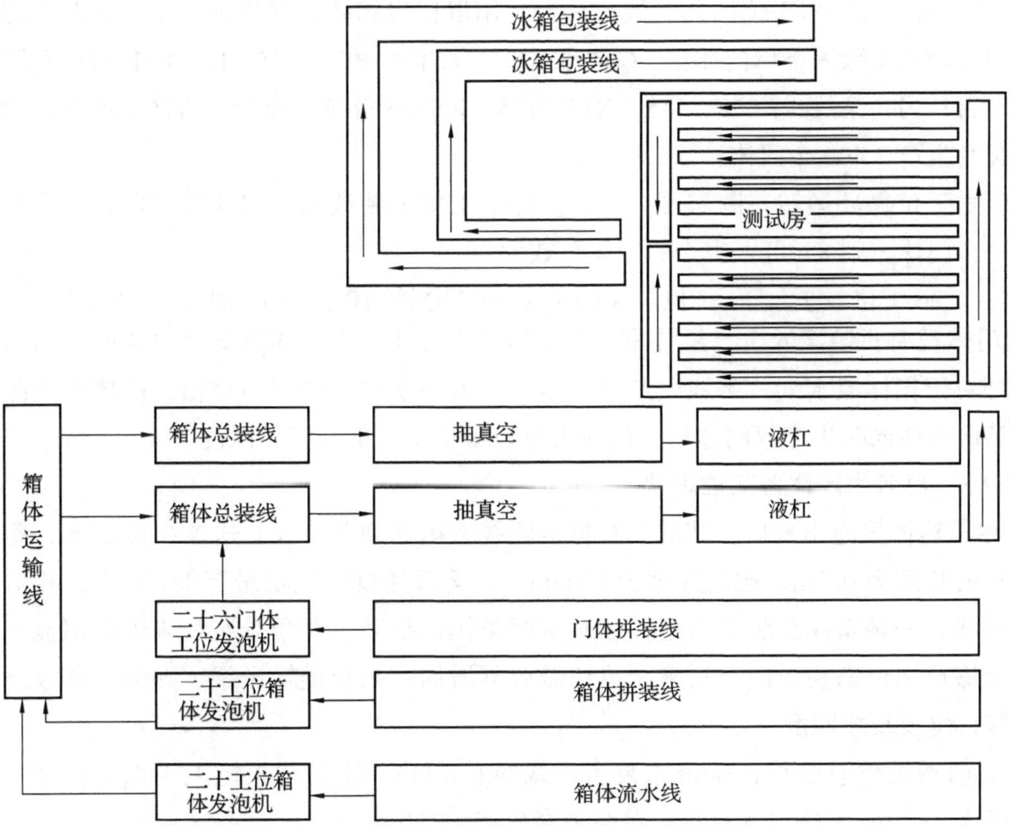

图 8.13　生产工艺布局示意图

8.7.3 生产能力评估

深入生产一线，对西厂房生产线各工位现状、节拍进行了详尽的考察，对西厂房箱体、门体、总装、包装线各工位的生产能力进行了评估，其数据来自工人正常生产时的实际测量，并加以一定的理论计算，相信有一定的说服力。其评估结果如下：

8.7.3.1 箱体拼装生产线各工位现状

① 西厂有两条拼装流水线，每线有效长度 50 m，每台冰箱在板链上的占据长度为 1.8 m，运行速度为 27 s/m，按照 8 h 计算，最高单线班产可达 860 台。

② 两个二十工位箱体发泡机，聚氨酯发泡注料熟化时间为 360 s，循环运转一圈需要 10 min，一个工位装载一个发泡胎，一个发泡胎一次发泡一台冰箱，则 8 h 单个二十工位可生产冰箱的数量为：

8 时 ×20 台（工位）×（60 分钟 /10 分钟）/ 时＝ 960 台

8.7.3.2 门体生产线各工位现状

① 门体现有二十六工位门体发泡机一台，用以供应箱体总装线配套生产，西厂房长期生产的出口机绝大多数属于单门冰箱，箱体流水线一条生产 BCD-110、129D、159D 等双门冰箱，班产 800 台；另一条线生产 XR-115、XLR-115、XF-85 等单门冰箱，班产 800 台。对应的门体需要配套生产 2 400 个门体。

二十六工位循环运转一圈需要 10 min，每个工位上装载两个门体发泡胎，一个发泡胎一次发泡一个门体，则 8 h 可以生产的门体总数为

26 工位 ×2（门 / 工位）×8 时 ×（60 分钟 /10 分钟）/ 时＝ 2 496 门

② 门体现有拼装案 6 个，组装案 4 个，校平台 2 个，都是按照班产 2 400 个门体的要求设计，即对于箱体流水线一条线生产单门冰箱，另一条线生产双门冰箱，门体生产能力满足要求；若两条线同时生产双门冰箱，门体现有设备根本不能与箱体匹配。

8.7.3.3 总装生产线各工位现状

① 冰箱箱体发泡出来后，装载到箱体运输线上运输到总装线，这条线长 25 m，每箱在板链上占据的长度为 0.7 m，运行速度为 20 s/m，其运载速度可满足班产 1 100 台，相对于一条箱体拼装线，一条箱体总装线富裕，相对于两条箱体拼装、两条总装线来说则明显不足，并且清箱、擦箱岗位都在板链上实施，迫切需要再增加一条板链输送线，即每一条板链线对应一条拼装，总装线才匹配。

② 有两条箱体总装线，每条总装生产线线长 73 m，冰箱在板链上占据的长度为 0.8 m，运行速度为 28 s/m，按照 8 h 计算，单线最高班产 1 100 台。

③ 抽真空：按照真空泵线的摆放位置（真空泵排列呈环形封闭状态），可以将两条抽真空线分为南线和北线。

北线有真空泵 87 个，工艺要求一个真空泵一次只能抽一台冰箱，抽空时间不能少于 15 min，可得循环运转速度为 42 分钟 / 圈，按照 8 h 计算：

$$87台 \times（480分钟/42分钟）= 994台$$

单线最高班产 994 台。

南线有真空泵 70 个，按上述可计算出循环运转速度为 39 分钟 / 圈，同样按照 8 h 计算：

$$70台 \times（480分钟/39分钟）= 861台$$

单线最高班产 861 台。

④ 测试房：由图 8.13 可以看出，目前共计 10 条测试线，设计测试能力为南边 5 条线每线可同时测试 41 台冰箱，北边 5 条线可以同时测试 43 台。每条测试线进满箱为 20 min，工艺要求每台冰箱通电测试时间为 90 min，进满箱后开始给冰箱插上电源线，观察压机，放探头时间共为 5.3 min，然后开始测试，测试完毕后去电源线，收探头时间为 4.7 min，冰箱出线时间为 10 min，按照同进同出、连续生产的原则计算，最高班产可达 1 200 台，按照一班生产计算，最高班产可达 1 000 台。

即目前测试房的测试能力为单线生产富裕，双线生产不足的现象。小于最初设计的测试能力。

8.7.3.4　包装生产线各工位现状

包装现有两条生产线，每条线长度为 58 m，每台冰箱在板链上占据长度为 0.8 m，按照 8 h 计算，单线最高班产可达 950 台。

8.7.4　比较分析

如果把各个流水生产线看作一个生产单元，则西厂房可以看作为两个并行排列的串行系统，而在这个串行系统中，产量最低的那一个生产单元就是决定整个系统的因素。比较上述数值可知，测试线能力与其他单元不匹配是关键因素，直接影响了整个系统的运作与效率。

8.7.5　改造方案

测试线能力不足是制约其产量上台阶，导致设备利用率低下、流水线不匹配的一个关键因素，增加测试设备、加大测试能力是改造的重点。在此提出 3 种改造方案。

8.7.5.1　方案一

重新购进新的测试房及配套测试设备，含 8 条测试线，用于单独测试南线产品，按照每条线对应一个测试房设计，可以满足班产 800 台的要求。其计算如下：

按照测试房里没有任何冰箱来算，一上班开始进线，依次进一条线，每 20 min 进满一条线，线全部进满则需 160 min，而一条线从进线到出线所需要的时间为进箱时间、插电源线与插头时间、测试时间、去电源线与插头时间、出箱时间之和为：

$$20\,min+5.3\,min + 90\,min+4.7\,min + 10\,min = 130\,min$$

通过分析计算可知，能够测试出三轮的线为前六条线，第七、第八条线只能测出两轮，按每线 40 个箱算，则总共出箱为：

（6 线 / 轮 ×3 轮＋ 2 线 / 轮 ×2 轮）×40 台 / 线＝ 880 台

两条线单独设立测试房后，均可满足班产 800 台的要求，但将出现北线测试房生产能力过大问题，而且需要占据的厂房面积大大增加，还需搬迁一条包装线，工程很浩大，这样改造将造成极大的资源浪费。预计耗费资金 20 万元。

8.7.5.2 **方案二**

对现有的测试房进行改造，在原来的 10 条测试线的基础上，新增 4 条同样规模的测试线，共 14 条线。平均每个班组 7 条线，可以满足班产 800 台的要求。其计算如下（计算方法参照方案一），

南边七条线，每线 41 台箱，则总共出箱为：

（6 线 / 轮 ×3 轮＋ 1 线 / 轮 ×2 轮）线 ×41 台 / 线＝ 820 台

北边 7 条线，每线 43 台箱，则总共出箱为：

（6 线 / 轮 ×3 轮＋ 1 线 / 轮 ×2 轮）线 ×43 台 / 线＝ 860 台

这种方案只需购进 4 条板链测试线及相应的探头与连线等（只能加靠在测试房北边），其余设备可以与原测试房共用，相比方案一节省了大量资金。但是缺点是包装线需要偏移的距离比较大，过于靠近厂房一角，造成物流通道狭窄，不畅通，容易堵塞。预计耗费资金 8 万元。

8.7.5.3 **方案三**

充分考虑厂房的有效面积，合理安排工艺布局，将测试房长度加长，宽度加宽，即测试线每条长度增加 5.8 m，宽度增加 2.2 m，同时将包装线沿测试房加宽方向平行偏移 2.2 m，其他配套设施做相应的调整。调整后由原来的每线测 40 台箱更改为测 47 台箱，并增加两条同样能力的测试线。更改后测试线共为 12 条，平均每个班组 6 条，其能力计算如下：

（4 线 / 轮 ×3 轮＋ 2 线 / 轮 ×3.5 轮）线 ×47 台 / 线＝ 893 台

此种方案耗资少，搬迁量小，在测试房原有基础上进行了适当调整，预计改造好后物流通畅，生产线节拍吻合、平衡。预计耗费资金 8.5 万元。

8.7.6 结果

经比较上述三种方案，方案一花钱太多，且浪费厂房等地理资源，应首先排除；方案三虽然比方案二多出 5 000 元，但整个布局更合理，物流畅通，搬运方便，花钱最少，而且改造工作量最小，从而得出第三种方案最合适。

因为箱体运输到总装板链线只有一条，与整个系统生产能力不匹配，不能满足产量要求，应同时增加一条板链线。改造后的生产工艺布局图如图 8.14 所示。

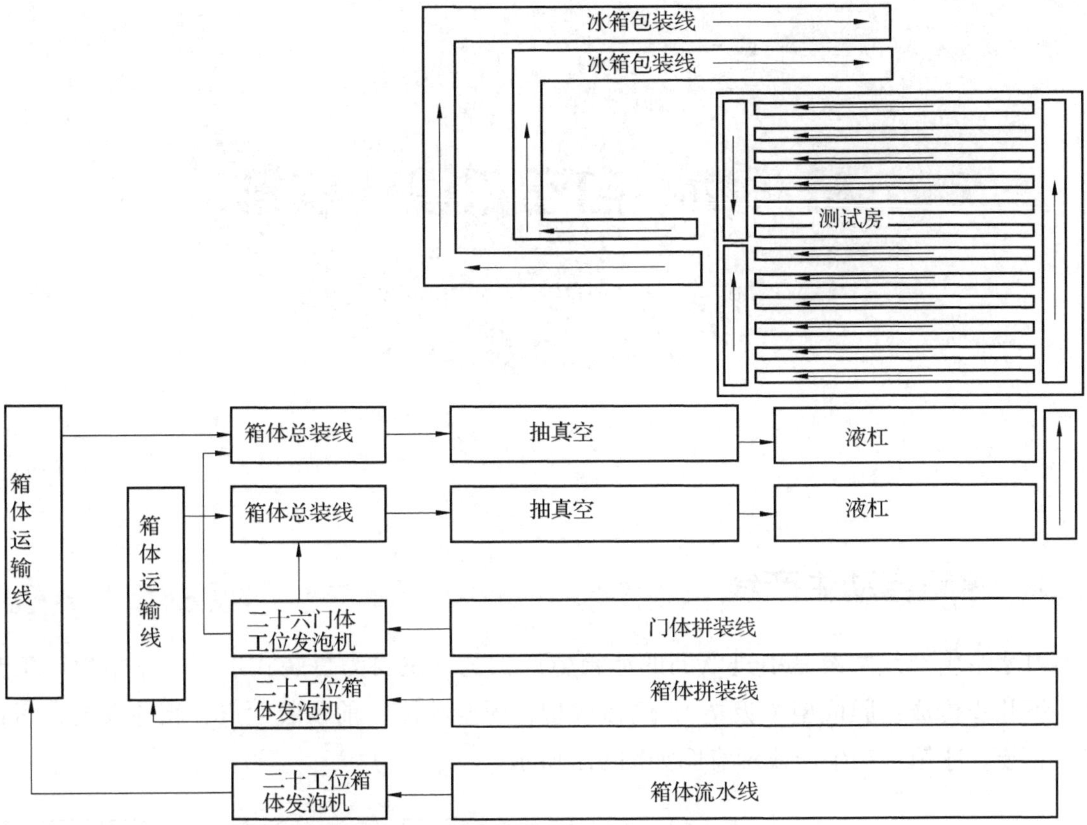

图 8.14　改造后生产工艺布局示意图

8.7.7　效果

西厂房经上述改造后实施至今，冰箱流水线各工位生产能力已完全匹配，满足一条线生产单门冰箱，另一条线生产双门冰箱的产量要求，并达到了预期的效果。

第 9 章　自动机设计实例

9.1　冰箱自动生产线

国内冰箱生产线主要是引进欧洲的冰箱生产工艺，主要为拼装式生产，冰箱生产工艺主要由以下几步构成：胆成型（吸塑）；门体成型；钣金喷涂；前预装生产；箱体发泡；后预装生产；总装。冰箱自动生产线示意图如图 9.1 所示。

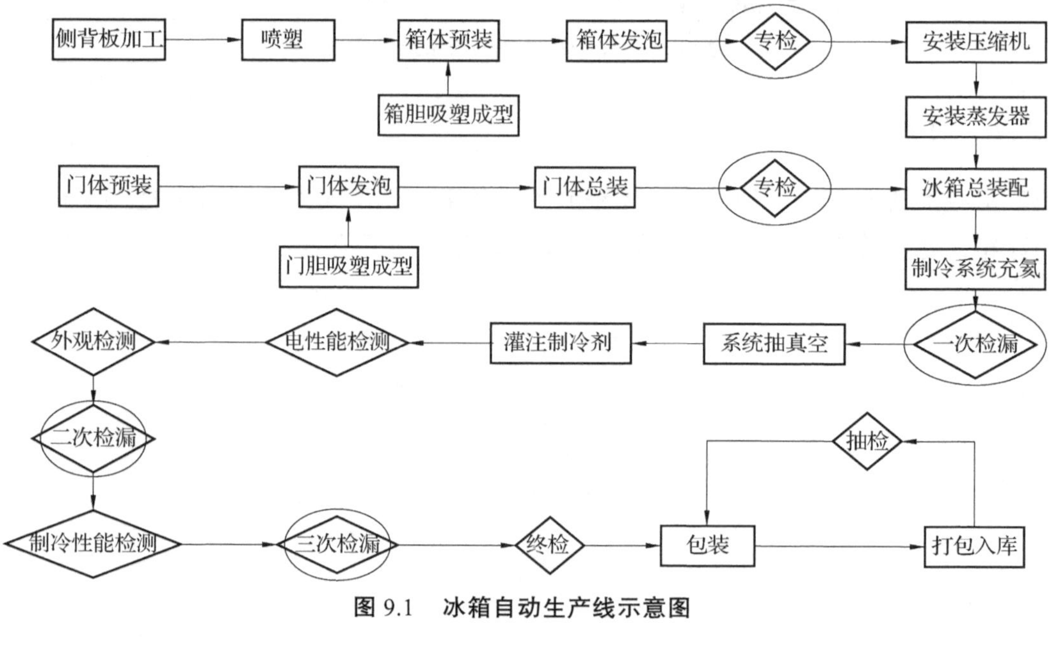

图 9.1　冰箱自动生产线示意图

（1）胆成型（吸塑）（如图 9.2 所示）

图 9.2　胆成型

使用加热板对聚苯乙烯材料加热，进行正压吹泡，再使用模具从下部进行挤压成型，同时对内胆进行冷却，之后模具回位，负压成型。

（2）门体成型（如图 9.3 所示）。

图 9.3　门体成型

门体发泡线：主要用异氰酸酯和组合聚醚作为发泡料溶液，通过发泡设备将气体引入发泡料溶液中进行发泡。

（3）钣金喷涂（如图 9.4 所示）

图 9.4　钣金喷涂

对金属板进行切割、弯边、冲孔、切角边，使侧板钣金成型，再将其挂架运输到喷涂生产线，进行表面全自动脱磷、磷化、钝化、软水洗及烘干处理，确保表面涂层质量。

（4）前预装生产（如图 9.5 所示）

图 9.5　前预装生产

装冷冻胆和中框条，上螺钉固定，将冷藏蒸发器黏贴在冷冻胆上，整理管路。

（5）箱体发泡（如图 9.6 所示）

图 9.6　箱体发泡

箱体发泡生产线的发泡流程：模具加温；箱体预热；进箱；灌注；热化。

（6）后预装生产（如图 9.7 所示）

图 9.7　后预装生产

整理管路，安装固定条、固定块。

（7）总装（如图 9.8 所示）

图 9.8　总装

总链采用滚动生产线，安装压缩机并使制冷系统管路与压缩机连接，再进行焊接。在焊接后进行多次检漏看其是否存在微小漏点，灌入制冷剂，最后进行安全性能检测、制冷性能检测。进行内外部清洁，套塑料袋，装入纸箱。

现有技术中，冰箱生产要经过装配、抽真空、冷媒检漏、老化检测以及包装等流程，现有的老化检测需要将对应区域的传输带停下来进行检测，十分影响效率。

9.1.1　冰箱箱体拼装生产线

冰箱箱体自动发泡生产线，包括发泡输送线、箱体移载装置、发泡移动车和发泡模具。发泡输送线用于输送载有待发泡的冰箱箱体的工装板；箱体移载装置用于搬运发泡输送线上的冰箱箱体；发泡移动车能移动至所述箱体移载装置下方，且其上可拆卸地连接有发泡模具，所述箱体移载装置将待发泡的冰箱箱体搬运并放置在所述发泡模具内进行发泡作业。通过设置发泡移动车，并通过在发泡移动车上可拆卸地设置发泡模具，使得作业人员可在发泡移动车上根据生产需要安装不同型号的冰箱箱体的发泡模具，从而实现通过一条生产线就能适应多种不同型号的冰箱箱体的发泡生产（如图 9.9 和图 9.10 所示）。

图 9.9　冰箱箱体自动发泡生产线（一）

图 9.10　冰箱箱体自动发泡生产线（二）

发泡输送线：其用于输送载有待发泡的冰箱箱体的工装板。冰箱箱体通过滚筒运输线运送，完成涂装步骤后，从预热烘炉出来，经发泡孔对中定位装置定位后，输送线停止，通过箱体移栽装置将箱体搬往发泡线上对应的发泡模上（如图 9.11 所示）。

图 9.11　发泡输送线

对中定位装置：可通过在箱体内设置吸组件，通过射频信号来进行定位。也可通过人工操作底托来进行对中定位。还可以通过二维码来进行定位（如图 9.12 所示）。

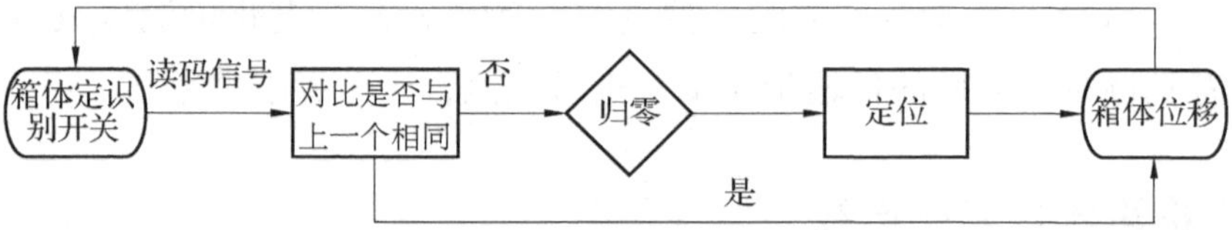

图 9.12　对中定位装置流程示意图

当识别开关信号由断开变至接通时，箱体已被搬走，控制器即开始判别读码机读出的箱体码信号是否与上一个箱体相同，不相同的话，进行重新定位，并向箱体运送线控制器发出可移位信号，向搬箱机械手控制器发出箱体代码信号。定位装置每次重新定位都先作归零位处理，然后再按箱体信号移至相应的定位位置，归零的作用是防止步进电机失步时产生累积误差。

箱体移载装置：其设于所述发泡输送线一侧，用于搬运发泡输送线上的冰箱箱体；通常使用机械臂。经对中定位装置定位后，输送线停止，搬箱机械手将箱体搬往发泡线上对应的运送小车的发泡模上。

图 9.13 所示为搬箱机械手控制示意图。搬箱机械手控制器除了要控制原有的搬运过程外，还要进行其他的控制。当接收到发泡线到位信号时，控制器将箱体码信号与发泡线上读码机读出的发泡模小车读码信号做比较，信号相同时则搬箱，信号不同时则向发泡线控制器发出可移信号。

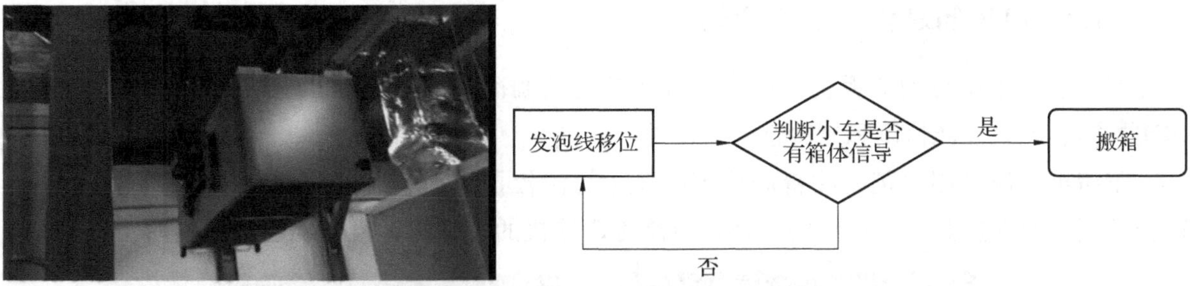

图 9.13 **搬箱机械手控制示意图**

发泡移动车：其能移动至所述箱体移载装置下方，所述发泡移动车可拆卸地连接发泡模具，所述箱体移载装置将待发泡的冰箱箱体搬运并放置在发泡模具内进行发泡作业。如图 9.14 所示。

图 9.14 **发泡移动车**

发泡模具：将符合技术标准的发泡原材料按照一定工艺要求通过发泡设备注入模具中，在一定条件下发生化学反应。发泡可以为冰箱提供良好的比强度、尺寸稳定性、保温性能等。如图 9.15 所示。

图 9.15 **发泡模具**

发泡流程为模具加温、箱体预热、进箱、灌注、发泡、清洁出箱。

9.1.2 电冰箱总体自动生产线

冰箱总装采用自动链板生产线，流程包括连接制冷系统管路和压缩机、管路连接焊接后多次检漏、电气性能检测和制冷性能检测等。

压缩机：压缩制冷剂，改善制冷剂的压力。温控器：在一定的温差范围内，对力和温度进行控制，并促进制冷剂系统的循环。对制冷压缩机的开和停进行自动控制。如图 9.16 所示。

压缩机

温控器

图 9.16

先将温控器和灯装至冷藏室凹槽内，后将压缩器固定在底部。将主电源线、电源线、压缩机连接线与元器件连接，各色电缆线与温控器的端子要正确和接牢，不允许松动和脱落。确认完毕后，取继电器罩扣在电器元件上。温控器组件和铰链固定冰箱门如图 9.17 所示。

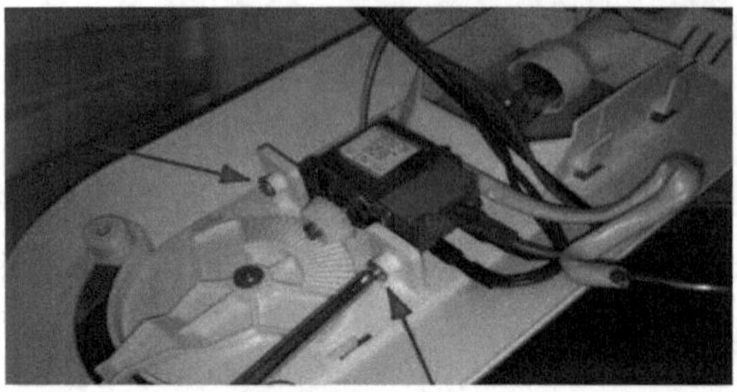

温控器组件

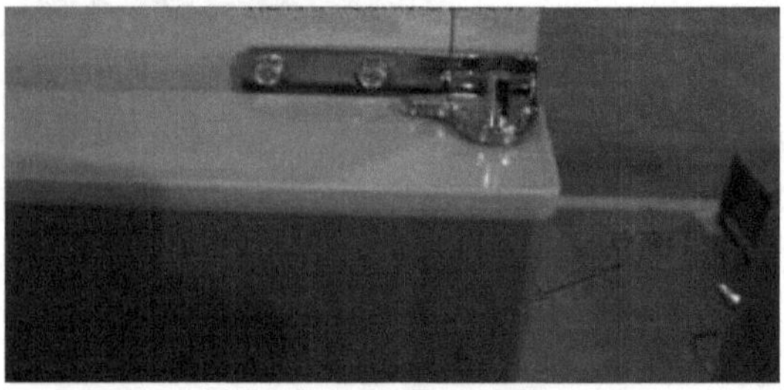

铰链固定冰箱门

图 9.17

用螺栓组件固定铰链于箱体中间右侧位置，随后将冷冻室门安装于下铰链上，调整冷冻室门位置使其与箱体左右对齐，随后将螺栓拧紧。冷藏室门则使用上铰链固定，但需要注意的是上铰链颜色应与冰箱门颜色一致。

防凝露加热管：防止冷冻室门、顶板及门框外表面凝结露水。冷凝器：使制冷剂气体放出热量变成液体的热交换装置。如图 9.18 所示。

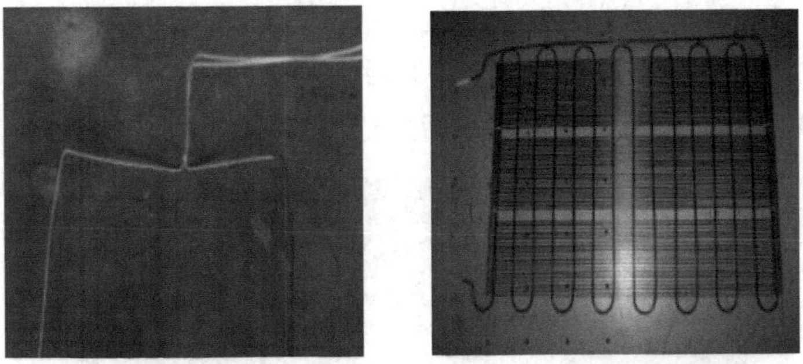

防凝露加热管　　　冷凝器

图9.18

按制冷剂流走方向，依次连接管路：压缩机排气管→冷凝器过渡管→左冷凝器→防露管→右冷凝器→干燥过滤器→毛细管→蒸发器返回管→压缩机回气管。完成后使用焊枪焊接，清洗焊点。

首先进行一次检漏，冲入氨气检漏干燥管路，装接水盘，管路整形。随后打开真空泵设备进行抽真空操作，接着灌注冷凝液。如图 9.19 所示。

图 9.19　首次检漏及抽真空

进行电性能检测和外观检测。检测电气强度、泄漏电流、接地电阻和结缘电阻等。使用检漏仪对各管路焊点进行检漏。检查其外观是否有破损或不一致的地方。如图 9.20 所示。

图 9.20　电性能检测

对制冷系统的制冷性能进行检测，检测以下几点以确定其制冷性能如何：

（1）储藏温度；（2）冷却速度；（3）耗电量；（4）冷冻能力、制冷能力；（5）负载温度回升速度；（6）电压、电流、功率、功率因数；（7）凝露试验。

最后使用检漏仪进行第三次检漏，完成后进行包装。如图 9.21 所示。

图 9.21　包装

9.2　肉鸡屠宰自动生产线

随着人们生活水平的提高，人们对肉类食物的需求也越来越大，而鸡作为一种营养丰富、肉质鲜美的食物，价格也不算太高，因此被大众所喜爱。随着市场的需求越来越大，屠宰场所需要的屠宰生产线也越来越复杂化。一般的屠宰生产线分为宰杀、脱毛、掏腔和清洗等几个步骤，一般的屠宰脱毛都是将宰杀过后的鸡悬挂在挂钩上，然后投入机器中进行刮毛处理，由于生产线上的鸡的数量庞大，这样就容易造成鸡毛堆积，使机器陷入瘫痪状态，需要工人去维修，不仅增加了劳动成本，也降低了屠宰场的工作效率，而且鸡肉清洗的过程，都是采用浸泡的方式，水的质量严重不达标，还会滋养细菌，如果就这样直接入库，会造成鸡肉损坏，如果将其投入市场直接被人们食用，还会引起人们的健康问题。

9.2.1　我国肉鸡产品的现状

我国投入市场的肉鸡产品主要有三大类，一类是去头去内脏的“西装鸡”；第二类是分割鸡，即鸡腿、鸡翅、鸡脯、鸡爪等，分别包装计价，供应超市、炸鸡店等，因此要求大小、重量基本相同；第三类是深加工鸡，主要是一些传统的加工产品（如烧鸡等）和西式快餐，但总的数量不多。然而，就整个肉鸡加工行业来讲，仍然存在诸如产品卫生质量不高，加工增值程度低，农业生产专业化、现代化和标准化程度不高，加工工艺和设备相对滞后等问题；鸡肉制品也普遍存在整装产品多、分割产品少，普通产品多、名特优产品少，高温制品多、低温制品少，初级产品多、精深加工产品少，科技含量低的产品多、高科技产品少，餐桌食品多、旅游休闲制品少，加工企业中杂牌军多、正规企业少等问题，绝大部分鸡肉产品仅以初级加工品或以原料的形式进入市场。而且我国出口的产品目前也主要是分割鸡。

我国的深加工鸡肉制品不仅数量少，而且主要以传统高温制品为主。虽然菌效果较好、常温下货架期较长，但是由于处理后肉制品的风味等食用品质都有所下降，营养成分也受到一定的破坏。而随着超高压技术的应用，中、低温鸡肉制品因其加热温度一般控制在巴氏消毒温度范围内，能够很好地保留营养成分，风味口感也较好，现在已经成为世界鸡肉制品发展的主流，而我国肉鸡产业也将向着精深加工的方向发展。

9.2.2 我国肉鸡加工业的发展趋势

我国目前仍处于从分割鸡向深加工鸡发展的过渡时期，分割鸡有 150 多个品种，占整个肉鸡产品的 60% 左右，冻鸡出口的品种、规格也有好几百种。尽管如此，我国的深加工鸡肉产品却只占到总量的 15% 左右，与发达国家 70% 以上及世界 50% 的平均水平相比，加工程度还很低，而且加工的品种也非常单调，熟食品种更是少之又少。世界肉鸡加工业的发展大致经历了三个阶段：整鸡→分割鸡→深加工鸡。在畜牧业和食品工业发达的国家，如美国早在 1990 年分割鸡和深加工鸡肉产品就分别占销售总量的 45.9% 和 30.7%，鸡肉的深加工产品种类繁多、琳琅满目。现在早已进入了深加工鸡的最高层次——熟食鸡阶段，鸡肉的加工率在 70% 以上。因此在未来几年，我国肉鸡加工产业需要进一步发掘自身优势，抓紧机遇拓展世界肉鸡深加工市场。

肉鸡屠宰加工生产线主要由宰杀悬挂输送线、自动水浴电晕机、沥血槽、自动浸烫机、自动脱羽机、肉鸡清洗机、内脏掏膛设备、肉鸡切割设备等构成。

宰杀悬挂输送线：用于肉鸡在各项加工中的运输，并贯穿全程，主要由挂拍挡杆、链条、驱动装置、吊杆等组成。如图 9.22 所示。

图 9.22 宰杀悬挂输送线

自动水浴电晕机：用于将活鸡进行水浴、电晕，电压可调，使肉鸡达到晕而不死的状态。电晕机的开发及在家禽屠宰工业中的应用，消除了家禽在未经电晕宰杀时奋力挣扎造成的禽血、羽毛到处飞溅的弊端，极大地提高了家禽宰杀的卫生质量。如图 9.23 所示。

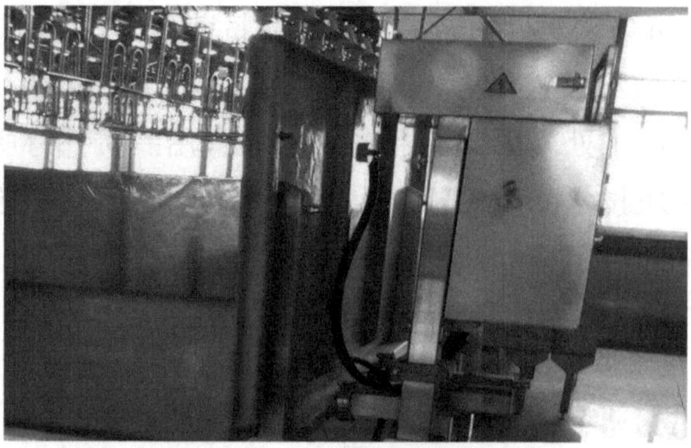

图 9.23　自动水浴电晕机

沥血槽：用于将活鸡切颈宰杀后，放血血液的收集清理。如图 9.24 所示。

图 9.24　沥血槽

自动浸烫机：主要是用于对鸡进行烫毛工作，而且浸烫机电机是通过电机带动胶辊转动的、从而使鸡在浸烫机内翻转、充分地增加了鸡毛与水的接触面积、只有烫毛均匀了、在脱毛的过程中才能比较容易掉落。如图 9.25 所示。

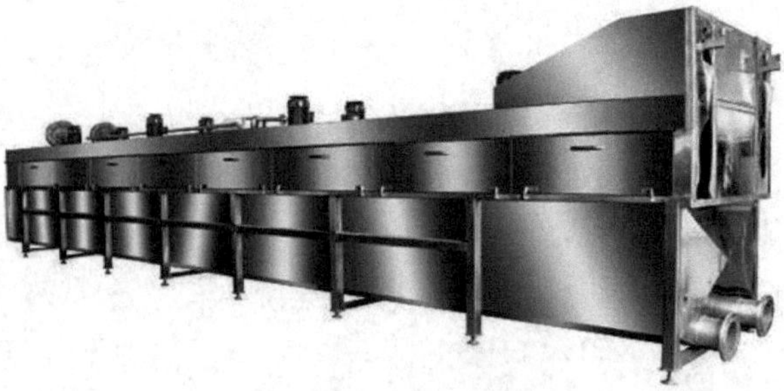

图 9.25　自动浸烫机

自动脱羽机：机械拔毛主要利用橡胶束的拍打与摩擦作用脱除羽毛。因此必须调整好橡胶束与鸡之间的距离。靠得太近，会过度拍打鸡而导致骨折、禽皮破裂或翅尖出血；若离得太远，可能导致脱毛不全，影响速度。另外，应掌握好处理时间。如图 9.26 所示。

图 9.26　自动脱羽机

肉鸡切割设备：用于割爪、开膛和割头，如图 9.27 所示。

图 9.27　肉鸡切割设备

内脏掏膛设备：以很高的效率对产品进行掏膛处理，掏膛的同时，可以很好地把肉鸡本体内部的内脏完整地吸附出来，既不会破坏内脏，又不会产生掏膛的不完全。如图 9.28 所示。

图 9.28　内脏掏膛设备

肉鸡清洗机：用于对处理干净后的肉鸡进行清洗和沥干，便于后续的整理装箱。如图 9.29 所示。

图 9.29　肉鸡清洗机

9.3　工艺设计

9.3.1　屠宰工艺

9.3.1.1　屠宰工艺流程

候宰→送宰→刺杀放血（电击、切断三管刺杀、口腔刺杀）→浸烫（手工浸烫、机械浸烫）→脱毛（手工脱毛、机械脱毛）→拔细毛（松香、石蜡）→钳小毛→检验验收→开膛拉肠（除粪便洗淤血开膛（全净膛，半净膛，满膛））→检验与处理（出口处理，市销处理，高温或化制处理，不合格品处理）→塞嘴与包头。

9.3.1.2　具体屠宰工艺操作

电击晕：电击晕池底有电流通过，电压为 35~50 V，池内装满水。随着输送机的自动运转，挂在链钩上的鸡依顺序经过电麻板，一触电，活鸡会很快无痛苦昏迷，以便下一步放血。

放血：操作人员在鸡耳下 1 cm 偏喉管上部下刀，切断颈总动脉，不要伤及神经、气管和食管。鸡的沥血时间一般为 3.5 min 以上，沥血后进入烫鸡池。

浸烫脱毛：烫鸡池温度为 58~62 ℃，烫鸡时间为 80~100 s，工作人员可根据鸡的日龄、鸡体大小和有无病变随时进行调整。烫好的鸡进入 A 字形鸡精脱羽机。

切爪：拔毛后的鸡被传送到不锈钢打爪机，将鸡爪切下。

二次挂鸡：鸡体在打爪后进入二车间，二挂操作人员将鸡体挂入传送链。

掏膛：通腔之后要对鸡进行掏膛，掏膛要使用掏膛钩，操作人员左手抓住鸡左翅根，使鸡背向操作人员，右手拿着掏膛钩，将心、肝、肠等内脏拉出来。掏膛一定要彻底，腔体内不能有内脏残留。

内脏分离：经掏膛掏出的内脏还要将其用手拉下，脱离鸡身，内脏中的心、肝、肠等器官沿着流槽冲走，肝、肠等器官被过滤出来。

剪肛门：左手握住鸡左腿，右手用剪刀将肛门剪去。

注意：不能剪破直肠，不能剪掉太多的油和皮，要将肛门及后段肠子全部从鸡体脱离。剪肛门后，要将鸡体的嗉囊污物冲洗干净。

三次挂鸡：操作人员将鸡从钩子上取下，翻转过来将鸡腿挂到链钩两端的槽内。

随后鸡就进入去头工序。

去头：三次挂鸡后，鸡腿向上，头向下，鸡头依次卡在机器的链槽中，随着链钩的转动，鸡头掉入专用容器内。去头后的鸡要用高压冲洗机冲膛，保证每只鸡胴体内外都冲洗干净。

胴体清洗：三次挂鸡后，鸡进入胴体清洗机，鸡胴体表面的残留物被迅速冲掉，而后再进入沥水池，把鸡体上的水分沥干，以便进入胴体分割。

预冷消毒：经过冲洗干净后的鸡，应迅速进入螺旋形冷却池中进行预冷却。

每个预冷池中设有搅动装置，都采取冷水加冰块的方式来调节鸡体温度。

预冷一池，鸡体温度应控制在 15 ℃以下，以缓慢降低鸡的温度，防止肌肉纤维迅速缩短而导致鸡肉老化。

预冷二池，鸡体温度应控制在 7 ℃以下。

预冷三池，鸡体温度应控制在 4 ℃以下。

在预冷过程中，要向预冷一池和二池加 50~100 mg/L 的次氯酸钠溶液进行消毒，这样可以将掏膛期间的细菌感染率降到最低，起到消毒的目的。

鸡必须向水流相反方向移动，以便使鸡在移动时始终接触最清洁的水，保持干净。

每只鸡用水量在 1 L 以上，冷却后的鸡体温度保持在 4 ℃以下，总冷却时间不少于 30 min。

9.3.2 分割工艺

9.3.2.1 分割工艺流程

划腿线→掰腿→卸腿→剔扇形腿→划胸线→开肩胛骨→卸翅→翅胸分离→刀修→剪修。

9.3.2.2 分割具体工艺

目前，鸡体分割规格标准主要随市场需要决定，我国根据卫生部门和商检局核准采用《出口冻肉用鸡加工卫生操作规程》来进行分割。一般可以分为主产品、副产品。主产品又可以分为腿肉类、胸肉类、翅肉类等。

划腿线：操作人员握住鸡的右腿，用刀沿腿根部内侧将皮划开，不得划破腿肉。

掰腿：操作人员两手把住鸡的两腿，鸡背对着工作人员，两拇指按住大腿内侧，用力向后掰，使腿关节完全脱臼，鸡腿与鸡体呈垂直状。

卸腿：左手握鸡腿的膝关节，右手持刀切开股骨与髋关节连接处的韧带及肌肉，撕下鸡腿。卸左腿与卸右腿的动作要领基本相同，区别在于左手右手操作。

剔扇形腿：从传送带上挑出重量在 240 g 以上的鸡腿，右手拿刀，左手握住鸡的腿爪关节处，用刀将小棒骨从肉上一刀切下来，切下的扇形腿肉做腿肉原料，剩余部分为琵琶腿。

划胸线：操作人员握住鸡腿上侧，用刀沿胸翅下部将皮划开，内侧不得划破鸡架外膜。

卸翅：左手握刀，右手握住右翅的根部，在翅根的关节处顺背骨下划，同时右手顺势用力拉翅和胸，使之脱离鸡架。

翅胸分离：操作人员一只手拿着翅中的关节处，另一只手用刀在翅根处往下切，鸡翅不能带胸皮和胸肉，鸡胸上不带软骨和骨膜。

去皮：一只手拿胸，一只手抓住皮，使胸和皮分开。

刀修：操作人员从流水线上捡起鸡胸，平放在案板上，用刀修除胸肉边缘处的油脂、筋膜等。

剪修：操作人员捡起传送带上经刀修过的胸肉，剪去刀修无法修理的部位，去掉淤血、油脂。

经过胸翅分离后，再对整翅进行分割，先用刀在鸡翅根关节处切开，分下翅根，然后再分开翅中和翅尖，下刀要准确，保持翅根、翅中、翅尖的自然形状。

9.3.2.3　**副产品**

副产品的整理必须使用单独车间，防止交叉污染。

摘心肝：右手抓住心肝，拇指和食指捏紧心、肝、胗连接处，左手抹去鸡肠、油等附着物，将心肝拉下。

去胆囊：去除心包膜、血管、脂肪和心内血块，将正常的心、肝放入固定容器。

修鸡脚：脱掉黄皮的鸡脚需要除去脚掌上的肉垫。

鸡体经修整分割后，产品经过称重、包装、分级、冷藏、保鲜后就可以出厂了。

9.3.3　肉鸡屠宰加工工艺设计

肉鸡屠宰加工工艺流程如下：

毛鸡上挂→水浴式麻电→刺杀→沥血→烫毛→脱毛→人工清理小毛→鸡毛水冲入鸡毛收集间→割爪→转挂→开膛→掏内脏→割头→胴体清洗→预冷→胴体沥干→内脏入内脏加工间处理→胴体上挂→分割→分拣→整理称重包装→装盘→速冻→装箱→冷藏→销售。肉鸡屠宰加工工艺流程图和取内脏流程图及分割流程图，分别如图 9.30、图 9.31、图 9.32 所示。

图 9.30　肉鸡屠宰加工工艺流程图

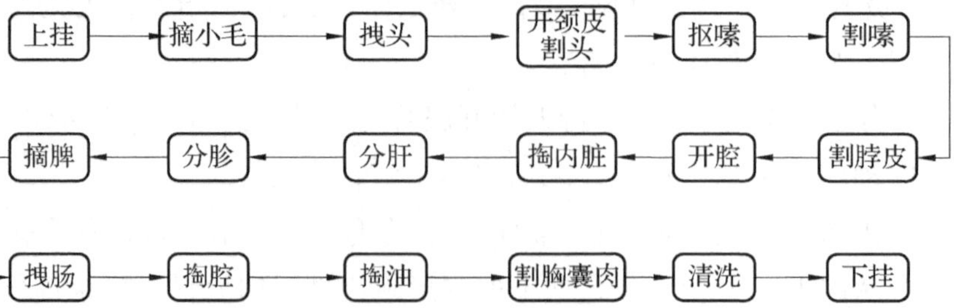

图 9.31　取内脏流程图

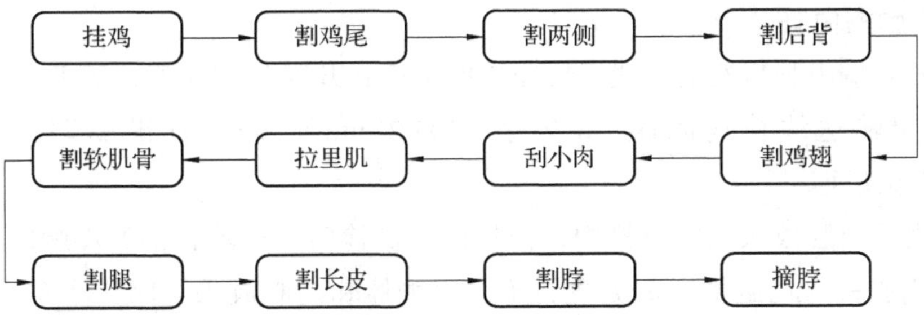

图 9.32　分割流程图

9.3.3.1　毛鸡输送

（1）卸车前应索取产地动物防疫监督机构开具的合格证明，并临车观察，未见异常，证货相符后准予卸车。

（2）将装有毛鸡的鸡笼从运输车上搬运下来，放在挂鸡月台上，有检疫人员现场检验，检验合格健康的毛鸡的鸡笼放在鸡笼输送机上，输送到毛鸡上挂间。

（3）毛鸡上挂间和屠宰车间严格分开，毛鸡上挂间尽量设计阴暗，避免因强光照射使毛鸡拍打翅膀过度紧张。

（4）挂鸡人员从鸡笼里托着鸡腹拿出毛鸡，再将两鸡爪挂在生产流水线的挂架上。每个挂鸡人员每小时可挂毛鸡 800~1 000 只。

（5）回空的鸡笼由输送机自动输送至鸡笼清洗机内进行鸡笼的清洗，清洗干净的鸡笼通过鸡笼斜滑道滑到卸鸡月台上。

9.3.3.2　肉鸡宰杀脱毛

（1）肉鸡宰杀高架输送线主要完成的工序：毛鸡上挂、水浴式麻电、刺杀、沥血、烫毛、脱毛、切爪、转挂等。

（2）高架输送线挂架间距：6 英寸（152.4 mm），采用标准驱动链条，链条节距 t=25.4 mm，变频调速，生产线的设计宰杀能力和生产线的线速度密切相关，线速度的计算公式：线速度 = 时产量（只 / 时）× 挂架间距（米）÷ 60（分钟 / 时）。

例如：设计能力 3 000 只 / 时，挂架间距 152.4 mm。

生产流水线的线速度为 3 000 只 / 时 ×0.152 4 米 / 只 ÷ 60 分钟 / 时 =7.62 米 / 分钟。

（3）活鸡麻电通常采用水浴式麻电，麻电电压：70~90 V，麻电时间：2~3 s。或不通过麻电工序，采用毛鸡上挂后通过高架输送线自动输送 1 min，让毛鸡平静下来后再刺杀。

（4）毛鸡刺杀后沥血，沥血时间一般设计为 3~4 min。烫毛时间：40~60 s，脱毛时间：15~30 s。

（5）烫毛采用恒温烫毛机，烫毛温度：58~62 ℃。脱毛尽量采用吊挂式脱毛，避免胴体相互接触而造成交差感染。

（6）在 90° 的转弯处设计自动切爪机，切爪机由定位轮、驱动、旋转刀片组成，鸡爪切割后，鸡爪再由卸爪器卸下放入收集车内。

9.3.3.3　**开膛掏内脏**

（1）肉鸡开膛掏内脏高架输送线主要完成的工序：开膛、掏内脏、切头、胴体清洗等。

（2）该高架输送线挂钩间距：8英寸（203.2 mm），采用标准驱动链条，链条节距l=25.4 mm，变频调速。

（3）将掏出的内脏放入内脏滑槽内，由检疫人员检验，检验合格的鸡胴体进入下道工序，检验合格的鸡内脏进入内脏加工间处理，不合格胴体和内脏放入封闭的小车内拉出屠宰车间处理。

（4）内脏分离出来，鸡肠通过清洗整理后入冷库冷藏，鸡胗用鸡胗脱脂机把鸡胗表面的油脂脱下来，再由剥胗皮机把胗皮剥下来，清洗整理后入冷库冷藏。

（5）去内脏后的胴体在预冷之前必须进行清洗，去除体内的血水。

9.3.3.4　**预冷**

（1）预冷分池预冷和螺旋预冷机预冷，池预冷占用的面积比预冷机预冷要大。

（2）预冷水温：0~2 ℃，预冷时间：45 min。

（3）预冷好的胴体要通过沥干机或高架输送线将体内的水沥干。

（4）预冷后的鸡胴体中心温度在10 ℃以下。

9.3.3.5　**分割包装**

（1）分割高架输送线挂钩间距：8英寸（203.2 mm），采用标准驱动链条，链条节距l=25.4 mm，变频调速。

（2）在高架输送线上有分割操作人员分割不同的部位肉，把分割肉放在平板输送机上传送到分拣工位进行分拣。

（3）把分拣后的部位肉根据要求称重后真空包装，放入冷冻盘内用凉肉架车推到结冻库（−30 ℃）结冻或到成品冷却间（0~4 ℃）保鲜。

（4）将结冻好的产品托盘后装箱，进冷藏库（−18 ℃）储存。

（5）分割包装间温控：10~15 ℃。

9.3.3.6　**自动挂机**

肉鸡是人们现代生活中重要的食物组成之一，我国肉鸡的生产和养殖已越来越趋向于规模化和产业化，肉鸡上市之前要经过屠宰，在屠宰时，肉鸡脱毛后，需要将肉鸡挂到环形运行的吊架上，吊架连接运动装置向下一道工序输送肉鸡，目前在肉鸡屠宰线上采用的是人工挂鸡，以国内某企业为例，一条生产线人工挂鸡至少需要6个人同时作业才能满足下一道工序的需要，这种生产方式人力消耗巨大、人工成本高，在人工费用愈来愈高的今天，这种方式显然不能满足现代化生产和竞争的需求，采用机械化、自动化挂鸡作业是适应现代化大生产的必然之路。

参考文献

[1] 刘昌祺 . 轻工机械 [M] . 西安：陕西科学技术出版社，1996.

[2] 曹惟庆，徐曾荫 . 机构设计 [M] . 北京：机械工业出版社，2000.

[3] 邹慧君 . 机械系统设计 [M] . 上海：上海科学技术出版社，1996.

[4] 徐元昌 . 工业机器人 [M] . 北京：中国轻工业出版社，1999.

[5] 邹慧君 . 机械运动设计方案设计手册 [M] . 上海：上海交通大学出版社，1994.

[6] 杨乐民，陈光容，等 . 钟表及仪器生产中机械化自动化机构设计图例 [M] . 北京：中国轻工业出版社，1982.

[7] 张建民 . 机电一体化系统设计 [M] . 北京：北京理工大学出版社，1996.

[8] 陈帆 . 现代陶瓷工业技术装备 [M] . 北京：中国建材工业出版社，1999.

[9] 詹启贤 . 自动机械设计 [M] . 北京：中国轻工业出版社，1987.

[10] 汤瑞 . 轻工机械设计 [M] . 上海：同济大学出版社，1994.

[11] 章宏甲 . 液压与气压传动 [M] . 北京：机械工业出版社，2000.

[12] 陈剑鹤，朱江 . 机电一体化系统 [M] . 武汉：华中理工大学出版社，1998.

[13] 张立勋 . 机电一体化系统设计 [M] . 哈尔滨：哈尔滨工程大学出版社 .1997.

[14] 机电一体化技术应用实例编写组 . 机电一体化技术应用实例 [M] . 北京：机械工业出版社，1996.

[15] 廖林清，王化培，石晓辉，等 . 机械设计方法学 [M] . 重庆：重庆大学出版社，1996.

[16] 王家骒 . 轻工业机械设计 [M] . 北京：中国轻工业出版社，1989.

[17] 雷伏元 . 自动包装机设计原理 [M] . 天津：天津科学技术出版社，1986.

[18] 成大先 . 机械设计手册 [M] . 北京：化学工业出版社 .1993.

[19] 彭国勋，肖正扬 . 自动机械的凸轮机构设计 [M] . 北京：机械工业出版社，1990.

[20] 吴宗泽，罗圣国 . 机械设计课程设计手册 [M] .3 版 . 北京：高等教育出版社，2006.